wk

Kohlhammer
Standards Psychologie

Basisbücher und Studientexte

Herausgegeben von
Theo W. Herrmann
Werner H. Tack
Franz E. Weinert

Teilgebiet: Mathematische Psychologie

Bernhard Orth

Einführung in die Theorie des Messens

Verlag W. Kohlhammer
Stuttgart Berlin Köln Mainz

Stuttgart Berlin Köln Mainz
Verlagsort: Stuttgart
Umschlag: hace
Gesamtherstellung: W. Kohlhammer GmbH
Grafischer Großbetrieb Stuttgart
Printed in Germany
ISBN 3—17—002055—2

Inhalt

Vorwort

Die Meßtheorie ist eine interdisziplinäre Forschungsrichtung, die in den vergangenen Jahren zunehmende Bedeutung für die Sozialwissenschaften erlangte. Zur Zeit liegen jedoch weder eine elementare Einführung noch eine deutschsprachige Darstellung vor. Das vorliegende Buch will diese Lücken schließen.

Mathematische Kenntnisse werden nicht vorausgesetzt. Die erforderlichen Begriffe werden Schritt für Schritt eingeführt und erläutert; auf mathematische Beweise wird zugunsten einer anwendungsorientierten Darstellung verzichtet. Ein vollständiger Abriß der Meßtheorie würde zweifellos über den Rahmen dieser Einführung hinausgehen. Durch die den Text ergänzenden Literaturhinweise soll das Buch jedoch einen Überblick über den heutigen Stand dieser Disziplin geben. Es würde seinen Zweck erfüllen, wenn es den empirisch arbeitenden Psychologen mit neuartigen Forschungsmethoden vertraut machen würde und ihm Anregungen für eigene Arbeiten geben könnte.

Den Herren Dipl.-Psych. M. Aschenbrenner, Prof. Dr. J. Pfanzagl und Dr. D. Rhenius danke ich für zahlreiche Anregungen und den Herausgebern sowie dem Verlag für die gute Zusammenarbeit. Für Leserzuschriften und weitere Hinweise werde ich stets dankbar sein.

Hamburg, Juni 1974

Bernhard Orth

1. Einleitung

Das Messen ist sowohl historisch als auch methodisch gesehen eine der Grundlagen der Wissenschaft. Ohne die Durchführung exakter Messungen läßt sich die Entwicklung der empirischen Wissenschaften, insbesondere der Naturwissenschaften, nicht vorstellen. Seit sich die Psychologie, wie auch andere Sozialwissenschaften, mehr und mehr als empirische Wissenschaft versteht, stellt sich auch hier die Frage der Entwicklung geeigneter Meßmethoden. Es erwies sich jedoch sehr bald, daß die Messung psychischer Eigenschaften, wie z. B. Empfindungen, Einstellungen, Intelligenz oder Angst, zumindest schwieriger ist als die physikalischer Eigenschaften, wie z. B. Länge, Zeit, Gewicht oder elektrischer Widerstand. Es wurde sogar die Auffassung vertreten, daß das Messen in der Psychologie prinzipiell nicht möglich sei, zumindest nicht in dem Sinne wie beispielsweise in der Physik.

Vor diesem Hintergrund zeichneten sich zwei Fragen von grundlegender Bedeutung für die Psychologie ab:

1. Ist die Messung psychischer Eigenschaften prinzipiell möglich, und zwar in einem mit dem Messen in den Naturwissenschaften zu vereinbarenden Sinne?
2. Falls dies der Fall ist, wie können psychische Eigenschaften gemessen werden?

Der Klärung dieser sowie weiterer, hiermit zusammenhängender Fragen widmeten sich — in verstärktem Maße etwa seit den fünfziger Jahren — vor allem Wissenschaftstheoretiker, Logiker, Mathematiker, Wirtschaftswissenschaftler und Psychologen. Das Forschungsgebiet, das sich aus den Bemühungen um eine Antwort auf diese Fragen entwickelte, bezeichnen wir heute als *Theorie des Messens* oder als *Meßtheorie*.

Die Meßtheorie erforscht mit mathematischen Methoden die Grundlagen des Messens und gibt so die Voraussetzungen für die Meßbarkeit von Eigenschaften an. Ihre Ergebnisse zeigen, daß auch psychische Eigenschaften grundsätzlich meßbar sind, und zwar in demselben Sinne, wie es physikalische sind. Die theoretischen Untersuchungen der Meßtheorie führten darüber hinaus zur Entwicklung praktischer Meßverfahren, die in den Sozialwissenschaften neben die länger bekannten Skalierungsverfahren und Tests treten und neue Möglichkeiten der Messung insbesondere auch psychischer Eigenschaften bieten.

In den folgenden Kapiteln werden die grundlegenden Probleme und die bis heute vorliegenden Ergebnisse der Meßtheorie in elementarer Weise dargestellt. Die Kapitel 2 bis 9 behandeln an Hand eines durchgehenden Beispiels die allgemeinen Grundlagen der Meßtheorie. Nach Klärung des Begriffs des Messens und des Gegenstandes der Meßtheorie in den Kapiteln 2 und 3 werden in den Kapiteln 4 bis 9 sowohl die vorwiegend theoretischen als auch die mehr anwendungsorientierten Fragen der Meßtheorie besprochen. Erläutert werden hiermit die allgemeinen Charakteristika von »Meßstrukturen«, die als Ergebnisse meßtheoretischer Forschungen die Feststellung der Meßbarkeit von Eigenschaften ermöglichen und gleichzeitig als praktische Meßmethoden dienen. In den Kapiteln 10 bis 16 werden die wichtigsten der bis heute entwickelten Meßstrukturen vorgestellt und ihre Anwendungsmöglichkeiten in der Psychologie erörtert.

Die Kapitel 17 bis 19 sind wiederum allgemeineren Gesichtspunkten gewidmet. In den Kapiteln 18 und 19 wird auf den Beitrag der Meßtheorie zum Auffinden psychologischer Gesetzmäßigkeiten und zur Theorienbildung in der Psychologie eingegangen. Das Kapitel 17 dient dagegen der Erörterung eines noch weitgehend ungelösten Problems. Eine knappe Zusammenfassung enthält das Kapitel 20.

2. Was ist Messen?

2.1 Beispiel

Dieses Kapitel dient einer vorläufigen Klärung des Begriffs »Messen«, der im folgenden Kapitel präzisiert werden soll. Er wird zunächst aus einem Beispiel abgeleitet.
Ein Beispiel, das uns allen aus dem Alltag bekannt ist, ist die Längenmessung. Auch wenn die Längenmessung zumindest auf den ersten Blick nichts mit Psychologie zu tun hat, sei sie dennoch hier angeführt, da sie als eines der elementarsten Beispiele des Messens angesehen werden kann. Später wird selbstverständlich auch auf Beispiele aus der Psychologie eingegangen; zunächst ist es jedoch für die Klärung grundlegender Begriffe sinnvoll, das Messen in seiner »reinsten« Form zu betrachten.
Nehmen wir also im einfachsten Fall an, wir wollen die Länge eines geraden Brettes messen. Wir wählen ein geeignetes Meßinstrument, beispielsweise einen Zollstock, und legen diesen der Länge nach so an unser Brett, daß das eine Ende des Bretts mit der Null-cm-Marke des Zollstocks übereinstimmt, und das andere Ende des Bretts mit einer Marke des Zollstocks übereinstimmt, die wir dann als Meßwert bezeichnen. So stellen wir fest, daß das Brett z. B. 2 Meter lang ist: wir haben seine Länge gemessen.

Im Grunde haben wir dabei nichts anderes getan, als dem Brett eine Zahl zugeordnet, nämlich die Zahl »2«. Selbstverständlich ist es entscheidend, daß wir die Länge nicht mit »2«, sondern mit »2 Meter« bezeichnen. Jedoch gleichgültig in welcher Einheit wir unser Brett messen (ob in mm, cm, m oder km), stets ordnen wir dem Brett eine Zahl zu. Und mit dieser Zahl drücken wir seine Länge aus.
Bisher handelte es sich in dem Beispiel um eine Beschreibung des praktischen Meßvorgangs. Da sich die Meßtheorie jedoch in erster Linie mit der grundsätzlichen Frage der *Meßbarkeit*, d. h. mit den Grundlagen des Messens, beschäftigt, also in unserem Beispiel weniger mit der Frage, *wie*, sondern *warum* die Länge eines Bretts meßbar ist, wollen wir dies an Hand unseres Beispiels näher untersuchen. Hiermit stellen wir uns also auf den Standpunkt, als gebe es noch keine Meßinstrumente für die Längenmessung (ein Standpunkt übrigens, der uns aus den Sozialwissenschaften nur allzu vertraut sein dürfte).
Zunächst ist festzustellen, daß die Länge unseres Brettes eine Eigenschaft dieses Brettes ist. Andere Eigenschaften sind z. B. sein Gewicht und seine Farbe. Diese Eigenschaften können wir bei der Längenmessung unberücksichtigt lassen; sie sind in diesem Sinne unabhängig von der Länge. Weiterhin wissen wir, daß es Bretter verschiedener Länge gibt. Man sagt auch, daß die Eigenschaft Länge verschiedene Ausprägungen hat. Jedes Brett hat — zumindest zu einem bestimmten Zeitpunkt — eine bestimmte Ausprägung seiner Länge. Und gerade diese bestimmen wir, wenn wir die Länge eines Brettes messen.

Aufgrund der verschiedenen Ausprägungen ihrer Eigenschaften können wir Bretter überhaupt erst voneinander unterscheiden. Zwei verschiedene Bretter stehen in einer bestimmten Beziehung oder Relation zueinander: sie sind entweder gleichlang oder das eine ist länger als das andere. Diese Relation zwischen verschiedenen Brettern können wir beobachten.
Betrachten wir nun eine Anzahl von Brettern, so können wir (ohne Zuhilfenahme von Meßinstrumenten) folgende Beobachtungen machen. Wir können sehen, ob zwei Bretter gleich oder verschieden lang sind. Weiterhin können wir durch Nebeneinanderlegen von Brettern beobachten, welches von je zwei verschieden langen Brettern länger ist als das andere. Hierdurch können wir alle unsere Bretter hinsichtlich ihrer gemeinsamen

Eigenschaft Länge ordnen. Wir können sie beispielsweise alle aufeinanderlegen, indem wir das längste Brett zuerst hinlegen, dann das zweitlängste darauf usw. bis schließlich das kürzeste obenauf liegt. Wir haben damit einen geordneten Bretterstapel. Ferner können wir eine weitere grundlegende Beobachtung machen. Nehmen wir an, wir finden unter unseren Brettern eines, das gerade so lang ist wie zwei andere, kürzere zusammen, die wir aneinandergelegt haben. Wenn wir also diese beiden Bretter aneinanderlegen, so ist diese neue Gesamtlänge gerade die Länge eines anderen, dritten Brettes. Falls wir ein derartiges drittes Brett unter unseren Brettern nicht finden sollten, so können wir uns doch zumindest vorstellen, daß es irgendwo auf der Welt ein solches Brett gibt. Hiermit haben wir eine weitere mögliche Beziehung zwischen Brettern kennengelernt die Relation »ist aneinandergelegt mit«, die man auch als eine »Operation« bezeichnet

Bei näherer Betrachtung dieser Beobachtungen zeigt sich eine bestimmte Ähnlichkeit mit Eigenschaften, die wir auch von den Zahlen kennen. Denn auch Zahlen sind gleich oder verschieden, eine Zahl kann größer sein als eine andere, und wir können auch zwei Zahlen »zusammenfügen« oder addieren, so daß das Ergebnis eine andere, dritte Zahl ist. Insofern ist es naheliegend, in diesen Beobachtungen von Beziehungen oder Relationen zwischen Brettern die Grundlagen für eine Zuordnung von Zahlen zu diesen Brettern und damit die Voraussetzungen für deren Meßbarkeit zu suchen.

2.2 Begriffsbestimmungen

Selbstverständlich gilt das genannte Beispiel nicht nur für die Längenmessung von Brettern, sondern für die Längenmessung aller Gegenstände, die die Eigenschaft Länge haben. Statt von Gegenständen soll allgemeiner von *Dingen* gesprochen werden. *Dinge* (oder: *Objekte*) können physikalische Objekte, Ereignisse oder abstrakte Dinge sein, zum Beispiel Bretter, Autos, Personen, Reize, Töne, Items, Zahlen und Punkte. *Eigenschaften* (oder: *Merkmale, Variablen, Größen*) von Dingen sind beispielsweise Länge, Gewicht, Temperatur, Zeit, Stromstärke, Farbe, Intelligenz, Nutzen, Schönheit und Wahrscheinlichkeit. Jede Eigenschaft hat verschiedene *Ausprägungen*. Diese Eigenschaftsausprägungen (oder: Merkmalsausprägungen) können »kontinuierlich« sein (Beispiel: Länge) oder »diskret« (Beispiel: männlich und weiblich als Ausprägungen der Eigenschaft Geschlecht).
In unserem Beispiel betrachteten wir eine Anzahl von Brettern. Wir wollen künftig von einer *Menge* von Dingen sprechen. Unter einer *Menge* M verstehen wir nach Cantor (1895, S. 481) »jede Zusammenfassung M von bestimmten wohlunterschiedenen Objecten m unserer Anschauung oder unseres Denkens (welche die ›Elemente‹ von M genannt werden) zu einem Ganzen«. Im folgenden werden Mengen in der Regel mit großen Buchstaben und deren Elemente mit kleinen Buchstaben bezeichnet.
Der Sachverhalt »m ist Element von M« oder kurz »m ist aus M« wird formal ausgedrückt durch »$m \in M$«. Die Negation (»m ist nicht Element von M«) schreibt man »$m \notin M$«. Bezeichnen wir z.B. unsere Menge Bretter mit B, die einzelnen Bretter mit a, b, c, ... usw. und eine Person mit p, so können wir sagen: $a \in B$ und $p \notin B$. Zwei Mengen sind *gleich*, wenn sie dieselben Elemente enthalten. Die Menge, die keine Elemente enthält, heißt *leere Menge* und wird mit »$\emptyset$« bezeichnet.
Eine Menge T, deren Elemente alle in einer anderen Menge M enthalten sind, heißt *Teilmenge* (auch: *Untermenge*) der Menge M; M heißt dann entsprechend *Obermenge* von T. Eine präzisere Definition hierfür lautet: »T und M seien Mengen. T heißt *Teilmenge* von M, wenn für alle Elemente $x \in T$ gilt: wenn $x \in T$, dann $x \in M$.« Hieraus folgt, daß jede Menge Teilmenge von sich selbst ist. Enthält eine Menge M Elemente, die eine

Teilmenge T von M nicht enthält, nennt man T eine *echte Teilmenge;* man schreibt dann $T \subset M$. Will man ausdrücken, daß T nicht unbedingt eine echte Teilmenge ist, sondern gleich der Menge M sein kann, dann schreibt man $T \subseteq M$. Lassen sich die Elemente einer Menge vollständig in einer Liste aufzählen, so ist diese Menge *endlich.* Dagegen nennt man Mengen, deren Elemente man nicht vollständig aufzählen kann, *unendlich.*

Wichtige Mengen sind Mengen, deren Elemente Zahlen sind. Man unterscheidet u. a. natürliche, ganze, rationale und reelle Zahlen. *Natürliche Zahlen* sind die positiven ganzen Zahlen 1, 2, 3, 4, ... usw. Diese bilden zusammen mit der Null und den negativen ganzen Zahlen die Menge der *ganzen Zahlen.* Die Menge $\mathbb{N}$ der natürlichen Zahlen ist also Teilmenge der Menge $\mathbb{Z}$ der ganzen Zahlen. Fügt man zu $\mathbb{Z}$ die Menge der gebrochenen Zahlen (Brüche) hinzu, so erhält man als Obermenge die Menge $\mathbb{Q}$ der *rationalen Zahlen.* Diese ist wiederum Teilmenge der Menge $\mathbb{R}$ der *reellen Zahlen,* die außerdem alle irrationalen Zahlen (z. B. $\sqrt{2}$, $\sqrt{3}$, ln 10, e, π) enthält. Mit reellen Zahlen werden wir es im weiteren auch vornehmlich zu tun haben.
Bevor der Begriff der Relation näher bestimmt werden kann, muß zunächst der des *kartesischen Produkts* von Mengen eingeführt werden. Das *kartesische Produkt* (auch: *Produktmenge*) zweier Mengen A und B ist die Menge aller geordneten Paare, deren erste Komponente aus A und deren zweite Komponente aus B stammt. Das kartesische Produkt von A und B ist also auch eine Menge, und zwar eine Menge, deren Elemente Paare sind. Man bezeichnet das kartesische Produkt der Mengen A und B kurz mit $A \times B$ und die Elemente mit (a, b). Entsprechend läßt sich das kartesische Produkt auch aus mehr als zwei Mengen bilden. So bezeichnet $A \times B \times C$ das kartesische Produkt dreier Mengen A, B und C; die Elemente aus $A \times B \times C$ sind geordnete Tripel und werden mit (a, b, c) bezeichnet.

Beispiele für *Relationen* sind »a ist gleich b«, »a ist größer als b«, »a ist Element von b«, »a liebt b«, »a wählt b«, »a beantwortet das Item b«. Formal lassen sich Relationen dadurch beschreiben, daß man von den zugrunde liegenden Mengen ausgeht und deren Elemente aufzählt oder beschreibt, für die eine bestimmte Relation gilt. Man kann definieren: »Es seien A und B Mengen. Eine *Relation* zwischen A und B ist eine Teilmenge des kartesischen Produkts $A \times B$.« Es ist zu beachten, daß eine Relation eine Menge ist, und zwar die Menge aller Paare, die zueinander in einer bestimmten Beziehung (»ist gleich« usw.) stehen.

Ist eine Relation Teilmenge des kartesischen Produkts *zweier* Mengen, A und B, so heißt sie entsprechend *zweistellige* (oder: *binäre*) Relation auf den Mengen A und B. Elemente dieser Relation sind geordnete Paare. Ist eine Relation Teilmenge des kartesischen Produkts von n Mengen $(A_1 \times A_2 \times \cdots \times A_n)$, so heißt sie *n-stellige Relation* auf den Mengen $A_1, A_2, \ldots, A_n$. Elemente dieser Relation nennt man geordnete n-Tupel. Ein Beispiel einer 3-stelligen Relation ist »a sitzt zwischen b und c«.
Es muß sich hierbei nicht um verschiedene Mengen handeln: eine binäre Relation auf der Menge A ist eine Teilmenge des kartesischen Produkts $A \times A$. Ist $R \subset A \times B$ eine Relation auf $A \times B$ und gilt $(a,b) \in R$, so schreibt man hierfür häufig auch »$a R b$«. Beispiele sind $a = b$ und $a \geqslant b$. Bei einer Relation $R \subset A \times B$ bezeichnet man die Menge A als ihren *Vorbereich* (oder: *Definitionsbereich*) und die Menge B als ihren *Nachbereich* (oder: *Bildbereich*).

Der Begriff der Operation (z. B. die Rechenoperationen der Addition und Substraktion) soll erst im nächsten Kapitel definiert werden. Hier braucht lediglich erwähnt zu werden, daß Operationen spezielle Relationen sind, so daß im folgenden meistens von Relationen gesprochen wird, auch wenn es sich strenggenommen um Operationen handelt.

2.3 Vorläufiger Begriff des Messens

Dinge haben stets Eigenschaften; sie sind Träger von Eigenschaften. Umgekehrt sind Eigenschaften stets Eigenschaften von Dingen. Alle Eigenschaften haben Ausprägungen; jede Ausprägung ist Ausprägung einer Eigenschaft. Aufgrund ihrer Eigenschaften und/oder Ausprägungen ihrer Eigenschaften stehen Dinge in Relationen zueinander. Durch ihre verschiedenen Eigenschaften und/oder Eigenschaftsausprägungen sind Dinge unterscheidbar. Aufgrund ihrer verschiedenen Eigenschaftsausprägungen lassen sich Dinge (bezüglich dieser Eigenschaft) ordnen. Gemessen werden können keine Dinge, sondern stets nur Eigenschaften von Dingen.

Messen ist die Bestimmung der Ausprägung einer Eigenschaft eines Dinges. Messen erfolgt durch eine Zuordnung von Zahlen zu Dingen, die Träger der zu messenden Eigenschaft sind. Ein grundlegendes Kriterium für diese Zuordnung, d. h. wann eine derartige Zuordnung Messen ist und wann nicht, wird im folgenden Kapitel entwickelt. Schon jetzt können aber notwendige Voraussetzungen für die Meßbarkeit einer Eigenschaft angegeben werden. Diese sind erstens das Vorhandensein einer Menge von Dingen, die Träger der zu messenden Eigenschaft sind, und zweitens das Vorhandensein mindestens einer beobachtbaren oder herstellbaren Relation auf dieser Menge.

2.4 Weiterführende Literatur

Zum Begriff des Messens siehe man die in Kapitel 3 angegebenen Arbeiten zur Meßtheorie. Zur Vertiefung der hier eingeführten mathematischen Begriffe sei dem Leser ein Einführungsbuch in die Mengenlehre empfohlen, wie z. B. Halmos (1960) oder auch Monjallon (1963) und Görke (1965). Diese und weitere mathematische Grundbegriffe werden z. B. auch in Kliemann & Müller (1973) sowie jeweils in den Anhängen von Coombs, Dawes & Tversky (1970) und Restle & Greeno (1970) erläutert. Empfehlenswert ist ferner eine Einführung in die Logik; für die empirischen Wissenschaften besonders geeignet ist z. B. Suppes (1957).

2.5 Fragen

1. Ein weiteres aus dem Alltag bekanntes Beispiel des Messens ist das Messen des Gewichts (genauer: der Masse). Beschreiben Sie bitte entsprechend dem Beispiel der Längenmessung die Dinge, Eigenschaften und Relationen bei der Gewichtsmessung. Gibt es auch hierbei eine Operation, die der Rechenoperation der Addition ähnelt?
2. Es seien A eine Menge mit drei, B eine Menge mit vier und C eine Menge mit sechs Elementen. Wieviele Elemente haben die kartesischen Produkte $A \times B$, $A \times C$, $B \times C$ und $A \times B \times C$?
3. Es seien A, B und C jeweils Mengen von Personen. Nennen Sie Beispiele für (3-stellige) Relationen, die Teilmengen von $A \times B \times C$ sind.

3. Was ist Meßtheorie?

3.1 Beispiel

Einleitend wurde bereits gesagt, daß die Meßtheorie die Grundlagen des Messens erforscht. Das heißt: die Meßtheorie gibt die Bedingungen oder Voraussetzungen dafür an, daß eine Eigenschaft gemessen werden kann. Um deutlich zu machen, wie diese Bedingungen für Meßbarkeit gefunden werden können, wollen wir zunächst wieder auf das Beispiel der Längenmessung zurückkommen.

Wollen wir die Längen von Brettern durch Zahlen ausdrücken, so soll dies natürlich in einer sinnvollen Weise geschehen. Sinnvoll ist hierbei, daß wir eine größere Zahl auch einer größeren Länge zuordnen. Wenn wir beobachten, daß ein Brett a länger ist als ein anderes Brett b, so soll die Zahl, die wir dem Brett a zuordnen, größer sein als diejenige, die wir dem Brett b zuordnen. Auch wollen wir sinnvollerweise Brettern, die gleichlang sind (bei deren Längen wir also keinerlei Unterschied feststellen können), dieselbe Zahl als Meßwert zuordnen. Ist ferner ein Brett c genauso lang wie die aneinandergelegten Bretter a und b zusammen, so wollen wir dem Brett c eine Zahl zuordnen, die gerade die Summe der beiden Zahlen ist, die wir den Brettern a und b zugeordnet haben. Haben wir also z. B. den Brettern a und b die Zahlen 5 und 3 zugeordnet, so sollten wir dann die Länge des Brettes c durch die Zahl 8 ausdrücken. Schließlich wollen wir sämtlichen Brettern nur positive Zahlen zuordnen, also Zahlen die größer als Null sind, da es sicherlich keinen Sinn macht, von negativen Längen zu sprechen. Es sollte an diesem Beispiel beachtet werden, daß die Relationen zwischen Brettern eine entscheidende Rolle als Grundlage einer sinnvollen Längenmessung spielen. Ebenso wichtig ist es zu erkennen, daß auch zwischen den Zahlen Relationen bestehen, und ferner, daß nicht nur den Dingen Zahlen zugeordnet werden, sondern daß auch Relationen aus dem empirischen Bereich (»ist länger als« oder »ist gleichlang wie«) durch Relationen aus dem Zahlenbereich (»ist größer als« oder »ist gleich«) ausgedrückt werden. Entsprechend verhält es sich mit der Operation des Aneinanderlegens, die sinnvollerweise im Zahlenbereich durch die Rechenoperation der Addition dargestellt wird.

Diese »Korrespondenz« zwischen beiden Bereichen wird dadurch ermöglicht, daß einander entsprechende Relationen aus den beiden Bereichen gleiche Eigenschaften haben. So gilt beispielsweise: wenn ein Brett a länger ist als ein Brett b und dieses wiederum länger ist als ein Brett c, dann ist auch Brett a länger als Brett c. Das Analoge gilt für die Relation »ist größer als« zwischen Zahlen. Ein weiteres Beispiel ist, daß Brett a aneinandergelegt mit Brett b genauso lang ist wie Brett b aneinandergelegt mit Brett a; das Entsprechende gilt für die Addition zweier Zahlen: $a + b = b + a$.

3.2 Begriffsbestimmungen

An Hand unseres Beispiels unterschieden wir einen empirischen Bereich von einem Zahlenbereich. Einen derartigen Bereich, der eine Menge sowie Relationen auf dieser Menge enthält, bezeichnet man als *Relativ* (oder: *Struktur*, auch: *Relationensystem* oder *Relationenstruktur*). Man hat hierfür folgende Schreibweise eingeführt: $\mathfrak{A} = \langle A, R_1, \ldots, R_n \rangle$. Dies bedeutet, daß das Relativ $\mathfrak{A}$ eine Menge A enthält, auf der die Relationen R_1, R_2 usw. bis R_n bestehen. Es ist also lediglich eine Aufzählung der Bestandteile eines Relativs. Ein Relativ muß mindestens eine Menge und mindestens eine Relation enthalten. Wo es nötig sein wird, werden wir später den Begriff des Relativs auf mehrere Mengen erweitern.

Nun kann auch sinnvoll zwischen einem empirischen und einem numerischen Relativ unterschieden werden. Ein Relativ $\mathfrak{A} = \langle A, R_1, \ldots, R_n \rangle$ heißt *empirisches Relativ*, wenn A eine Menge empirischer Dinge und $R_1, \ldots, R_n$ beobachtbare empirische Relationen bezeichnen. Ein Beispiel ist das Relativ $\langle B, \gtrsim, \circ \rangle$, wobei B eine Menge von Brettern bezeichnet, auf der die Relation $\gtrsim$ (»ist länger oder gleichlang wie«) und die Relation bzw. Operation $\circ$ (»Aneinanderlegen«) bestehen. (Hier und im folgenden bezeichnen »$\gtrsim$« und »$\circ$« stets empirische Relationen, um Verwechslungen mit den numerischen Relationen »$\geqslant$« und »$+$« zu vermeiden.)
Ein Relativ $\mathfrak{A} = \langle A, R_1, \ldots, R_n \rangle$ heißt *numerisches Relativ*, wenn A eine Menge numerischer Dinge (Zahlen, Vektoren) und $R_1, \ldots, R_n$ Relationen auf dieser Menge bezeichnen. Ein Beispiel ist das Relativ $\langle \mathbb{R}, \geqslant, + \rangle$, wobei $\mathbb{R}$ die Menge der reellen Zahlen, $\geqslant$ die übliche »größer oder gleich« Relation zwischen reellen Zahlen und $+$ die Addition reeller Zahlen bezeichnen. Es ist anzumerken, daß ein Relativ stets ein formales Ding ist, und daß sich empirisches und numerisches Relativ nur aufgrund unterschiedlicher Interpretationen eines Relativs voneinander unterscheiden.
Es sollen auch einige Eigenschaften von Relativen genannt werden. Ist die Menge A eines Relativs endlich, so heißt auch das Relativ *endlich;* ist A unendlich, heißt das Relativ *unendlich*. Selbstverständlich können die Relationen $R_1, \ldots, R_n$ eines Relativs $\mathfrak{A}$ verschiedene Stelligkeiten haben (vgl. 2.2).
Bezeichnet man die Stelligkeiten von $R_1, \ldots, R_n$ entsprechend mit den Zahlen $m_1, \ldots, m_n$ und schreibt diese als eine Folge $s = \langle m_1, \ldots, m_n \rangle$, so heißt s *Typ* des Relativs $\mathfrak{A}$. Enthält z. B. ein Relativ $\mathfrak{B}$ die drei Relationen R_1, R_2 und R_3, wobei R eine dreistellige und R_2 und R_3 jeweils binäre Relationen sind, dann ist $\mathfrak{B}$ vom Typ $\langle 3, 2, 2 \rangle$. Zwei Relative heißen *ähnlich*, wenn sie von demselben Typ sind.
Ein weiterer Gedanke in unserem Beispiel war, daß Zahlen den empirischen Dingen »zugeordnet« werden, und daß sich empirische und numerische Relationen »ähnlich« sind oder »einander entsprechen«. Diese Begriffe lassen sich durch den mathematischen Begriff der *Abbildung* präzisieren. Eine *Abbildung* einer Menge A in eine Menge B ist eine Vorschrift (Zuordnung), die jedem $a \in A$ genau ein $b \in B$ zuordnet. Jede Abbildung ist eine Relation. Man kann definieren: »Eine Relation $R \subseteq A \times B$ heißt *Abbildung* von A in B, wenn für alle $a \in A$ gilt: es gibt genau ein Element $b \in B$ derart, daß $(a, b) \in R$ gilt«. Abbildungen werden im folgenden mit φ (»phi«) und ψ (»psi«) bezeichnet. Ist φ eine Abbildung von A in B, schreibt man hierfür auch $\varphi \colon A \to B$. Wird das Element $a \in A$ bei einer Abbildung φ in das Element $b \in B$ abgebildet, heißt b *Bild* von a und a *Urbild* von b. Für »b ist Bild von a bei der Abbildung φ« schreibt man kurz: $b = \varphi(a)$. Die Menge A heißt *Vorbereich* einer Abbildung von A in B; die Menge der Bilder $b \in B$ heißt *Nachbereich* von φ.
Anschaulich kann man sich eine Abbildung $\varphi \subseteq A \times B$ als eine Menge von Pfeilen darstellen (vgl. Abbildung 1). Nach der obigen Definition ist φ eine Abbildung von A in B genau

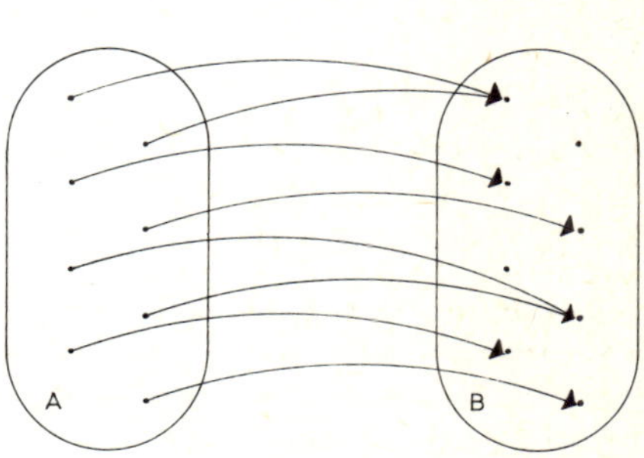

Abb. 1: Abbildung der Menge A in die Menge B.

dann, wenn von jedem Punkt $a \in A$ genau ein Pfeil ausgeht. Dies bedeutet, daß der Vorbereich von φ genau die Menge A sein muß. Dagegen kann der Nachbereich von φ eine echte Teilmenge von B sein; in diesem Fall ist φ eine Abbildung von A *in* B. Ist der Nachbereich von φ gleich der Menge B, spricht man von einer Abbildung von A *auf* B.

Da bei einer Abbildung jedem $a \in A$ *genau ein* $b \in B$, also nicht mehr und nicht weniger als ein $b \in B$, zugeordnet wird, bezeichnet man eine Abbildung auch als *eindeutig*. Eine Abbildung φ von A in B heißt *umkehrbar eindeutig* (oder: *bijektiv*), wenn es zu jedem $b \in B$ genau ein $a \in A$ gibt, so daß $\varphi(a) = b$ ist. Dies bedeutet, daß nicht nur eine Abbildung von A in B, sondern auch umgekehrt eine von B in A existiert. Anschaulich bedeutet dies, daß in der Abbildung 2 *jedes* Element $b \in B$ die Spitze *genau* eines Pfeiles ist.

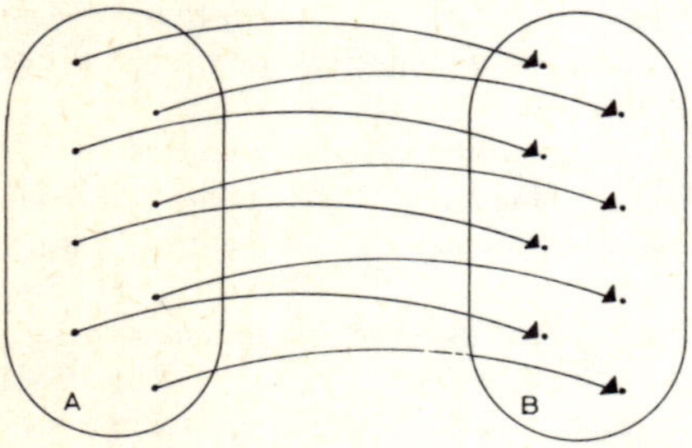

Abb. 2: Bijektive Abbildung der Menge A auf die Menge B.

Ist B eine Menge von Zahlen, nennt man eine Abbildung von A in B eine *Funktion*. So heißt eine Abbildung von A in $\mathbb{R}$ eine *reelle Funktion*, und zwar eine *reelle Funktion auf* A. Sind A und B Mengen reeller Zahlen, bezeichnet man eine Abbildung von A in B als eine *Transformation*.

Eine *Operation* (auch: *Verknüpfung*) ist eine spezielle Abbildung. Definition: »Es sei A eine nichtleere Menge. Jede Abbildung $\varphi: A \times A \rightarrow A$ heißt *(binäre) Operation*.« Bei einer Operation wird also ein Paar (a, b) von Elementen derselben Menge in *ein* Element dieser Menge abgebildet. Eine Operation heißt *binär* (oder: *zweistellig*), wenn ihr Vorbereich das *zweifache* kartesische Produkt einer Menge ist. Eine zweistellige Operation ist also eine dreistellige Relation, da hierbei drei Elemente miteinander verknüpft werden. Beispiele sind die Rechenoperationen der Addition und der Multiplikation in der Menge der natürlichen Zahlen $\mathbb{N}$. So werden die beiden natürlichen Zahlen 3 und 4 durch die Addition in das »Bild« 7 abgebildet, das wiederum eine natürliche Zahl ist. Formal: $(3,4) \rightarrow \varphi(3,4) = 3 + 4 = 7$; oder allgemein: $+ : \mathbb{N} \times \mathbb{N} \rightarrow \mathbb{N}$.

Bisher erörterten wir Abbildungen einer Menge in (oder auf) eine Menge. Durch unser Beispiel der Längenmessung erkannten wir eine »Korrespondenz« zwischen empirischem und numerischem *Relativ* als grundlegend für die Meßbarkeit einer Eigenschaft. Es ist nun naheliegend, den Gedanken der Korrespondenz durch den Begriff der Abbildung zu ersetzen. Da aber eine Struktur oder ein Relativ »mehr« ist als eine Menge, muß der Begriff der Abbildung entsprechend erweitert werden. Hierfür eignet sich der Begriff der *homomorphen Abbildung*. Bei der folgenden Definition beschränken wir uns zugunsten einer übersichtlicheren Schreibweise auf Relative mit nur zweistelligen Relationen.

Definition: »Es seien $\mathfrak{A} = \langle A, R_1, \ldots, R_n \rangle$ und $\mathfrak{B} = \langle B, S_1, \ldots, S_n \rangle$ zwei Relative desselben Typs. Eine Abbildung φ von A in B heißt *homomorphe Abbildung* (oder: *Homomorphismus*) von A in B, wenn für alle Elemente $a_1, a_2 \in A$ und für alle $i = 1,2, \ldots, n$ gilt:
$\varphi[R_i(a_1, a_2)] = S_i[\varphi(a_1), \varphi(a_2)]$.«

Dies bedeutet, daß die Relationen R_i derart in Relationen S_i des anderen Relativs abgebildet werden, daß das Bild einer Relation R_i zwischen zwei Elementen aus A die Relation S_i zwischen den Bildern dieser Elemente ist. Anschaulich gesagt werden bei einer homomorphen Abbildung also nicht nur eine Menge in eine andere abgebildet, sondern außerdem Relationen, die auf der einen Menge bestehen, in entsprechende Relationen (d. h. Relationen mit derselben Stelligkeit), die auf der anderen Menge bestehen. Durch eine homomorphe Abbildung wird also ein Relativ in ein anderes abgebildet; Voraussetzung hierfür ist, daß die beiden Relative ähnlich sind. Besteht ein Homomorphismus zwischen zwei Relativen $\mathfrak{A}$ und $\mathfrak{B}$, so nennt man beide kurz *homomorph;* man sagt häufig auch, daß $\mathfrak{A}$ durch $\mathfrak{B}$ *repräsentiert* wird oder daß zwischen $\mathfrak{A}$ und $\mathfrak{B}$ eine *Repräsentation* besteht. Anschaulich bedeutet dies, daß homomorphe Relative eine in entscheidender Hinsicht gleiche »Struktur« haben. In der Meßtheorie haben wir es mit homomorphen Abbildungen eines empirischen Relativs in ein numerisches zu tun; ein numerisches Relativ repräsentiert dann also ein empirisches. Ein Homomorphismus wird hier auch als eine *Skala* bezeichnet.

Eine bijektive homomorphe Abbildung heißt *isomorphe Abbildung* (oder *Isomorphismus*). Betrachten wir noch einmal Abbildung 1, so ist leicht einzusehen, daß es für das Messen sinnvoll ist, von homomorphen Abbildungen auszugehen und sich nicht auf isomorphe zu beschränken. Denn es ist sicherlich vernünftig, beispielsweise bei der Längenmessung zwei gleichlangen Brettern dieselbe Zahl zuzuordnen; außerdem besteht keine Notwendigkeit, daß *jede* (reelle) Zahl die Länge eines Brettes repräsentieren soll.

Wir haben nun vor allem drei für die Meßtheorie grundlegende Begriffe kennengelernt: empirisches Relativ; numerisches Relativ und homomorphe Abbildung bzw. Repräsentation eines Relativs durch ein anderes. Es ist wünschenswert, daß die Bedingungen für Meßbarkeit zugleich präzise und allgemeingültig angegeben werden. Deshalb bedient sich die Meßtheorie der Methoden der Mathematik. Um die formale Sprache der Mathematik auf unseren Gegenstandsbereich, das Messen, anwenden zu können, mußten die bisher genannten und müssen noch einige weitere Begriffe eingeführt werden.

Axiome (auch: *Grundannahmen, Postulate, Bedingungen*) sind exakt formulierte Eigenschaften, die (in der Meßtheorie) ein empirisches Relativ erfüllt bzw. erfüllen soll. Es sind also Eigenschaften der Menge oder der Relationen eines Relativs. Eigenschaften nennt man insbesondere dann Axiome, wenn sie als Grundannahmen einer (axiomatischen) Theorie dienen, d. h., grob gesagt, wenn aus diesen Axiomen Folgerungen in Form von mathematischen Sätzen (oder logischen Aussagen) ableitbar sind bzw. bewiesen werden können. Unter einem *Axiomensystem* verstehen wir eine Liste von Axiomen, d. h. eine endliche Menge von Axiomen. Einen (aus einem Axiomensystem logisch ableitbaren) mathematischen Satz bezeichnet man als *Theorem.* Theoreme müssen also stets bewiesen werden können, Axiome sind dagegen unbeweisbar.

Beispiele wichtiger Eigenschaften von Relationen, die als Axiome dienen können, sind folgende. Eine (binäre) Relation $R \subseteq A \times A$ heißt *reflexiv*, wenn für alle $a \in A$ gilt: $(a, a) \in R$ bzw. aRa. Beispiele sind die Gleichheitsrelation »=« und die Relation »wäscht sich«. Eine Relation $R \subseteq A \times A$ heißt *symmetrisch*, wenn für alle $a, b \in A$ gilt: wenn aRb, dann bRa. Beispiele sind ebenfalls die Gleichheitsrelation (wenn $x = 2$, dann gilt auch $2 = x$) und die Relation »trifft« im Sinne von »Hans trifft Inge« (dann trifft auch Inge Hans). Eine Relation $R \subseteq A \times A$ heißt *transitiv*, wenn für alle $a, b, c \in A$ gilt: wenn aRb und bRc, dann aRc. Beispiele sind wiederum die Gleichheitsrelation, die Relation $\gtrsim$ (»ist mindestens so lang wie«) und die Relation »ist teurer als« (wenn ein Auto teurer ist als ein Buch und wenn ein Buch teurer ist als ein Kürbis, dann ist auch ein Auto teurer als ein Kürbis). Eine Relation $R \subseteq A \times A$ heißt *konnex* (oder: *zusammenhängend*), wenn für alle $a, b \in A$ gilt: entweder aRb oder bRa oder beides. Je zwei beliebige Elemente

aus A müssen also in der Relation R zueinander stehen. Ein Beispiel ist die Relation $\geqslant$ auf der Menge der reellen Zahlen.
Unter einer *Meßstruktur* wollen wir ein (empirisches) Relativ verstehen, dessen Eigenschaften explizit als Axiome formuliert sind, aus denen sich Theoreme mathematisch ableiten lassen. Wir werden diesen Begriff später genauer charakterisieren, und zwar durch die Art der Aussagen die die Theoreme beinhalten. Kurz gesagt, handelt es sich erstens um die Aussage, daß eine Eigenschaft meßbar ist (sofern die Axiome erfüllt sind) und zweitens darum, wie eindeutig diese Zuordnung von Zahlen ist oder, wie wir später sagen werden, auf welchem Skalenniveau die betreffende Eigenschaft meßbar ist. Andere in der Literatur verwendete Ausdrücke für »Meßstruktur« sind »*Meßmodell*« und »*Meßtheorie*«. Die Bezeichnung »Meßmodell« ist weniger glücklich, da eine Meßstruktur strenggenommen kein Modell, sondern eine Theorie ist (vgl. Kapitel 19). Richtiger ist insofern der Ausdruck »Meßtheorie«, der hier jedoch bereits für »Theorie des Messens«, für das Forschungsgebiet, verwendet wird. Dagegen entspricht die Bezeichnung »Meßstruktur« dem mathematischen Begriff »Struktur« sowie der sich offenbar durchsetzenden englischsprachigen Bezeichnung (»measurement structure«).

3.3 Der Begriff des Messens

Messen ist die Bestimmung der Ausprägung einer Eigenschaft eines Dinges. Messen erfolgt durch eine Zuordnung von numerischen Größen (Zahlen, Vektoren) zu Dingen, die Träger der zu messenden Eigenschaft sind. Messen beruht auf einer homomorphen Abbildung eines empirischen Relativs in ein numerisches Relativ bzw. auf einer Repräsentation eines empirischen Relativs durch ein numerisches Relativ. Die Existenz einer derartigen homomorphen Abbildung ist das Kriterium dafür, ob eine Zuordnung von Zahlen zu Dingen als »Messen« zu betrachten ist, d. h. ob eine Eigenschaft meßbar ist.
Dieser Betrachtung des Messens als Repräsentation eines empirischen Relativs durch ein numerisches entspricht ein sehr allgemeiner Begriff des Messens: auch das Rangordnen und Klassifizieren werden hiernach als Messen bezeichnet. Dies legt eine Unterscheidung verschiedener Arten oder Stufen des Messens nahe, auf die in Kapitel 5 näher eingegangen wird.
Voraussetzung für das Messen ist das Vorhandensein eines empirischen Relativs, also einer Menge empirisch beobachtbarer Dinge, die aufgrund unterschiedlicher Ausprägungen einer ihnen gemeinsamen Eigenschaft in beobachtbaren Relationen zueinander stehen. Das Auffinden weiterer Voraussetzungen in Form von Eigenschaften, die das empirische Relativ erfüllen muß, ist eines der Hauptanliegen der Meßtheorie.
Das Messen beruht jedoch nicht immer *direkt* auf einer Repräsentation eines empirischen Relativs in ein numerisches. Eigenschaften, die ausschließlich aufgrund dieser Repräsentation meßbar sind, heißen *fundamental meßbar;* entsprechend spricht man von *fundamentaler Messung*. Häufig beruht dagegen die Messung einer (z. B. physikalischen) Größe auf anderen, fundamental meßbaren Eigenschaften *und* eines numerischen Naturgesetzes, das den Zusammenhang zwischen diesen Größen und der zu messenden Größe beschreibt. Diese Messung bezeichnet man als *abgeleitete Messung* und die so meßbare Eigenschaft als *abgeleitet meßbar*. Beispiele fundamental meßbarer Eigenschaften sind, wie noch gezeigt werden wird, Länge, Masse und Volumen; ihre Meßbarkeit beruht nicht auf der anderer Eigenschaften. Ein Beispiel einer abgeleitet meßbaren Eigenschaft ist die Dichte. Sie bestimmt sich durch das Naturgesetz $\frac{m}{V} = \text{const.}$ (m = Masse, V = Volumen), wobei diese relative physikalische Konstante „Dichte" genannt wird. Die Mes-

sung der Dichte wird dabei zurückgeführt auf die fundamentale Messung von Masse und Volumen.
Die Unterscheidung von fundamentaler und abgeleiteter Messung ist nicht absolut, da viele fundamental meßbare Eigenschaften auch abgeleitet meßbar sind und — wie die Meßtheorie gezeigt hat — auch das Umgekehrte gilt. Dennoch ist es in der Physik gelungen, alle meßbaren Eigenschaften auf relativ wenige fundamental meßbare Größen (auch: *Dimensionen*) zurückzuführen, die so die Grundlagen eines physikalischen *Maßsystems* bilden, wie z. B. die Größen Länge, Masse, Zeit, Temperatur, Winkel und elektrische Ladungsmenge.
Obwohl die Meßtheorie die Kenntnisse auch auf diesem Gebiet sowie auf der hiermit eng zusammenhängenden *Dimensionsanalyse* vertiefen konnte, soll dies hier nicht näher ausgeführt werden. Denn in der Psychologie sind wir nicht nur von einem derartigen Maßsystem, sondern auch von numerischen Gesetzen recht weit entfernt; hier liegen die Probleme des Messens noch vornehmlich im Auffinden psychologisch relevanter Eigenschaften, die fundamental meßbar sind.
Daher werden wir uns im folgenden auf das fundamentale Messen beschränken.
In diesem Zusammenhang ist anzumerken, daß es für die meisten der heute in der Psychologie als meßbar erachteten Größen (aufgrund von Tests und Skalierungsverfahren) keinesfalls gesichert ist, inwieweit dies tatsächlich der Fall ist und wie sinnvoll die Aussagen aufgrund dieser Messungen sind. Erforderlich ist hierfür die empirische Prüfung der Voraussetzungen der Meßbarkeit, die von der Meßtheorie entwickelt werden.

3.4 Gegenstand und Methode der Meßtheorie

Gegenstand der Meßtheorie ist die Untersuchung der Voraussetzungen oder Bedingungen für die Meßbarkeit einer Eigenschaft. Bei den Bedingungen handelt es sich um Eigenschaften, die ein empirisches Relativ erfüllen muß. Die Bedingungen werden als Axiome angegeben. Meßbarkeit einer Eigenschaft bedeutet, daß ein empirisches Relativ durch ein numerisches repräsentiert werden kann, daß also eine homomorphe Abbildung existiert. Gegenstand der Meßtheorie ist, mit anderen Worten, die Angabe von Bedingungen (d. h. die Erstellung von Axiomensystemen) für verschiedene empirische Relative, und zwar Bedingungen derart, daß aus ihnen folgt, daß das betreffende empirische Relativ durch ein numerisches Relativ repräsentiert werden kann. Noch kürzer gesagt: Gegenstand der Meßtheorie ist die Entwicklung von Meßstrukturen.
Da die Bedingungen für die Meßbarkeit von Eigenschaften sowohl exakt als auch möglichst allgemeingültig angegeben werden sollten, bedient sich die Meßtheorie ausschließlich mathematischer Methoden. Insbesondere stützt sie sich auf die axiomatische Methode, d. h. sie verfährt streng deduktiv.
Das Erfülltsein der Axiome eines empirischen Relativs ist immer eine empirische Frage. Deshalb bemüht sich die Meßtheorie, die Axiome so zu formulieren, daß sie möglichst einfach empirisch prüfbar sind. Bei den Axiomen handelt es sich stets um qualitative, d. h. nicht-numerische Annahmen. Insofern ist es Ziel der Meßtheorie zu zeigen, wie man von qualitativen zu quantitativen Daten gelangen kann. Darüber hinaus konstruiert die Meßtheorie die Meßstrukturen derart, daß sie nicht nur zur Prüfung der Meßbarkeit einer Eigenschaft, sondern auch als praktische Meßverfahren verwendet werden können.

Auf Probleme oder Aufgaben der Meßtheorie, die bei der Erstellung und empirischen Anwendung von Meßstrukturen zu lösen und zu beachten sind, wird in den folgenden Kapiteln 4 bis 9 ausführlich eingegangen.

3.5 Weiterführende Literatur

Die Begründung der Meßtheorie kann in den Arbeiten von Scott & Suppes (1958) und Suppes & Zinnes (1963) gesehen werden, die die Grundlagen des Messens mit Hilfe der Grundbegriffe (Relativ, Repräsentation) der mathematischen Modelltheorie formulierten (zur Modelltheorie siehe z. B. Tarski, 1954; 1955; Robinson, 1963; Kreisel & Krivine, 1966; Schwabhäuser, 1971; 1972). Die wichtigsten Arbeiten zur Meßtheorie sind die Bücher von Pfanzagl (1968) und Fishburn (1970c) (letzteres ist inhaltlich auf die Nutzenmessung beschränkt) sowie das zweibändige Werk von Krantz, Luce, Suppes & Tversky (1971), dessen zweiter Band sich zur Zeit noch in der Vorbereitung befindet. Knappe Übersichten über die Meßtheorie geben Krantz (1968) und Luce (1968a). Zu nennen sind ferner die Einführung von Coombs, Dawes & Tversky (1970, Kap. 2) und die elementare Darstellung einiger Grundgedanken von Pfanzagl (1974). Weitere allgemeine Arbeiten zur Meßtheorie stammen von Kanger (1963; 1972), Ross (1964), Adams (1966), Ellis (1966), Rozeboom (1966), Blakers (1967), Tack (1970) und Domotor (1972).

Darstellungen der abgeleiteten Messung findet man z. B. in Campbell (1920; 1921; 1928; 1938), Ellis (1966) und Pfanzagl (1968). Einen hiervon abweichenden Begriff der abgeleiteten Messung verwenden Hempel (1952) und Suppes & Zinnes (1963). Hierzu vergleiche man die Kritik und den Ansatz von Causey (1969), der von Krantz u. a. (1971, Kap. 10) weiterentwickelt wird. Hier findet man auch eine Betrachtung der Dimensionsanalyse und weitere Literatur hierzu, wie z. B. Bridgman (1922) und Whitney (1968a, b). Ansätze zu einer Dimensionsanalyse in der Ökonomie stammen von deJong (1967). Dimensionsanalytische Fragen in der Psychologie erörtern Luce (1959b; 1962; 1964; 1971b; 1972b), Rozeboom (1962a, b) und Osborne (1970).

Historisch entwickelte sich die Meßtheorie aus mathematischen Untersuchungen zur Meßbarkeit physikalischer Eigenschaften (z. B. Stolz, 1883; 1885; 1891; von Helmholtz, 1887; Hölder, 1901; Huntington, 1902a, b; Russell, 1903), aus wissenschaftstheoretischen Arbeiten zum Messen (z. B. Campbell, 1920; 1921; 1928; 1938; Carnap, 1926; Nagel, 1930; 1931; Cohen & Nagel, 1934), aus den Bemühungen zur Messung des Nutzens (z. B. Bernoulli, 1738; Edgeworth, 1881; Antonelli, 1886; Fisher, 1892; 1927; Pareto, 1909; siehe hierzu auch Stigler, 1950) sowie aus den Diskussionen der Frage der Meßbarkeit psychischer Eigenschaften (z. B. Brown, 1934; McGregor, 1935; Johnson, 1936; Székely, 1936; Scates, 1937a, b; Ferguson u. a., 1938; 1940; Smith, 1938; May, 1939; Bartlett, 1940; Thomas, 1942; Reese, 1943; Bergmann & Spence, 1944; Gulliksen, 1946; Stevens, 1946; 1951; 1959b).

3.6 Fragen

1. Finden Sie bitte Beispiele für binäre Relationen, die a) reflexiv, b) symmetrisch, c) transitiv, d) konnex, e) reflexiv, transitiv und symmetrisch, f) reflexiv, transitiv und nicht symmetrisch, g) nicht transitiv sind.
2. Warum ist die Subtraktion auf der Menge $\mathbb{N}$ der natürlichen Zahlen keine Operation gemäß der hier angegebenen Definition? Für welchen Zahlenbereich ist die Subtraktion eine Operation?
3. Es seien $\mathfrak{A} = \langle A, \leqslant \rangle$ ein Relativ, dessen Menge A die Menge der natürlichen Zahlen 1, 2, 3 und 5 ist, und $\mathfrak{B} = \langle B, \geqslant \rangle$ ein Relativ, dessen Menge B die Menge der natürlichen Zahlen 4, 13, 14 und 17 ist. Ist die Abbildung φ von A in B, für die gilt: $\varphi(1) = 17$, $\varphi(2) = 14$, $\varphi(3) = 14$ und $\varphi(5) = 4$, ein Isomorphismus, ein Homomorphismus oder keines von beiden?

4. Das Problem der Repräsentation

4.1 Beispiel

Mit Hilfe der im vorigen Kapitel eingeführten Begriffe läßt sich das Beispiel der Längenmessung neu formulieren. Es liegen ein empirisches und ein numerisches Relativ vor. Das empirische Relativ $\langle A, \gtrsim, \circ \rangle$ ist eine Menge A von Brettern, auf der eine binäre Relation $\gtrsim$, die »länger als oder gleichlang wie« Relation, und eine binäre Operation $\circ$ bestehen, die Operation des Aneinanderlegens von Brettern. Als numerisches Relativ betrachten wir das Relativ $\langle \mathbb{R}^+, \geqslant, + \rangle$, wobei $\mathbb{R}^+$ die Menge der positiven reellen Zahlen ist, $\geqslant$ die »größer oder gleich« Relation auf diesen Zahlen und $+$ die Addition dieser Zahlen bedeuten.

Wollen wir nun feststellen, ob die Länge meßbar ist, müssen wir versuchen zu zeigen, daß es eine homomorphe Abbildung des empirischen Relativs in das numerische gibt, d. h. daß eine Repräsentation bzw. Längenskala existiert. Die Repräsentation soll dabei sinnvollerweise die beiden Bedingungen erfüllen, daß erstens einem längeren Brett stets auch ein größerer Skalenwert zugeordnet wird, und zweitens der Skalenwert der Gesamtlänge zweier aneinandergelegter Bretter gleich ist der Summe der Skalenwerte der beiden einzelnen Bretter.

Damit diese Repräsentation existiert, muß das empirische Relativ bestimmte Bedingungen erfüllen. Für die Längenmessung sind dies die folgenden fünf Axiome.

1. Die Relation $\gtrsim$ muß transitiv und konnex sein, d. h. für alle Bretter a, b und c muß gelten:
   1. wenn $a \gtrsim b$ und $b \gtrsim c$, dann $a \gtrsim c$, (Transitivität)
   2. $a \gtrsim b$ oder $b \gtrsim a$. (Konnexität) (siehe 3.2).

   Hieraus folgt, daß $\gtrsim$ auch reflexiv ist, d. h. daß $a \gtrsim a$ gilt. Man sagt auch, die Relation $\gtrsim$ muß eine *schwache Ordnung* (oder: *schwache Ordnungsrelation*) sein.
2. Für je drei Bretter a, b und c muß gelten:
   $a \circ (b \circ c) \sim (a \circ b) \circ c$.
   Die Relation $\sim$ bedeutet »gleichlang wie«; die innerhalb der Klammern bezeichneten Bretter sollen zuerst aneinandergelegt werden. Diese Bedingung heißt *Assoziativität;* sie besagt: die Gesamtlänge der Bretter a, b und c ist die gleiche, wenn a mit den zusammengefügten Brettern b und c aneinandergelegt wird und wenn die zusammengefügten Bretter a und b mit c aneinandergelegt werden.
3. Für je drei Bretter a, b und c muß gelten:
   $a \gtrsim b$ gdw $a \circ c \gtrsim b \circ c$ gdw $c \circ a \gtrsim c \circ b$.
   »gdw« wird als Abkürzung für »genau dann, wenn« (oder: »dann und nur dann, wenn«) verwendet; »x gdw y« bedeutet also: »wenn x, dann y, und wenn y, dann x«. Das Axiom besagt, daß, wenn a mindestens so lang ist wie b, dann auch a aneinandergelegt mit c mindestens so lang ist wie b aneinandergelegt mit c, und daß dies unabhängig davon ist, ob c rechts oder links an a gelegt wird. Dieses Axiom nennt man *Monotonie(axiom)*.
4. Für je zwei Bretter a und b muß gelten:
   $a \circ b \succ a$.
   Die Relation $\succ$ bedeutet »länger als«. Diese Bedingung besagt, daß zwei aneinandergelegte Bretter zusammen stets länger sind als eines von ihnen; man bezeichnet sie als *Positivität.*
5. Für je zwei Bretter a und b muß gelten: wenn $a \succ b$, dann gibt es eine positive ganze Zahl n derart, daß für beliebige Bretter c und d gilt: $na \circ c \gtrsim nb \circ d$.

Die Ausdrücke »na« und »nb« bezeichnen die Gesamtlängen, die entstehen, wenn die Bretter a und b jeweils n-mal »mit sich selbst« aneinandergelegt werden. Dieses Axiom besagt: wenn a länger als b und c möglicherweise sehr viel kürzer ist als d, dann gibt es eine natürliche Zahl n, so daß na aneinandergelegt mit c mindestens so lang ist wie nb aneinandergelegt mit d. Dieses Axiom heißt *Archimedisches Axiom.* Es entspricht der Archimedischen Eigenschaft der reellen Zahlen: für jede (beliebig kleine) positive Zahl x und jede (beliebig große) Zahl y gibt es eine ganze Zahl n derart, daß $nx \geqslant y$ gilt.

Es kann mathematisch gezeigt werden, daß das genannte numerische Relativ das empirische repräsentiert, daß also die Länge meßbar ist, wenn diese fünf Bedingungen erfüllt sind. Gehen wir umgekehrt davon aus, daß wir wissen, daß die Länge meßbar ist, können wir jetzt sagen, sie ist meßbar, *weil* diese Bedingungen für die Länge erfüllt sind.

4.2 Begriffsbestimmungen

Das Problem des Beweisens, daß für ein empirisches Relativ eine homomorphe Abbildung oder Repräsentation unter bestimmten Bedingungen existiert, bezeichnet man als *Repräsentationsproblem.* Das Problem umfaßt die Formulierung der Bedingungen oder Axiome.

Die Lösung eines Repräsentationsproblems wird als ein mathematischer Satz formuliert, dem *Repräsentationstheorem* (auch: *Existenztheorem*). Es besagt die Existenz einer homomorphen Abbildung eines empirischen in ein numerisches Relativ und gibt die Eigenschaften an, die diese Repräsentation erfüllt. Für das Beispiel der Längenmessung kann das Repräsentationstheorem folgendermaßen formuliert werden:

»Wenn das empirische Relativ $\langle A, \gtrsim, \circ \rangle$ die oben genannten fünf Axiome erfüllt, dann existiert eine reelle Funktion $\varphi : A \rightarrow \mathbb{R}^+$ derart, daß für alle $a, b \in A$ gilt:

1. $a \gtrsim b$ gdw $\varphi(a) \geqslant \varphi(b)$
2. $\varphi(a \circ b) = \varphi(a) + \varphi(b)$.«

Dies sind die beiden in 4.1 genannten Eigenschaften, die sinnvollerweise die Längenskala erfüllen soll. Die Funktion φ ist der Homomorphismus bzw. die Längenskala; $\varphi(a)$ ist die dem Brett a als Meßwert zugeordnete Zahl.

4.3 Das Repräsentationsproblem und seine Lösung

Das Repräsentationsproblem ist das grundlegende Problem bei der Entwicklung einer Meßstruktur. Erst die Angabe eines Repräsentationstheorems macht eine Struktur oder ein Relativ zu einer Meßstruktur. Denn ein Repräsentationstheorem besagt, daß ein Homomorphismus bzw. eine Skala existiert, sofern ein empirisches Relativ bestimmte Eigenschaften (Axiome) erfüllt. Ist dies der Fall, dann ist die jeweilige Eigenschaft (aufgrund derer die Relationen des empirischen Relativs bestehen) meßbar.

Um aussagen zu können, daß eine Eigenschaft meßbar ist, ist es also erforderlich, daß ein entsprechendes Repräsentationstheorem vorliegt. Die Frage der Meßbarkeit kann nur durch die empirische Überprüfung der Axiome beantwortet werden, also durch die Frage: sind die Axiome für die zu messende Eigenschaft erfüllt oder nicht? Dagegen ist das Repräsentationsproblem in erster Linie ein mathematisches Problem. Hier wird bewiesen, daß die betreffende Eigenschaft meßbar ist, *wenn* die Axiome erfüllt sind.

Die Lösung eines Repräsentationsproblems besteht darin, Axiome zu finden und so zu formulieren, daß aus ihnen das gewünschte Repräsentationstheorem mathematisch exakt gefolgert werden kann. Allgemein besteht der Weg darin, daß zunächst einige Bedingungen aus der gewünschten Repräsentation abgeleitet werden. Diese müssen auf jeden Fall erfüllt sein, um aus ihnen (also umgekehrt) die Repräsentation folgern zu können. Meistens reichen die so gefundenen Axiome jedoch für den Beweis der Repräsentation nicht aus, so daß dann weitere Axiome zu finden sind, die dann gemeinsam mit den anderen für den Beweis der Existenz einer homomorphen Abbildung genügen. Einige Kriterien, die bei der Entwicklung eines Axiomensystems zu berücksichtigen sind, werden in Kapitel 7 erörtert. Beweise von Repräsentationstheoremen können im Rahmen dieses Buches nicht dargestellt werden. Der Leser sei hierzu auf die jeweils angegebene Literatur verwiesen.

4.4 Weiterführende Literatur

Das in 4.1 angeführte Axiomensystem für die Längenmessung stammt von Roberts & Luce (1968) (vgl. auch Krantz u. a., 1971, Kap. 3). Weitere Arbeiten, in denen ähnliche Axiomensysteme angegeben werden, werden in Kapitel 11 genannt.
Der Begriff des Repräsentationstheorems ist in der Mathematik seit langem gebräuchlich. In die Meßtheorie wurde er wohl erstmals von Scott & Suppes (1958) übertragen. Hiervon ausgehend führten Suppes & Zinnes (1963) den Begriff des Repräsentationsproblems ein und erläuterten ihn ausführlich. Eine eingehende Darstellung geben auch Coombs, Dawes & Tversky (1970, Kap. 2).
Die grundlegenden Beweisprinzipien meßtheoretischer Repräsentationstheoreme sind in Krantz u. a. (1971, Kap. 2) dargestellt. Wichtige mathematische Grundlagen hierzu findet man in Fuchs (1963) und Vinogradov (1969).

4.5. Fragen

1. Zur Veranschaulichung meßtheoretischer Axiome ist es hilfreich, diese für ein numerisches Relativ zu interpretieren, d. h. für die Elemente (reelle) Zahlen mit den entsprechenden numerischen Relationen einzusetzen. Die Transitivität lautet dann z. B.: wenn $10 \geqslant 8$ und $8 \geqslant 3$, dann $10 \geqslant 3$. Veranschaulichen Sie sich bitte auf diese Weise die Axiome 1 bis 5 aus 4.1.
2. Verdeutlichen Sie sich bitte das Axiom 5 aus 4.1 in dem numerischen Relativ $\langle \mathbb{R}^+, \geqslant, + \rangle$ mit dem folgenden Zahlenbeispiel: $a = 3, b = 2, c = 1, d = 100$. Das Axiom ist erfüllt, wenn es eine positive ganze Zahl n gibt, so daß gilt: $na + c \geqslant nb + d$. Ist das Axiom erfüllt? Falls ja, wie groß muß n sein?
3. Formulieren Sie bitte verbal die folgenden Bedingungen für die Längenmessung:
   a) $a \circ b \sim b \circ a$
   b) $a \circ b \gtrsim b \circ a$
   c) $a \sim b$ gdw $a \gtrsim b$ und $b \gtrsim a$
   d) $a \succ b$ gdw $a \gtrsim b$ und nicht $b \gtrsim a$.

5. Die Skalentypen und das Problem der Eindeutigkeit

5.1 Beispiel

Selbstverständlich ist es gleichgültig, ob wir die Länge unserer Bretter in Metern, Zentimetern, Millimetern oder auch Kilometern messen. Haben wir die Bretter z. B. in m gemessen, so können wir ihre Längen auch in cm ausdrücken, indem wir die Meßwerte mit 100 multiplizieren, oder auch in mm, indem wir sie mit 1000 multiplizieren usw. Haben wir sie umgekehrt in cm gemessen, so erhalten wir durch Division mit 100 Meßwerte in Metern. Es gibt also verschiedene gleichwertige Längenskalen; und die Meßwerte einer Längenskala können durch Multiplikation (bzw. Division) mit einer konstanten Zahl in Meßwerte einer anderen Längenskala umgewandelt oder transformiert werden.
Ein etwas anderes Beispiel finden wir bei der Temperaturmessung. Haben wir erfahren, daß die Temperatur in London am 27. 9. 1973 50 °F (Fahrenheit) betrug, dann können wir diesen Meßwert durch Multiplizieren mit $\frac{5}{9}$ *und* Addieren von $-\frac{160}{9}$ in den Meßwert 10 der uns geläufigeren Celsius-Skala umrechnen. Am 27. 9. 1973 betrug die Temperatur in London also 10 °C. Die Gleichung für die Umformung von y °C in x °F lautet:

$$y = \frac{5}{9}x - \frac{160}{9} \quad \text{bzw.} \quad x = 1{,}8\,y + 32\,.$$

Im Gegensatz zu den verschiedenen Längenskalen lassen sich Fahrenheit- und Celsius-Skala also nicht durch die Multiplikation mit einer konstanten Zahl ineinander transformieren, sondern durch Multiplikation mit einer konstanten Zahl *und* Addition einer anderen konstanten (evtl. negativen) Zahl. Bei den Längenskalen und diesen Temperaturskalen handelt es sich also um verschiedene Arten oder Typen von Skalen, die sich durch verschiedenartige Umwandlungsvorschriften voneinander unterscheiden.

5.2 Begriffsbestimmungen

Im vorigen Kapitel wurde ausgeführt, daß ein Repräsentationstheorem aussagt, daß ein Homomorphismus bzw. eine Skala existiert. Ebenso könnte man sagen, daß mindestens eine Skala existiert. Denn in der Regel gibt es zu einem Repräsentationstheorem viele verschiedene Skalen, die die angegebenen Eigenschaften gleichermaßen erfüllen. Die Menge dieser Skalen eines Repräsentationstheorems wird charakterisiert durch die *zulässigen Transformationen*, mit denen Skalen derselben Menge ineinander überführt werden. Das Charakteristische an Transformationen ist das, was *invariant* bleibt, was also nicht transformiert wird. Unter zulässigen Transformationen von Skalen bleibt die Eigenschaft invariant, das Repräsentationstheorem zu erfüllen.
Es können verschiedene Arten oder Gruppen zulässiger Transformationen unterschieden werden. Je nach Art der zulässigen Transformationen unterscheidet man verschiedene Grade der *Eindeutigkeit* einer homomorphen Abbildung. Je beschränkter die Gruppe der zulässigen Transformationen ist, desto größer ist die Eindeutigkeit der Skala. So sind die zulässigen Transformationen der Längenskalen (Multiplikation mit einer konstanten Zahl) beschränkter als die der genannten Temperaturskalen (Multiplikation und Addition mit je einer konstanten Zahl). Die Längenskalen sind also eindeutiger als diese Temperaturskalen. Man sagt auch, eine Skala ist *eindeutig bis auf* die für sie zulässigen Transformationen.

Je nach Art ihrer zulässigen Transformationen (also je nach dem Grad ihrer Eindeutigkeit) unterscheidet man verschiedene Arten von Skalen oder *Skalentypen*. Man spricht auch von verschiedenen *Skalenqualitäten* oder *Skalenniveaus*.
Das Problem der Bestimmung der zulässigen Transformationen für eine gegebene Repräsentation bezeichnet man als *Eindeutigkeitsproblem*. Es ist also das Problem der Bestimmung der Eindeutigkeit einer homomorphen Abbildung bzw. der Bestimmung des Skalentyps einer erhaltenen Skala. Die Lösung dieses Problems wird in einem *Eindeutigkeitstheorem* angegeben. Das Eindeutigkeitstheorem kann für das Beispiel der Längenmessung wie folgt formuliert werden: »Es sei φ eine reelle Funktion (Längenskala), die das in 4.2 angegebene Repräsentationstheorem erfüllt. Ist φ' eine andere reelle Funktion, die ebenfalls die in dem Repräsentationstheorem angegebenen Eigenschaften erfüllt, dann gibt es eine positive reelle Zahl u derart, daß gilt: $\varphi' = u \cdot \varphi$.« Hier sind die zulässigen Transformationen von φ explizit angegeben durch die Multiplikation mit einer positiven reellen Zahl u. Man kann das Theorem auch kürzer formulieren: »Der Homomorphismus φ ist eindeutig bis auf Multiplikation mit einer positiven reellen Zahl.«
In den Kapiteln 10 bis 16 werden, wie es in der Literatur üblich ist, Repräsentations- und Eindeutigkeitstheorem zugunsten einer kürzeren Formulierung zu einem einzigen Theorem zusammengefaßt.

5.3 Die Skalentypen

Bei den folgenden Definitionen der einzelnen Skalentypen beginnen wir mit der am wenigsten eindeutigen Skalenart und fahren fort bis zu der Skala, die durch die beschränktesten zulässigen Transformationen definiert ist.
Die allgemeinste Klasse zulässiger Transformationen enthält alle *eineindeutigen* (oder: *umkehrbar eindeutigen*) *Transformationen*. Diese definieren die Skala mit dem geringsten Skalenniveau, die *Nominalskala*. Es ist die am wenigsten eindeutige Skala. Unter einer zulässigen Transformation bleibt lediglich die eindeutige Zuordnung von Zahlen zu Dingen invariant. Dies bedeutet, daß die Zahlen lediglich als *Namen* den Dingen zugeordnet werden; man könnte also anstelle von Zahlen beliebige andere Symbole den Dingen zuordnen bzw. die Dinge hiermit benennen. Insofern ist jede Klassifikation eine Nominalskala, wie zum Beispiel die Einteilung von Menschen in männliche und weibliche. Ein Beispiel, in dem tatsächlich Zahlen zugeordnet werden, ist die Numerierung von Fußballspielern.
Zulässige Transformationen, die die Rangordnung von Skalenwerten invariant lassen, sind die *isotonen* oder *monoton steigenden Transformationen*, die die *Ordinalskala* definieren. Eine Ordinalskala läßt sich also beliebig transformieren, sofern nur die Rangordnung der Skalenwerte erhalten bleibt. Beispiele für Ordinalskalen sind die Windstärke-Skala, die Mohssche Härteskala für Mineralien und die Skalen von Schulnoten.
Eindeutiger als die Ordinalskala ist die *Intervallskala*. Ihre zulässigen Transformationen sind alle *affinen* oder *positiv linearen Transformationen*, die nicht nur die Rangordnung der Meßwerte, sondern auch die Verhältnisse von Intervallen (Differenzen) zwischen Meßwerten invariant lassen. Ist φ eine Intervallskala, so kann man diese stets durch die positiv lineare Transformation $\varphi' = u \cdot \varphi + v$ (wobei v eine reelle und u eine positive reelle Zahl sein müssen) in eine andere Intervallskala φ' transformieren. Als Beispiele lernten wir bereits die Celsius- und Fahrenheit-Skala kennen. Die Konstante u läßt sich als willkürlich wählbare Skaleneinheit interpretieren, die Konstante v als Verschiebung eines willkürlichen Nullpunktes der Skala. Man sagt daher auch, daß die Wahl einer Einheit und des Nullpunktes einer Intervallskala willkürlich sind.

Die *logarithmische Intervallskala* (oder: *Log-Intervallskala*) ist definiert durch die für sie zulässigen *Potenz-Transformationen* der Form $\varphi' = u \cdot \varphi^v$, wobei u und v positive reelle Zahlen sind. Die logarithmische Transformation einer Log-Intervallskala führt zu einer Intervallskala; daher ihr Name. Unter Potenz-Transformationen bleiben die Verhältnisse von Intervallen zwischen den Logarithmen von Meßwerten invariant.
Ein Spezialfall sowohl der positiv linearen als auch der Potenz-Transformationen sind die *Ähnlichkeitstransformationen* der Form $\varphi' = u \cdot \varphi$, wobei u eine positive reelle Zahl ist. Dieses sind die zulässigen Transformationen der *Verhältnisskala* (auch: *Ratioskala* oder *Proportionalskala*). Bei einer Verhältnisskala sind die Verhältnisse von Meßwerten eindeutig bestimmt, d. h. sie bleiben unter zulässigen Transformationen invariant. Beispiele sind die physikalischen Größen Länge, Masse, Zeit, Winkel und absolute Temperatur (Kelvin-Skala). Da eine Verhältnisskala eine Intervallskala ist, für die $v = 0$ gilt, sagt man auch, eine Verhältnisskala hat eine willkürliche Einheit und einen absoluten oder natürlichen Nullpunkt.
Die eindeutigste Skala, also die Skala mit den beschränktesten zulässigen Transformationen, ist die *absolute Skala*. Hier sind nur *Identitätstransformationen* der Form $\varphi' = \varphi$ zulässig, also Transformationen, die gar nichts transformieren, sondern alles invariant lassen. Beispiele sind absolute Häufigkeiten (also das Zählen der Anzahl von Dingen) und Wahrscheinlichkeiten.
Die genannten Skalentypen sind mit ihren zulässigen Transformationen und einigen Beispielen in Tabelle 1 dargestellt. In der dritten Spalte ist angegeben, was unter zulässigen Transformationen invariant bleibt. Die Tabelle ist — unter Auslassung der Log-Intervallskala — streng hierarchisch in dem Sinne, daß jede Klasse von beschränkteren zulässigen Transformationen ein Spezialfall einer Klasse weniger beschränkter zulässiger Transformationen ist. So ist die absolute Skala ein Spezialfall der Verhältnisskala (nämlich der mit $u = 1$), diese ein Spezialfall der Intervallskala (mit $v = 0$) usw. Lediglich die Intervall- und die Log-Intervallskala stehen in dieser Hierarchie auf einer Stufe.
Daß selbst das Klassifizieren als Messen (auf Nominalskalenniveau) betrachtet wird, beruht auf dem sehr allgemeinen Begriff des Messens, der in Kapitel 3 eingeführt wurde. Da die Unterschiede besonders zwischen Nominal-, Ordinal- und Intervallskala recht erheblich sind, sollte anstelle von »Messen« stets von »Messen auf einem bestimmten Skalenniveau« gesprochen werden, wenn die Meßbarkeit einer Eigenschaft diskutiert wird. So ist z. B. die Frage »ist Intelligenz meßbar?« wenig sinnvoll, da niemand bezweifelt, daß Intelligenz auf einer Nominalskala meßbar ist und sicherlich auch auf Ordinalskalenniveau. Sinnvoller und gleichzeitig präziser wird die Frage durch die Formulierung »ist Intelligenz auf Intervallskalenniveau meßbar?« (vgl. hierzu 9.4).

5.4 Das Eindeutigkeitsproblem und seine Lösung

Ebenso wie das Repräsentationsproblem ist das Eindeutigkeitsproblem für jede Meßstruktur zu lösen, d. h. es ist die Eindeutigkeit der aufgrund eines Repräsentationstheorems existierenden homomorphen Abbildung anzugeben. Es ist also ein Eindeutigkeitstheorem zu beweisen, das die Klasse der zulässigen Transformationen einer existierenden Skala angibt und damit den Skalentyp dieser Skala bestimmt.
Das Eindeutigkeitstheorem ist ebenso wie das Repräsentationstheorem aus den Axiomen zu beweisen. Die Axiome einer Meßstruktur sind also so zu formulieren, daß aus ihnen beide Theoreme abgeleitet werden können. Daß eine gewünschte Eindeutigkeit (bzw. ein gewünschter Skalentyp) entscheidenden Einfluß auf das Axiomensystem hat, läßt sich dadurch ermessen, daß — wie später genauer gezeigt wird — die Bedingung der

Tab. 1: Die wichtigsten Skalentypen mit ihren zulässigen Transformationen und Invarianzen sowie Beispielen.

Skalentyp	zulässige Transformationen	invariant bleiben unter zulässigen Transformationen	Beispiele
Nominalskala	jede eineindeutige Funktion	Eindeutigkeit der Meßwerte	Numerierung von Fußballspielern, Kontonummern, Matrikelnummern
Ordinalskala	jede monoton steigende (isotone) Funktion	Rangordnung der Meßwerte	Mohssche Härteskala, Richtersche Erdbebenskala, Schulnoten, Test(roh)werte, Hunger (operational definiert durch Dauer des Nahrungsentzugs)
Intervallskala	jede positiv lineare (affine) Funktion: $\varphi' = u\varphi + v$ (u, v reell; $u > 0$)	Verhältnisse der Intervalle zwischen Meßwerten	Temperatur (Celsius, Fahrenheit, Reaumur), Nutzen
Log-Intervallskala	jede Potenz-Funktion: $\varphi' = u\varphi^v$ (u, v reell; $u, v > 0$)	Verhältnisse der Intervalle zwischen den Logarithmen von Meßwerten	Dichte, Impuls
Verhältnisskala	jede Ähnlichkeits-Funktion: $\varphi' = u\varphi$ (u reell; $u > 0$)	Verhältnisse von Meßwerten	Länge, Masse, Zeit, Winkel, elektrischer Widerstand, Volumen, Temperatur (Kelvin, Rankine), Preise
absolute Skala	jede Identitäts-Funktion: $\varphi' = \varphi$	Meßwerte	Häufigkeit, Wahrscheinlichkeit

schwachen Ordnung (gemeinsam mit einer weiteren, nur theoretisch bedeutenden Annahme) für die Existenz einer Ordinalskala ausreichen. Dagegen führt erst die Hinzunahme der weiteren in 4.1 genannten Axiome zu einer Verhältnisskala.
Die Meßtheorie bemüht sich in erster Linie um die Entwicklung von Meßstrukturen, die die Bedingungen für eine Messung von Eigenschaften auf mindestens Intervallskalenniveau angeben. So sind alle Skalen, die aus den in den Kapiteln 11 bis 16 dargestellten Meßstrukturen resultieren, eindeutig bis auf mindestens positiv lineare Transformationen.

Auf die große praktische Bedeutung, die das Eindeutigkeitstheorem und damit die Kenntnis des Skalentyps für jede Art von Datenauswertung und Datenverarbeitung hat, wird im folgenden Kapitel eingegangen.

5.5 Weiterführende Literatur

Die Klassifikation der Skalentypen in Nominal-, Ordinal-, Intervall- und Verhältnisskalen wurde erstmals von Stevens (1946) vorgenommen. Die absolute Skala wurde von Stevens (1951) und die Log-Intervallskala von Stevens (1957) eingeführt. Darstellungen der Skalentypen finden sich z. B. in Stevens (1946; 1951; 1958; 1959b; 1966a), Coombs (1953), Senders (1958), Suppes & Zinnes (1963), Ross (1964, Kap. 4), McGinnis (1965, Kap. 11), Ellis (1966), Stangenberg (1966), Gutjahr (1968; 1971), Wedberg (1968), Kristof (1968a; 1969), Zinnes (1969), Lea (1971) und Kliemann & Müller (1973) sowie in zahlreichen Lehrbüchern zur Statistik. Auch Stevens definierte die Skalentypen aufgrund ihrer zulässigen Transformationen. Die von ihm stets außerdem angegebenen »empirischen Grundoperationen« zur Erstellung der Skalen (z. B. die empirische Bestimmung von Intervallen und Verhältnissen) sollen offenbar die Funktion meßtheoretischer Axiome erfüllen (was jedoch mathematisch nicht korrekt ist).
Bis sich die Klassifikation von Stevens durchsetzte, unterschied man gewöhnlich nur intensive und extensive Skalen bzw. topologische und metrische Skalen (Carnap, 1926; Pfanzagl, 1959b). Weniger bedeutende Skalentypen sind die von Suppes & Zinnes (1963) angegebenen *Differenzen-* und *Hyperordinalskalen.* Letztere ähneln den von Coombs (1950; 1951) eingeführten *geordneten metrischen Skalen.* Hierzu siehe man z. B. Fishburn (1964), aber auch Stevens (1959b) und Pfanzagl (1968). Weitere Skalentypen wurden von Weitzenhoffer (1951) und Coombs, Raiffa & Thrall (1954) vorgeschlagen. Eine andere Klassifikation der Skalentypen stammt von Torgerson (1958).
Das Eindeutigkeitsproblem führten Suppes & Zinnes (1963) aufgrund von Scott & Suppes (1958) ein. Ausführliche Darstellungen findet man dort sowie in Coombs, Dawes & Tversky (1970, Kap. 2).

5.6 Fragen

1. In den Sozialwissenschaften häufig verwendete Antwortskalen sind Skalen der Art: sehr schlecht — schlecht — mittel — gut — sehr gut. Für diese Kategorien werden häufig auch Zahlen verwendet, z. B.
   a) $-2 \; -1 \quad 0 \quad 1 \quad 2$ oder
   b) $0 \quad 1 \quad 2 \quad 3 \quad 4$.
   Um welche Skalentypen handelt es sich bei a) und b)?
   Ist die Transformation von a) in b) eine zulässige?

2. Es seien vier empirischen Objekten die Zahlen 3, 7, 18 und 19 als Meßwerte zugeordnet worden. Nennen Sie für jeden der vorgestellten Skalentypen vier Zahlen, die nach einer zulässigen Transformation gleichwertige Meßwerte sind.
3. Angenommen, es gebe für eine Eigenschaft zwei Skalen, die sich durch Multiplikation mit einer positiven konstanten Zahl ineinander transformieren lassen. Läßt sich hieraus der Schluß ziehen, daß es sich um Verhältnisskalen handelt?

6. Das Problem der Bedeutsamkeit

6.1 Beispiel

Die durch den praktischen Vorgang der Längenmessung erhaltenen Meßwerte können zweifellos rechnerisch weiterverarbeitet werden; es können z. B. Mittelwerte und Standardabweichungen berechnet werden. Die Meßwerte selbst sind gewöhnlich nur Grundlage und Mittel zur Berechnung weiterer Werte oder zur Formulierung bestimmter Aussagen. Dieses können sehr einfache Aussagen sein. Haben wir z. B. die Längen zweier Bretter gemessen und festgestellt, daß das eine Brett 2 m und das andere 4 m lang ist, so können wir natürlich sagen, das letztere Brett ist doppelt so lang wie das erstere. Dies wäre eine sinnvolle und vollkommen richtige Aussage.
Aber wie verhält es sich beispielsweise bei Windstärken? Haben wir z. B. erfahren, daß in unserem Wohnort gestern die Windstärke 2 herrschte und heute die Windstärke 4, ist es dann sinnvoll zu sagen, daß es heute doppelt so windig ist wie gestern, bzw. daß es gestern halb so windig war wie heute? Diese Aussage wird uns nicht nur etwas merkwürdig erscheinen, sie ist auch keineswegs gerechtfertigt und insofern nicht sinnvoll. Denn die Skalenwerte 2 und 4 der Windstärke-Skala drücken ja lediglich eine Rangordnung aus: ein Wind mit Windstärke 4 ist stärker als ein Wind mit Windstärke 2. Es ist keinerlei Aussage sinnvoll, die besagt, um wieviel ein Wind mit Stärke 4 »windiger« ist als einer der Stärke 2.
Im Gegensatz zu den Längenskalen ist die Windstärke-Skala eine Ordinalskala. Aufgrund deren Definition können wir die Windstärke-Skala (mit den Werten 1, 2, 3, 4, …, 12) zulässig transformieren z. B. in eine Skala mit den Werten 2, 5, 11, 15, 38, … usw. Jetzt ist das Verhältnis der Windstärken in dem Beispiel nicht $4:2=2:1$, sondern $15:5=3:1$. Wir können also mit gleichem Recht sagen, daß es heute dreimal so windig sei wie gestern. Da dies im Widerspruch zu der Aussage »heute ist es doppelt so windig wie gestern« steht, können beide Aussagen nicht sinnvoll sein. Ebensowenig sinnvoll ist es, Windstärke-Werte zu addieren und Mittelwerte aus ihnen zu berechnen.
Es stellt sich also das Problem, welche Rechenoperationen und welche (numerischen) Aussagen man mit Meßwerten auf welchem Skalenniveau sinnvoll machen kann.

6.2 Begriffsbestimmungen

Wir wollen unter einer *numerischen Aussage* eine Aussage verstehen, in der Meßwerte oder mathematische Operationen mit Meßwerten enthalten sind. Numerische Aussagen sind z. B.: »Brett a ist doppelt so lang wie Brett b«, »der Mittelwert dieser Menge von Brettern ist 2,27 m« und »$x_1+x_2>x_3$«, wobei x_1, x_2 und x_3 Meßwerte auf derselben Skala sind.

Man bezeichnet eine numerische Aussage als *sinnvoll* (oder: *bedeutsam*), wenn ihr Wahrheitswert unter allen zulässigen Transformationen der Skala, auf der die in dieser Aussage vorkommenden Skalenwerte liegen, invariant ist, sich also nicht ändert. (Wahrheitswerte sind »wahr« und »falsch«). Die *Bedeutsamkeit* einer numerischen Aussage ist also von der Skalenqualität ihrer Daten abhängig. Das Problem festzustellen, ob eine gegebene numerische Aussage sinnvoll ist, wird als *Bedeutsamkeitsproblem* bezeichnet.
Die wohl wichtigsten numerischen Aussagen beziehen sich auf Rechenoperationen mit Skalenwerten. Hierzu gehören alle statistischen Verfahren, wie z. B. die Berechnung statistischer Kennwerte und die Durchführung statistischer Tests. Im Sinne der Bedeutsamkeit spricht man hierbei häufig von *zulässigen Rechenoperationen* bzw. von *zulässigen statistischen Verfahren.*

6.3 Das Bedeutsamkeitsproblem und seine Lösung

Das Bedeutsamkeitsproblem stellt sich weder bei der Entwicklung von Meßstrukturen noch beim Messen selbst, also bei der Datenerhebung, sondern bei der rechnerischen Verarbeitung bereits vorliegender Daten. Es soll hier dennoch erörtert werden, da es ein Ergebnis meßtheoretischer Untersuchungen ist und in engem Zusammenhang mit dem Eindeutigkeitsproblem steht sowie von erheblicher praktischer Bedeutung ist (und nicht immer genügend Beachtung findet).
Da Messen stets Messen auf einem bestimmten Skalenniveau ist, gehören sämtliche Daten einer bestimmten Skalenqualität an. Insofern ist auch jede numerische Aussage auf ihre Bedeutsamkeit zu prüfen. Kriterium für die Bedeutsamkeit einer numerischen Aussage ist, daß sich ihre Gültigkeit unter zulässigen Transformationen der Skalenwerte nicht ändert. In Tabelle 1 wurde angegeben, was unter jeweils zulässigen Transformationen einer Skala invariant bleibt. Das Bedeutsamkeitsproblem läßt sich nur für eine konkrete numerische Aussage bei Kenntnis des betreffenden Skalentyps lösen. Dies sei an einem Beispiel (aus Suppes & Zinnes, 1963, S. 67) verdeutlicht. Es seien x_1, x_2 und x_3 Meßwerte auf einer Skala φ und es gelte die numerische Aussage: $x_1 + x_2 > x_3$.
Wir wollen zunächst annehmen, φ sei eine Verhältnisskala, und prüfen, ob die Aussage unter dieser Voraussetzung sinnvoll ist. Wir transformieren die Skalenwerte durch eine (zulässige) Ähnlichkeits-Transformation, so daß sich folgende Aussage ergibt:
$u \cdot x_1 + u \cdot x_2 > u \cdot x_3$.
Da u nach Definition positiv ist, folgt nach Ausklammern von u auf der linken Seite der Ungleichung und Teilen beider Seiten durch u unsere ursprüngliche numerische Aussage. Beide Aussagen sind also äquivalent, d. h. wenn die eine wahr ist, ist auch die andere wahr. Ihr Wahrheitswert ist unter zulässigen Transformationen invariant, d. h. die Aussage ist bedeutsam, wenn φ eine Verhältnisskala ist.
Ist φ jedoch nur eine Intervallskala, so erhalten wir nach einer (zulässigen) positiv linearen Transformation die Aussage:
$u \cdot x_1 + v + u \cdot x_2 + v > u \cdot x_3 + v$.
Diese Aussage ist nicht äquivalent der ursprünglichen. Der Leser möge sich dies an einem Gegenbeispiel deutlich machen (man wähle z. B. $x_1 = 2$, $x_2 = 3$, $x_3 = 4$ und $u = 2$ und $v = -10$). Die Aussage ist also nicht unter allen zulässigen Transformationen wahr; ihr Wahrheitswert ändert sich; sie ist also nicht sinnvoll, wenn φ eine Intervallskala ist.
Dieses Beispiel zeigt, daß die Kenntnis des Skalentyps Voraussetzung für die Lösung eines Bedeutsamkeitsproblems ist. Unter Mißachtung des Skalenniveaus, auf dem bestimmte Daten liegen, lassen sich beliebige falsche Aussagen »beweisen«. Strenggenommen

ist für die Beantwortung der Bedeutsamkeitsfrage das Vorhandensein einer entsprechenden Meßstruktur mit Repräsentations- und Eindeutigkeitstheorem erforderlich, da nur hierdurch exakt der jeweilige Skalentyp bestimmt ist. Dies ist jedoch bei häufig verwendeten Daten, z. B. bei Schätz- oder Ratingskalen oder bei IQ-Werten, nicht der Fall. So wird in der Testtheorie die Annahme einer Intervallskala *vorausgesetzt*, wie z. B. bei der Standardisierung von Tests. Diese Annahme kann nicht durch die einer Normalverteilung der zu messenden Eigenschaft (Variablen) ersetzt werden.
Auf besonders wichtige numerische Aussagen, nämlich jene, die in der Statistik eine hervorragende Rolle spielen, wird im folgenden Abschnitt gesondert eingegangen.

6.4 Zulässige Rechenoperationen mit Daten

Auch für die Zulässigkeit statistischer Verfahren gilt das Kriterium, daß sich die Gültigkeit numerischer Aussagen aufgrund dieser Verfahren unter zulässigen Transformationen der Skalenwerte nicht ändert. Die Rechenoperationen, die die statistischen Verfahren erfordern, lassen sich rein rechnerisch natürlich mit beliebigen Daten durchführen. Dies ist jedoch zumindest überflüssig, wenn es sich nicht um zulässige statistische Verfahren handelt, d. h. um Verfahren, aufgrund derer sinnvolle numerische Aussagen gemacht werden können. So ist es z. B. nicht zulässig, arithmetische Mittelwerte, Standardabweichungen und Produkt-Moment-Korrelationen aufgrund von Daten von Ordinalskalenqualität zu berechnen, da Aussagen aufgrund dieser Statistiken (z. B. Gleichheit oder Verschiedenheit von Mittelwerten) nicht sinnvoll sind, da sich ihre Gültigkeit unter zulässigen isotonen Transformationen ändern kann. Diese statistischen Kennwerte erfordern Daten auf mindestens Intervallskalenniveau. Dagegen gibt es zahlreiche statistische Verfahren, die für die Analyse von Daten auf Nominal- und Ordinalskalenniveau zulässig sind.
Beispiele statistischer Verfahren, die für die wichtigsten Skalentypen zulässig sind, sind in Tabelle 2 angegeben. Die Tabelle ist insofern hierarchisch, als jeweils der minimal erforderliche Skalentyp angegeben ist. Z. B. ist die Varianz nicht nur für Daten einer Intervallskala sondern auch für die einer Verhältnisskala ein zulässiger statistischer Kennwert, nicht jedoch für Daten auf Nominal- und Ordinalskalenniveau.

6.5 Weiterführende Literatur

Das Problem der zulässigen statistischen Verfahren wird eingehend von Stevens (1946; 1951; 1955; 1959b; 1968) und Senders (1958) dargestellt. Siehe auch die Erörterungen von Boring (1920), Cohen & Nagel (1934, Kap. 16), Johnson (1936), Comrey (1950; 1951), Weitzenhoffer (1951), Burke (1953; 1963), Lord (1953; 1954), Senders (1953), Behan & Behan (1954), Bennett (1954), Guilford ([2]1954, Kap. 1), Savage (1957), Anderson (1961), Lubin (1962), Baker, Hardyck & Petrinovich (1966), Luce (1967a) und Zinnes (1969).
Tabellen zulässiger statistischer Verfahren findet der Leser auch in den genannten Arbeiten von Stevens und Senders (1958) sowie in Gutjahr (1968; 1971).
Das allgemeinere Problem der Bedeutsamkeit wurde formal von Suppes (1959; 1965) zu lösen versucht und wird in Suppes & Zinnes (1963) ausführlich erläutert; siehe auch Coombs, Dawes & Tversky (1970, Kap. 2). In formalen Ansätzen zur Lösung des Bedeutsamkeitsproblems konnten auch Robinson (1965) und besonders Adams, Fagot & Robinson (1965) sowie Pfanzagl (1968) die Auffassungen von Stevens im wesentlichen bestätigen. Insbesondere die letztgenannten Arbeiten sollten zur einer vertiefenden Kenntnis der Bedeutsamkeitsfrage herangezogen werden.

Tab. 2: Beispiele zulässiger statistischer Verfahren für Daten auf den wichtigsten Skalentypen.

Skalentyp	Mittelwerte	Variabilitätsmaße	Korrelationsmaße	Signifikanztests
Nominalskala	Modus	Informationsgehalt *H*	Kontingenzkoeffizient *C*, tetrachorischer Koeffizient, Phi-Koeffizient, Transinformation *T*	χ^2-Test, Cochrans *Q*-Test, McNemar-Test
Ordinalskala	Median	Centile	Rangkorrelationskoeffizienten: Spearmans Rho, Kendalls Tau, Konkordanzkoeffizient *W*	Vorzeichen-Test, Mann-Whitney-*U*-Test, Kolmogorow-Smirnow-Test, Rangvarianzanalysen: Friedman, Kruskal & Wallis
Intervallskala	arithmetischer Mittelwert	Standardabweichung, Varianz	Produkt-Moment-Korrelationskoeffizient *r*, Korrelationsverhältnis, Regressionskoeffizient	*t*-Test *F*-Test
Verhältnisskala	geometrischer Mittelwert, harmonischer Mittelwert	Variationskoeffizient		

6.6 Fragen

1. Der arithmetische Mittelwert der Ordinalskalen-Daten 1, 2, 3, 4, 5 ist 3 und entspricht dem mittleren Objekt dieser Rangordnung. Die Berechnung ist offenbar richtig; ist die Aussage auch sinnvoll? Geben Sie bitte eine zulässige Transformation dieser fünf Meßwerte derart an, daß sich als arithmetischer Mittelwert nicht nur ein anderer Zahlenwert ergibt, sondern daß er auch einem anderen empirischen Objekt zukommt.
2. (nach Suppes & Zinnes, 1963, S. 69) Es seien x_1, x_2 und x_3 drei Meßwerte. Auf welchem Skalenniveau müssen sie (mindestens) liegen, damit die Aussage »$x_1 \cdot x_2 > x_3$« sinnvoll ist?
3. Ist die numerische Aussage »$\log x_1 - \log x_2 > \log x_3 - \log x_4$« sinnvoll, wenn die Skalenwerte x_1, x_2, x_3 und x_4 auf einer Log-Intervallskala liegen?

7. Das Problem der Aufstellung von Axiomen

7.1 Beispiel

Die Axiome einer Meßstruktur für die Längenmessung wurden bereits im Kapitel 4 erläutert und sollen hier lediglich aufgezählt werden. Da Eigenschaften, die diese Axiome erfüllen, wie z. B. Länge und Masse, »extensive Größen« genannt wurden, bezeichnet man die entsprechende Meßstruktur als *extensive Meßstruktur*. Die Axiome können innerhalb einer Definition einer extensiven Meßstruktur wie folgt angegeben werden:

Es seien A eine nichtleere Menge, $\gtrsim$ eine binäre Relation auf A und $\circ$ eine (abgeschlossene) binäre Operation auf A. Das Relativ $\langle A, \gtrsim, \circ \rangle$ ist eine *(abgeschlossene) extensive Meßstruktur* genau dann, wenn die folgenden 5 Axiome für alle $a,b,c,d \in A$ erfüllt sind:
1. $\gtrsim$ ist eine schwache Ordnung auf A (d. h. $\gtrsim$ ist transitiv und konnex)
2. $a\circ(b\circ c) \sim (a\circ b)\circ c$ (Assoziativität)
3. $a \gtrsim b$ gdw $a\circ c \gtrsim b\circ c$ gdw $c\circ a \gtrsim c\circ b$ (Monotonie)
4. $a\circ b \succ a$ (Positivität)
5. wenn $a \succ b$, dann existiert eine positive ganze Zahl n derart, daß für beliebige c und d gilt: $na\circ c \gtrsim nb\circ d$ (na ist *induktiv* definiert durch: $1a=a$, $2a=a\circ a$, ..., $na=(n-1)\,a\circ a$; vgl. Abschnitt 4.1) (Archimedisches Axiom)

Man beachte, daß natürlich nicht die Axiome definiert werden, sondern daß die Axiome eine extensive Meßstruktur definieren. Die Meßstruktur heißt *abgeschlossen*, da die Operation $\circ$ (nach unserer Definition) abgeschlossen ist, d. h. daß die Verknüpfung zweier beliebiger Elemente aus A, $a\circ b$, stets wieder ein Element aus A ergibt. Die 5 Axiome bilden ein Axiomensystem; aus ihnen lassen sich ein Repräsentations- und ein Eindeutigkeitstheorem ableiten. Sind diese Axiome erfüllt, dann existiert eine homomorphe Abbildung, die eindeutig bis auf Ähnlichkeitstransformationen ist, also eine Verhältnisskala ist.

Dies ist nicht die einzige Möglichkeit, eine extensive Meßstruktur zu definieren. Es lassen sich andere Axiomensysteme angeben, aus denen die gleichen Repräsentations- und Eindeutigkeitstheoreme folgen. In diesem Kapitel sollen die wichtigsten Kriterien für die Entwicklung von Meßstrukturen erläutert werden. Hierzu gehören außer logischen Bedingungen, die bei der Erstellung von Axiomensystemen zu beachten sind, auch Anforderungen, die speziell an Meßstrukturen zu stellen sind.

7.2 Begriffsbestimmungen

Unter einer *Axiomatisierung* wollen wir die Bildung eines Axiomensystems verstehen. Jede Axiomatisierung hat von einer Anzahl *undefinierter* oder *primitiver Ausdrücke* (oder: *Grundbegriffen*) auszugehen, wie z. B. dem Begriff »Menge«. Aus undefinierten lassen sich *definierte Ausdrücke* ableiten, wie z. B. die Begriffe »Relation« und »Operation« in der Mengenlehre. In der Meßtheorie werden diese Begriffe jedoch undefiniert gelassen; die Mengenlehre wird insofern vorausgesetzt. Meßtheoretische Axiome sind Eigenschaften undefinierter Begriffe; die undefinierten Begriffe bilden das Relativ. Im allgemeinen sind bei einer Axiomatisierung *Ableitungsregeln* anzugeben, die festlegen, mit welchen Mitteln definierte Ausdrücke aus undefinierten und Theoreme aus Axiomen abgeleitet werden dürfen. In der Meßtheorie sind dieses alle logischen und mathematischen Regeln, die nicht gesondert angegeben werden. Ein Axiomensystem ist ein *formales* System und bedarf einer (inhaltlichen) *Interpretation;* in der Meßtheorie muß es empirisch und numerisch interpretiert werden können.

Ein Axiomensystem muß stets *widerspruchsfrei* sein, d. h. aus den Axiomen dürfen keine Aussage und zugleich ihre Negation ableitbar sein. Für die Axiomatisierung einer Theorie ist es zwar nicht notwendig, jedoch wünschenswert, daß das Axiomensystem *vollständig* ist, d. h. daß alle Aussagen oder Sätze dieser Theorie aus den Axiomen ableitbar sind. Wünschenswert ist ferner, daß die Axiome *unabhängig* voneinander sind, d. h. daß sich kein Axiom aus den anderen ableiten läßt. Man beweist die Unabhängigkeit von Axiomen durch Angabe von Beispielen, die alle Axiome bis auf eines erfüllen. Dieses Axiom ist dann unabhängig von den anderen. Ist für jedes Axiom ein derartiges Beispiel gefunden, ist die Unabhängigkeit bewiesen. Ferner soll die Anzahl der Axiome eines Axiomensystems möglichst gering sein, und natürlich soll ein Axiomensystem *erfüllbar* sein, d. h. es soll irgend etwas (formales oder empirisches) existieren, das die Axiome erfüllt.

In der logischen Implikation (wenn a, dann b) heißt b *notwendige* Bedingung für a, und a heißt *hinreichende* Bedingung für b. Entsprechend nennt man bei einer Meßstruktur Axiome, die aus dem (gewünschten) Repräsentations- und Eindeutigkeitstheorem folgen, *notwendige Axiome* und Axiome, für die dies nicht der Fall ist, *nicht-notwendige Axiome.* Folgen aus einem Axiomensystem Repräsentations- und Eindeutigkeitstheorem, so heißen die Axiome *hinreichende Axiome.* Für eine Axiomatisierung ist es wünschenswert, daß alle Axiome gleichzeitig notwendig und hinreichend sind, erforderlich jedoch nur, daß die Axiome hinreichend sind.

7.3 Kriterien für die Wahl der Axiome

Jedes Axiomensystem muß selbstverständlich widerspruchsfrei sein. Im Gegensatz zu Axiomen aus logischen und mathematischen Axiomensystemen sind Axiome aus Meßstrukturen empirisch zu interpretieren. Daher sind meßtheoretische Axiome als Idealisierungen empirischer Sachverhalte zu betrachten; dies gilt ebenso für Axiome empirischer axiomatischer Theorien, wie sie z. B. in der Physik entwickelt wurden. Insofern ist es in der Meßtheorie bedeutend, daß die Axiome überhaupt empirisch prüfbar sind. Hinter diesem Kriterium für die Wahl der Axiome treten — außer der Widerspruchsfreiheit — alle weiteren in 7.2 genannten Anforderungen zurück.

Meßtheoretische Axiomensysteme sind nicht vollständig, da sie von zwei verschiedenartigen Dingen erfüllt werden: einerseits von einem Teilsystem der reellen Zahlen, andererseits von einem empirischen Gegenstandsbereich. Lediglich Repräsentations- und Eindeutigkeitstheorem sollen aus ihnen folgen. Meßstrukturen sind stets erfüllbar, da es naturgemäß stets ein Teilsystem der reellen Zahlen gibt, das die Axiome erfüllt. Die Unabhängigkeit der Axiome ist auch aus empirischen Gründen zu wünschen, da dann mögliche empirische Verletzungen der Axiome empirisch unabhängig voneinander sind. Für einige Meßstrukturen konnte die Unabhängigkeit der Axiome gezeigt werden, z. B. für die angeführte extensive Meßstruktur, deren Axiome darüber hinaus notwendig *und* hinreichend sind.

Trotz dieser formalen Vorzüge hat die genannte extensive Meßstruktur einige empirische Nachteile, d. h. Axiome, die nicht »realistisch« genug sind. Dieses sind Eigenschaften, die empirisch leicht verletzt sein können oder gar nicht erfüllbar sind. So kann die Transitivität von $\gtrsim$ verletzt sein, wenn z. B. mehrere Bretter fast gleichlang sind, und die Unterschiede unterhalb der Meßgenauigkeit liegen. Ferner ist die Annahme der Abgeschlossenheit von $\circ$ eine starke Idealisierung, da man beim fortgesetzten Aneinanderlegen von Brettern stets irgendwann zu einer Länge kommt, die kein Brett mehr hat (oder auch ein anderer Gegenstand mit der Eigenschaft Länge nicht hat, oder die man zumindest nicht mehr beobachten oder herstellen kann).
Deshalb sind andere extensive Meßstrukturen entwickelt worden, die derartige strenge Annahmen, wie Transitivität, Abgeschlossenheit oder auch Konnexität, durch schwächere Axiome ersetzen (vgl. Kapitel 11). Solche Axiomensysteme begnügen sich mit weniger Voraussetzungen und sind dadurch besser empirisch erfüllbar. Dies kann gewöhnlich nur unter Vernachlässigung formal wünschenswerter Kriterien geschehen, doch ist die Forderung möglichst schwacher Axiomensysteme gegenüber den formalen Anforderungen in der Meßtheorie eindeutig vorrangig (obwohl es auch formal wünschenswert ist, aus möglichst wenigen Voraussetzungen möglichst viel beweisen zu können).
Bei der Entwicklung einer Meßstruktur beginnt man sinnvollerweise mit dem Ableiten notwendiger Axiome und fügt dann nicht-notwendige hinzu bis gezeigt werden kann, daß diese Axiome gemeinsam hinreichend für die gewünschte Repräsentation und Eindeutigkeit sind. Hierbei können häufig einige der notwendigen Annahmen fallengelassen werden, sofern sie aus anderen Axiomen ableitbar sind. Bei der extensiven Meßstruktur ist die *Kommutativität* von $\circ$, d. h. $a \circ b \gtrsim b \circ a$ für alle $a, b \in A$, eine notwendige Annahme, die jedoch nicht als Axiom angeführt wird, da sie aus den anderen folgt. Ein weiteres Beispiel ist die Reflexivität von $\gtrsim$: eine schwache Ordnung ist stets reflexiv. Diese Bedingung folgt aus der Konnexität und braucht daher nicht als Axiom genannt zu werden. Selbstverständlich können bei der Bildung einer Meßstruktur auch bereits vorliegende empirische Befunde berücksichtigt werden.
Im folgenden Kapitel wird die für die Anwendung bedeutendere Frage der empirischen Prüfung und Prüfbarkeit von Axiomen erörtert.

7.4 Weiterführende Literatur

Darstellungen der axiomatischen Methode sowie Beschreibungen der Eigenschaften von Axiomensystemen findet man in Lehrbüchern zur mathematischen Logik, wie z. B. Tarski ([3]1965) und Carnap (1939) oder auch in Bochenski (1954), Blanché (1955) und Klaus (1964).
Zu den Anforderungen, die bei der Entwicklung von Meßstrukturen zu berücksichtigen sind, siehe man Krantz, Luce, Suppes & Tversky (1971, Kap. 1).
Der angedeutete Zusammenhang zwischen Meßstrukturen und axiomatischen Theorien wird in Kapitel 19 näher erläutert.

7.5 Fragen

1. Welchen Anforderungen sollten Meßstrukturen genügen?
2. Können notwendige Axiome a) geschwächt (also weniger streng und somit empirisch erfüllbarer gemacht) und b) durch andere Axiome ersetzt werden?
3. Gelten die Axiome 1, 2, 3 und 5 der angeführten extensiven Meßstruktur für das (numerische) Relativ $\langle \mathbb{Z}, \geqslant, + \rangle$ ($\mathbb{Z}$ ist die Menge der ganzen Zahlen)? Ist auch das Axiom 4 erfüllt? Was folgt hieraus für das Axiom 4?

8. Die empirische Anwendung von Meßstrukturen

8.1 Beispiel

Für die empirische Anwendung einer (formalen) Meßstruktur ist diese zunächst bezüglich der zu messenden Eigenschaft zu interpretieren. Wir wollen wieder das Beispiel der Längenmessung aufgrund der in 7.1 definierten extensiven Meßstruktur betrachten. Das Relativ $\langle A, \gtrsim, \circ \rangle$ ist wie folgt zu interpretieren: A sei eine Menge von Brettern, $\gtrsim$ die Relation »ist nicht kürzer als« bzw. »ist mindestens so lang wie« und $\circ$ die Operation des Aneinanderlegens von Brettern. Hierbei sollen die Relation und die Ergebnisse der Operation durch geeignetes Nebeneinanderlegen von Brettern beobachtbar sein. Nun können auch die Axiome interpretiert werden, wie dies bereits in 4.1 geschehen ist.

Die empirische Anwendung einer Meßstruktur besteht in der empirischen Prüfung der einzelnen Axiome. Es ist zu beachten, daß die Axiome für *alle* Elemente aus A gelten sollen, also auch für *alle* Bretter unserer Menge zu prüfen sind. Zur Prüfung der schwachen Ordnung (Axiom 1) muß jedes unserer Bretter mit jedem anderen durch direktes Nebeneinanderlegen hinsichtlich der Länge verglichen werden. Da dies zweifellos möglich ist, ist die Konnexität unmittelbar erfüllt. Für die Prüfung der Transitivität (und der anderen Axiome) ist es zweckmäßig, die einzelnen Bretter zu bezeichnen (z. B. mit Buchstaben) und die Ergebnisse der Vergleiche je zweier Bretter zu protokollieren. Dies geschieht am sinnvollsten in einer quadratischen Matrix, deren Zeilen und Spalten jeweils sämtliche Bretter bezeichnen. In die Zellen dieser Matrix kann eine »1« eingetragen werden, wenn das in der betreffenden Zeile bezeichnete Brett mindestens so lang ist wie das in der betreffenden Spalte, und eine »0«, wenn das Umgekehrte der Fall ist. Eine derartige Matrix, in der die Ergebnisse von Paarvergleichen protokolliert werden, wird als *Dominanzmatrix* bezeichnet.

Für die Prüfung der Transitivität sind alle Fälle zu suchen, in denen ein erstes Brett mindestens so lang wie ein zweites ist, und dieses wiederum mindestens so lang wie ein drittes Brett ist, was jeweils durch eine »1« in der Matrix dargestellt ist. In all diesen Fällen ist zu prüfen, ob dieses erste Brett auch mindestens so lang wie das dritte ist, d. h. ob in der entsprechenden Zelle der Matrix ebenfalls eine »1« eingetragen ist. Ist dies der Fall, so ist die Transitivität für diese drei Bretter erfüllt; steht in dieser Zelle der Matrix dagegen eine »0«, so ist das Transitivitätsaxiom (für diese drei Bretter) verletzt. Strenggenommen wäre hiermit insgesamt die Transitivität verletzt (da sie ja für *alle* Tripel von Brettern gelten soll) und damit auch die schwache Ordnung. Es ist jedoch sinnvoll, diese Bedingung auch für die weiteren Tripel von Brettern zu prüfen, um die Gesamtzahl der Verletzungen dieses Axioms zu ermitteln. Diese Anzahl kann

darüber Aufschluß geben, ob die Axiomverletzung systematisch ist oder lediglich auf zufällige Beobachtungsfehler zurückzuführen ist. Ein Versuchsplan zur Prüfung der Axiome 2 bis 4 läßt sich aufgrund der angegebenen Interpretation ohne Mühe erstellen. Dies sei dem Leser als Übungsaufgabe empfohlen.
Hier soll dagegen auf die Prüfung des Archimedischen Axioms eingegangen werden. Das Axiom fordert die Existenz einer positiven ganzen Zahl *n*, die angibt, wie oft einzelne Bretter aneinandergelegt werden müssen, um die angegebene Bedingung zu erfüllen. Bedenkt man, daß die Axiome in einem Experiment nur für eine endliche Anzahl von Brettern geprüft werden können, so kann die gesuchte Zahl *n* im ungünstigsten Falle so groß sein, daß sie aus rein experimental-technischen Gründen nicht bestimmt werden kann. Es kann also empirisch nicht entschieden werden, ob diese Zahl *n* existiert. Mit anderen Worten: das Archimedische Axiom kann empirisch nicht widerlegt werden. Insofern ist es sinnlos, es empirisch testen zu wollen.

8.2 Begriffsbestimmungen

Axiome, die wie das Archimedische Axiom empirisch nicht widerlegt (falsifiziert) werden können, heißen *nicht-testbare Axiome*. Sie sind, wenn überhaupt, nur aufgrund theoretischer Erwägungen zu verwerfen. Nicht-testbare Axiome sind meistens nicht-notwendige Axiome und werden gelegentlich als *technische Axiome* bezeichnet. Weitere Beispiele nicht-testbarer Axiome werden wir später kennenlernen, wie z. B. Lösbarkeitsaxiome, die die Existenz eines bestimmten Elements fordern. Dieses kann zwar in einer endlichen Stichprobe enthalten sein, muß es jedoch nicht. Ferner treten in Meßstrukturen gelegentlich Forderungen der Nicht-Trivialität auf, wie z. B. die Forderung einer nichtleeren Menge. Diese Bedingungen sind bei der empirischen Prüfung entweder trivialerweise erfüllt oder bei der Versuchsplanung zu berücksichtigen.
Empirisch widerlegbare Axiome nennt man *testbare Axiome*. Beispiele sind die Axiome 1 bis 4 der extensiven Meßstruktur. Für das Prüfen testbarer Axiome unterscheidet man weitere Begriffe. Bei gegebener Anzahl der Elemente einer Menge, für die eine Meßstruktur geprüft werden soll, läßt sich für jedes Axiom mit Mitteln der Kombinatorik die maximale Anzahl durchführbarer Tests ermitteln. Sind Axiome als Implikationen (wenn, dann) oder als Äquivalenzen (genau dann, wenn) formuliert, ist die tatsächliche Anzahl durchführbarer Tests meistens jedoch geringer, da diese davon abhängig sind, ob die Prämisse (Vorderglied) eines Axioms (»wenn ...«) erfüllt ist. Ist die Prämisse erfüllt, kann das Axiom geprüft werden; man spricht dann von *möglichen Tests*. Ist dies nicht der Fall, so ist für die betreffenden Elemente kein Test dieses Axioms möglich. Bei einem möglichen Test sind zwei Fälle zu unterscheiden: Ist auch die Konklusion (Hinterglied) des Axioms (»dann ...«) erfüllt, dann ist das Axiom (für die betreffenden Elemente) *empirisch erfüllt* (oder: *empirisch bestätigt*). Ist dagegen die Konklusion nicht erfüllt, so gilt das Axiom als *empirisch verletzt* (oder: *empirisch widerlegt* oder *empirisch falsifiziert*). Für Axiome, die nicht als Implikationen formuliert sind (z. B. die Axiome 1, 2 und 4 der extensiven Meßstruktur), ist die tatsächliche Anzahl gleich der maximalen Anzahl möglicher Tests.

8.3 Die empirische Prüfung von Axiomen

Die Frage, ob eine bestimmte Eigenschaft meßbar ist, ist stets eine empirische Frage. Der Beantwortung dieser Frage dient die empirische Anwendung von Meßstrukturen, d. h. die empirische Prüfung ihrer Axiome.

Da eine Meßstruktur ein formales System ist, ist sie für die empirische Anwendung hinsichtlich der zu messenden Eigenschaft empirisch zu interpretieren. Aus der Interpretation der im Relativ aufgezählten Grundbegriffe ergibt sich die empirische Interpretation der Axiome. Es ist sehr wichtig, die Grundbegriffe sorgfältig zu interpretieren und die experimentellen Bedingungen genau anzugeben. Hätten wir in 8.1 die Relation $\gtrsim$ nicht aufgrund des Aneinanderlegens von Brettern, sondern aufgrund subjektiver Schätzungen interpretiert, würde es sich nicht um die Grundlagen der physikalischen Längenmessung handeln, sondern um die der psychophysikalischen Längenschätzung. Bei dieser psychophysikalischen Interpretation würden sich sehr wahrscheinlich einige Axiome als systematisch (d. h. nicht zufällig) verletzt erweisen.

Unter dem Gesichtspunkt der empirischen Prüfung sind die (testbaren) Axiome als empirische Hypothesen zu betrachten. Zum Testen dieser Hypothesen ist ein Versuchsplan zu erstellen. Hierbei ist zu beachten, daß in einem Experiment nur eine endliche Menge von Reizen (es können auch Personen sein) zur Verfügung steht, und daß die Axiome üblicherweise für alle Reize dieser Menge zu prüfen sind. Zweckmäßig ist stets eine Kennzeichnung aller Reize. Auch die Zusammenstellung der Reizmenge sollte sehr sorgfältig vorgenommen werden, da Verletzungen von Axiomen hiervon abhängig sein können. Z. B. können Intransitivitäten (Verletzungen der Transitivität) auf zu geringen Unterschieden der Ausprägungen der Reize beruhen.

Da die schwache Ordnung ein in nahezu allen Meßstrukturen gefordertes Axiom ist, ist es meistens erforderlich, eine Rangordnung der verwendeten Reize zu erheben. Hierzu gibt es geläufige Techniken, wie z. B. den vollständigen Paarvergleich oder auch ökonomischere Methoden, z. B. ausgewogene unvollständige Erhebungspläne. Stets handelt es sich bei der Prüfung eines Axioms um das Testen ordinaler oder qualitativer (nicht-numerischer) Annahmen.

Sowohl die Prüfung der Axiome als auch die Auswertung dieser Daten sollten stets für jede Versuchsperson getrennt erfolgen. Dies gilt besonders dann, wenn individuelle Unterschiede zwischen Versuchspersonen zu erwarten sind. Hierdurch lassen sich interindividuelle Unterschiede auffinden und berücksichtigen, so daß das Prüfen der Axiome auch als diagnostisches Instrument verwendet werden kann. Der Arbeitsaufwand für die Datenauswertung wird hierdurch nicht wesentlich vergrößert, da einerseits die Anzahl der Versuchspersonen nicht groß sein muß und andererseits die Auswertung ohnehin durch EDV-Anlagen erfolgt. Für alle Meßstrukturen lassen sich Rechenprogramme für das Prüfen der Axiome schreiben; auf vorhandene Programme wird später hingewiesen. Die Auswertung der erhobenen Daten besteht im wesentlichen in der Angabe der Anzahl möglicher Tests sowie den Anzahlen der hiervon bestätigten und verletzten Fälle. Mit Hilfe geeigneter nichtparametrischer Verfahren lassen sich unter Umständen Signifikanztests durchführen, z. B. für den Vergleich von Rangordnungen.

Ein bedeutender Gesichtspunkt der empirischen Prüfung von Axiomen ist, daß man nicht nur durch deren empirische Bestätigung, sondern auch durch eine systematische Verletzung wertvolle Information über den untersuchten Gegenstandsbereich erhält. Dies ist ein weiterer Vorteil der axiomatischen Methode: man weiß in diesem Fall, warum eine untersuchte Eigenschaft die betreffende Meßstruktur nicht erfüllt, und kann versuchen, das empirisch widerlegte Axiom durch andere Annahmen zu ersetzen. Ferner kann geprüft werden, ob eine andere geeignete Meßstruktur vorliegt (oder entwickelt werden kann), die das verletzte Axiom nicht enthält und für diese Eigenschaft empirisch erfüllt ist.

Auf die Entscheidung der Frage, bei welcher Anzahl von Verletzungen ein Axiom als systematisch und bis zu welcher Anzahl es als nur zufällig verletzt zu betrachten ist, wird in Kapitel 17 eingegangen. Hier sei lediglich vorweggenommen, daß für diese

Entscheidung noch keine statistischen Verfahren entwickelt sind. Die Bedeutung empirisch erfüllter Axiome wird in Kapitel 18 erörtert.
Die Frage, wie man aufgrund der erhobenen Daten für die Prüfung der Axiome (bei deren Erfüllung) zu konkreten Skalenwerten gelangt, wird im folgenden Kapitel erläutert.

8.4 Weiterführende Literatur

Zu den verschieden Arten von Axiomen in Meßstrukturen sowie deren empirische Prüfbarkeit siehe man das Kapitel 1 von Krantz, Luce, Suppes & Tversky (1971).
Der Frage, was für ein empirischer Status den nicht-testbaren Axiomen zukommt, gehen Pfanzagl (1968) und Adams, Fagot & Robinson (1970) nach. Sie geben Bedingungen für »datenäquivalente« Meßstrukturen an (d. h. für Meßstrukturen, die durch dieselben empirischen Daten erfüllt sind) und können daraufhin Axiome aufgrund ihres unterschiedlichen empirischen Status klassifizieren. Hierbei zeigt sich, daß einige nicht-testbare Axiome im Zusammenhang mit testbaren Axiomen indirekt prüfbar sind.
Hinzuweisen ist ferner auf die Entwicklung von Meßstrukturen, in denen das nicht-testbare Archimedische Axiom fortgelassen wird (siehe Krantz u.a., 1971, Kap. 6, sowie Luce & Tukey, 1964; Holman, 1969; Colonius, 1974).
Die gängigen Techniken der Datenerhebung von Rangordnungen findet der Leser z. B in den Lehrbüchern von Guilford ([2]1954), Torgerson (1958), Coombs (1964) und Sixtl (1967). Ausführliche Darstellungen der ausgewogenen unvollständigen Erhebungspläne geben Cochran & Cox (1950).

8.5 Fragen

1. Wieviele Paarvergleiche sind bei $n=8$ Reizen zu erheben, um jeden Reiz mit jedem anderen zu vergleichen? Können Sie eine allgemeine Formel für die Anzahl möglicher Paarvergleiche bei n Reizen angeben?
2. Es seien eine Menge von 6 Handschriftproben a, b, c, d, e, f in einem Paarvergleich hinsichtlich ihrer Lesbarkeit wie folgt beurteilt worden: $c \gtrsim d$, $a \gtrsim d$, $a \gtrsim c$, $f \gtrsim b$, $e \gtrsim a$, $f \gtrsim c$, $e \gtrsim d$, $c \gtrsim b$, $f \gtrsim a$, $d \gtrsim b$, $e \gtrsim c$, $a \gtrsim b$. Ist $\gtrsim$ eine schwache Ordnung?
3. Können Repräsentations- und Eindeutigkeitstheorem einer Meßstruktur erfüllt sein, wenn alle notwendigen Axiome erfüllt sind, ein nicht-notwendiges Axiom aber verletzt ist?

9. Das Problem der Skalierung

9.1 Beispiel

Wir haben eine der Längenmessung zugrundeliegende Meßstruktur kennengelernt und erläutert, wie die Axiome empirisch zu prüfen sind. Die Axiome sind in diesem Fall sicherlich als empirisch erfüllt zu betrachten, so daß wir (aufgrund des Repräsentationstheorems) sagen können, daß die Eigenschaft Länge meßbar ist, und zwar (laut Eindeutigkeitstheorem) auf Verhältnisskalenniveau. Wie können wir nun für unsere Bretter, die uns zur empirischen Prüfung der Axiome dienten, konkrete Meßwerte finden, die wir den einzelnen Brettern als Maße ihrer Längen zuordnen? (Wir stehen nach wie vor auf dem Standpunkt, daß uns Meßinstrumente für die Längenmessung noch unbekannt sind.)

Zur Erläuterung des Prinzips dieses konkreten Meßvorgangs wollen wir annehmen, es gebe in unserer Brettermenge eine Anzahl genau gleichlanger Bretter, die wir mit $a_0, a_1, a_2, \ldots$ usw. bezeichnen und die wir uns als recht kurze Bretter vorstellen wollen. Dann ist $a_0 \circ a_1$ doppelt so lang wie a_0, was wir kurz $a_0 \circ a_1 = 2a_0$ schreiben wollen.

Legen wir nun nacheinander alle $a_0, a_1, a_2, \ldots$ aneinander, so erhalten wir eine Folge von Brettern: a_0, $2a_0 = a_0 \circ a_1$, $3a_0 = (2a_0) \circ a_2$, $4a_0 = (3a_0) \circ a_3$, $5a_0$, $6a_0, \ldots$ usw. Nach diesem Konstruktionsprinzip ist $4a_0$ viermal so lang wie a_0, doppelt so lang wie $2a_0$ und halb so lang wie $8a_0$ usw.

Eine solche Folge bilden z. B. die Millimetermarkierungen auf einem Zollstock, wobei a_0 die Länge eines Millimeters hat. Das gleiche gilt für die Zentimetermarkierungen, wenn a_0 die Länge eines Zentimeters hat. Ein gewähltes Element a_0 kann sehr klein oder auch sehr groß sein; stets dient seine Länge als Einheitslänge in einer derartigen Folge.

Das Prinzip dieser Folge ist das des Zählens von Einheiten. Ist z. B. ein Brett b länger als $12a_0$ und kürzer als $13a_0$, dann wollen wir b sinnvollerweise einen Meßwert zuordnen, der größer als der von $12a_0$ und kleiner als der von $13a_0$ ist. Wählen wir nun eine kleinere Einheit, z. B. $b_0 = \frac{1}{100} a_0$, so können wir den Skalenwert von b entsprechend genauer bestimmen; b sei dann z. B. länger als $1227 b_0$ $(= 12{,}27 a_0)$ und kürzer als $1228 b_0$ $(= 12{,}28 b_0)$. Auf diese Weise läßt sich der Meßwert der Länge des Brettes b prinzipiell beliebig genau annähern.

Dieses Zählen von Einheiten entspricht dem praktischen Meßvorgang. In 9.3 wird erläutert, wie die Konstruktion derartiger Folgen in Meßstrukturen einbezogen werden kann und wie dadurch die Errichtung konkreter Skalen ermöglicht wird.

9.2 Begriffsbestimmungen

Als *Skalierungsproblem* bezeichnen wir das Problem, *wie* konkrete Skalen errichtet werden können bzw. *wie* den Dingen als Träger der zu messenden Eigenschaft konkrete Zahlen als Meßwerte zugeordnet werden können, nachdem die Axiome einer Meßstruktur empirisch geprüft und als erfüllt betrachtet worden sind.

Eine wie in 9.1 beschriebene Folge von Elementen a_0, $2a_0 = a_0 \circ a_1$, $3a_0 = (2a_0) \circ a_2$, $4a_0$, $5a_0, \ldots$ usw. heißt *Standardfolge*. Ein Beweis eines Repräsentations- und Eindeutigkeitstheorems, der auf der Konstruktion von Standardfolgen beruht, heißt *konstruktiver Beweis*, da aus ihm ein Verfahren zur Konstruktion konkreter Skalen ableitbar ist.

9.3 Das Skalierungsproblem und seine Lösung

Das eigentliche Ziel der Meßtheorie ist die Erforschung der Grundlagen des Messens, also der Meßbarkeit von Eigenschaften. Dies führte zur Entwicklung von Meßstrukturen mit empirisch testbaren Axiomen. Hierdurch wird die Beantwortung der Frage ermöglicht, *ob* eine gegebene Eigenschaft meßbar ist. Ist dies der Fall, dann stellt sich darüber hinaus die praktisch bedeutende Frage, *wie* diese Eigenschaft gemessen werden kann: es ergibt sich das Problem der Skalierung.

Das Skalierungsproblem kann dadurch gelöst werden, daß Repräsentations- und Eindeutigkeitstheorem einer Meßstruktur mit Hilfe von Standardfolgen konstruktiv bewiesen werden. Aus konstruktiven Beweisen lassen sich Algorithmen direkt ableiten, aufgrund derer Programme geschrieben werden können, die die gewünschte Skala konstruieren und die konkreten Meßwerte berechnen. Als Daten dienen hierzu diejenigen, die man zur Prüfung der Axiome verwendet hat; mit derselben Datenmenge lassen sich also sowohl die Axiome testen als auch die Meßwerte gewinnen. Aufgrund der für jede Versuchsperson getrennten Prüfung der Axiome erhält man Skalenwerte für jede einzelne Versuchsperson.

Durch die Lösung des Skalierungsproblems gewinnen Meßstrukturen eine praktisch bedeutende Funktion als Meßinstrumente. Der Gewinnung konkreter Skalenwerte dienen auch die (länger bekannten) Skalierungsverfahren, so daß es sinnvoll ist, die Zusammenhänge zwischen Meßstrukturen und Skalierungsverfahren zu erörtern.

9.4 Meßtheorie und Skalierungsverfahren

Sowohl Meßstrukturen als auch Skalierungsverfahren dienen der Konstruktion von Skalen und der Berechnung konkreter Meßwerte. Ohne auf die Skalierungsverfahren hier näher eingehen zu können, liegt der entscheidende Unterschied zwischen Meßstrukturen und Skalierungsverfahren darin, daß letztere die Frage der Meßbarkeit unberücksichtigt lassen oder zumindest nicht präzise zu klären in der Lage sind. Die den Skalierungsverfahren zugrundeliegenden Annahmen sind — selbst falls sie explizit angegeben werden — gewöhnlich nicht empirisch prüfbar. Vor allem wird nicht exakt gezeigt, daß die Verfahren zur Messung auf einem bestimmten Skalenniveau führen, selbst wenn die vorausgesetzten Annahmen erfüllt sind. Diese Fragen können präzise nur aufgrund von Repräsentations- und Eindeutigkeitstheoremen beantwortet werden.

Dies bedeutet jedoch keinesfalls, daß Skalierungsverfahren wertlos sind. Zwar werden später Meßstrukturen erläutert, die auch besonders in der Psychologie anwendbar sind, jedoch sind heute noch nicht für alle hier interessierenden Eigenschaften geeignete Meßstrukturen entwickelt worden. Diese verbliebene Lücke können die Skalierungsverfahren durchaus erfolgreich ausfüllen. Auch konnten für einige Skalierungsverfahren die meßtheoretischen Grundlagen geschaffen werden, d. h. aus ihnen konnten Meßstrukturen entwikkelt werden.

Das über Skalierungsverfahren Gesagte gilt sinngemäß auch für psychologische Tests. Diese sind auch »Meßverfahren per fiat« genannt worden (Torgerson, 1958; Pfanzagl, 1968; Fischer, 1970), da sie auf dem *Glauben* beruhen, daß die jeweilige Eigenschaft meßbar sei, und daß Tests zur Messung auf Intervallskalenniveau führten. Ein weiterer Unterschied zwischen Meßstrukturen und Tests besteht darin, daß bei letzteren nicht ein empirisches Relativ in ein numerisches, sondern ein numerisches Relativ in ein anderes numerisches Relativ abgebildet wird. Es werden (numerische) Testrohwerte in numerische Testwerte abgebildet bzw. transformiert. Für eine Messung mit Hilfe von Tests auf Intervallskalenniveau sind die meßtheoretischen Grundlagen noch zu entwickeln. Dennoch sind Tests keinesfalls wertlos; sie sind wichtige Instrumente zur Diagnostik und Vorhersage.

9.5 Weiterführende Literatur

Die Konstruktion von Standardfolgen wurde bereits von Campbell (1920; 1921; 1928) ausführlich beschrieben, der auch deren Bedeutung für den praktischen Meßvorgang hervorhob. Einen konstruktiven Beweis für extensive Meßstrukturen konnte erstmals Krantz (1968) führen. Die Repräsentationstheoreme aller in den Kapiteln 11 bis 16 angeführten Meßstrukturen sind konstruktiv beweisbar; diese Meßstrukturen sind auch als praktische Meßverfahren zu verwenden.
Zum Skalierungsproblem siehe man Coombs, Dawes & Tversky (1970), die auch weitere Gesichtspunkte zum Zusammenhang von Meßtheorie und Skalierungsverfahren erörtern. Die Skalierungsverfahren werden z. B. von Torgerson (1958), Coombs (1964), Sixtl (1967), Bock & Jones (1968), Green & Carmone (1970), Green & Rao (1972), Romney, Shepard & Nerlove (1972) und Shepard, Romney & Nerlove (1972) dargestellt.

9.6 Fragen

1. Meßstrukturen können auch als praktische Meßinstrumente eingesetzt werden. Welche Daten sind zur Gewinnung konkreter Meßwerte zu erheben? Was ist zur Berechnung von Meßwerten (außer einer Meßstruktur und den Daten) erforderlich?
2. Ist eine Berechnung von Meßwerten sinnvoll, wenn
   a) die Axiome der betreffenden Meßstruktur empirisch nicht geprüft wurden,
   b) ein Axiom als empirisch verletzt zu betrachten ist?
3. Wieviele Versuchspersonen sind erforderlich, um den zur Prüfung der Axiome einer Meßstruktur verwendeten Reizen Meßwerte zuzuordnen?

10. Ordnungs-Meßstrukturen

10.1 Allgemeine Beschreibung

Nachdem in den vorigen Kapiteln die allgemeinen Merkmale von Meßstrukturen erläutert worden sind, werden in diesem und in den folgenden Kapiteln die wichtigsten heute vorliegenden Meßstrukturen dargestellt.
In diesem Kapitel werden die einfachsten Meßstrukturen erörtert, die wir als Ordnungs-Meßstrukturen bezeichnen, da sie lediglich von einer Ordnungsrelation auf einer Menge ausgehen. Sie führen nur zu einer Ordinalskala, sind jedoch Grundlage aller anderen Meßstrukturen, die in den Kapiteln 11 bis 16 angeführt werden und zu mindestens Intervallskalenniveau führen.
Zunächst werden Ordnungs-Meßstrukturen betrachtet, deren Ordnungsrelation eine schwache Ordnung ist. Das empirische Relativ $\langle A, \gtrsim \rangle$ besteht also aus einer Menge A, auf der eine binäre Relation $\gtrsim$ besteht, die transitiv und konnex ist. $\langle A, \gtrsim \rangle$ wird repräsentiert durch ein numerisches Relativ $\langle \mathbb{R}, \geqslant \rangle$, wobei $\geqslant$ die »größer oder gleich« Relation auf den reellen Zahlen ist. Außerdem werden Ordnungs-Meßstrukturen angegeben, die nicht die Transitivität von $\sim$ fordern und dadurch empirisch erfüllbarer sind. Die Ordnungs-Meßstrukturen werden in 10.3 formal dargestellt und in 10.4 erläutert. Zunächst werden einige hierfür erforderliche Begriffe eingeführt.

10.2 Begriffsbestimmungen

Ordnungs-Meßstrukturen bezeichnen wir auch kurz als *Ordnungs-Strukturen;* eine entsprechende Bezeichnungsweise wird auch bei anderen Meßstrukturen verwendet werden.

Bei unendlichen Mengen unterscheidet man abzählbare und nicht-abzählbare Mengen. Eine Menge heißt *abzählbar*, wenn sie sich eineindeutig auf die Menge der natürlichen Zahlen $\mathbb{N}$ abbilden läßt. (Man kann zwar prinzipiell alle natürlichen Zahlen abzählen, jedoch benötigt man hierzu eine unendliche Zeit.) Nicht-abzählbar ist die Menge der reellen Zahlen $\mathbb{R}$.

Definition: Es sei $\gtrsim$ eine binäre Relation auf A. Dann lassen sich zwei weitere binäre Relationen, $\sim$ und $\succ$, wie folgt definieren (für alle $a,b \in A$):

$a \sim b$ gdw $a \gtrsim b$ und $b \gtrsim a$;

$a \succ b$ gdw $a \gtrsim b$ und nicht $(b \gtrsim a)$.

Ist $\gtrsim$ z.B. die Relation »ist nicht weniger intelligent als«, dann ist $\sim$ als »ist ebenso intelligent wie« und $\succ$ als »ist intelligenter als« zu interpretieren. Man bezeichnet $\sim$ als *Indifferenzrelation* und $\succ$ als *strenge Ordnungsrelation* (oder: *strenge Bevorzugungsrelation*).

Definition: Es seien $\gtrsim$ eine schwache Ordnung auf A und B eine Teilmenge von A. Dann heißt B *dicht* (bezüglich $\gtrsim$) in A genau dann, wenn für alle $a,c \in A$, so daß $a \succ c$ gilt, ein $b \in B$ existiert derart, daß gilt: $a \gtrsim b \gtrsim c$.

Anschaulich bedeutet dies, daß es für je zwei Elemente aus A ein Element aus B geben muß, das hinsichtlich der Relation $\gtrsim$ »zwischen« diesen beiden liegt.

10.3 Darstellung von Ordnungs-Strukturen

Eine Ordnungs-Struktur, die auf einer schwachen Ordnung(srelation) beruht, bezeichnen wir als »schwache Ordnungs-Struktur«; ihre Axiome werden im Rahmen der folgenden Definition angegeben. Anschließend wird das Repräsentations- und Eindeutigkeitstheorem angeführt. Zwei weitere Ordnungs-Strukturen werden in den Definitionen 2 und 3 dargestellt.

Definition 1: Es seien A eine nichtleere Menge und $\gtrsim$ eine binäre Relation auf A. Ein Relativ $\langle A, \gtrsim \rangle$ heißt *schwache Ordnungs-Struktur* gdw für alle $a,b,c \in A$ die folgenden drei Axiome erfüllt sind:

A1. $a \gtrsim b$ oder $b \gtrsim a$; (Konnexität)

A2. wenn $a \gtrsim b$ und $b \gtrsim c$, dann $a \gtrsim c$; (Transitivität)

A3. es gibt eine in A dichte Teilmenge von A, die endlich oder abzählbar ist.

Theorem 1: Es sei $\langle A, \gtrsim \rangle$ eine schwache Ordnungs-Struktur (d.h. die Axiome A1 bis A3 seien erfüllt). Dann existiert eine reelle Funktion φ auf A (d.h. eine Funktion φ von A in $\mathbb{R}$) derart, daß für alle $a,b \in A$ gilt:

$a \gtrsim b$ gdw $\varphi(a) \geqslant \varphi(b)$.

Ist φ' eine andere reelle Funktion auf A, für die diese Eigenschaft gilt, dann existiert eine monoton steigende Funktion f (von $\mathbb{R}$ in $\mathbb{R}$) derart, daß für alle $a \in A$ gilt:

$\varphi'(a) = f[\varphi(a)]$,

d.h. φ ist eindeutig bis auf monoton steigende Transformationen, d.h. φ ist eine Ordinalskala.

Definition 2: Es seien A eine nichtleere Menge und $\succ$ eine binäre Relation auf A. Ein Relativ $\langle A, \succ \rangle$ heißt *Intervall-Ordnung* gdw für alle $a,b,c,d \in A$ die beiden folgenden Axiome erfüllt sind:

A1. nicht $(a \succ a)$; (Irreflexivität)

A2. wenn $a \succ b$ und $c \succ d$, dann $a \succ d$ oder $c \succ b$.

Theorem 2: Es sei $\langle A, \succ \rangle$ eine *abzählbare* (oder *endliche*) *Intervall-Ordnung*. Dann existieren eine reelle Funktion φ und eine positive reelle Funktion δ (»delta«) auf A derart, daß für alle $a,b \in A$ gilt:
$a \succ b$ gdw $\varphi(a) > \varphi(b) + \delta(b)$.

Definition 3: Eine Intervall-Ordnung $\langle A, \succ \rangle$ heißt *Semiordnung* gdw für alle $a,b,c,d \in A$ das folgende Axiom erfüllt ist:
A 3. wenn $a \succ b$ und $b \succ c$, dann $a \succ d$ oder $d \succ c$.

Theorem 3: Es sei $\langle A, \succ \rangle$ eine *endliche Semiordnung*. Dann existieren eine reelle Funktion φ auf A und eine positive reelle Zahl u derart, daß für alle $a,b \in A$ gilt:
$a \succ b$ gdw $\varphi(a) > \varphi(b) + u$.

10.4 Erläuterung der Ordnungs-Strukturen und Hinweise für ihre Anwendung

Die Definition einer schwachen Ordnungs-Struktur gilt für den allgemeinen Fall, daß die Menge A unendlich ist. Ist $\langle A, \succsim \rangle$ eine *endliche* schwache Ordnungs-Struktur (d. h. ist A endlich), dann entfällt das Axiom A 3. Im unendlichen wie im endlichen Fall sind die Axiome A 1 bis A 3 bzw. A 1 und A 2 notwendig *und* hinreichend für das Repräsentations- und Eindeutigkeitstheorem.
Es gibt zahlreiche Interpretationen des empirischen Relativs $\langle A, \succsim \rangle$. Beispiele sind die Relationen »ist mindestens so lang wie« auf einer Menge von Brettern, »ist mindestens so teuer wie« auf einer Menge von Waren, »ist mindestens so laut wie« auf einer Menge von Tönen, »ist mindestens so schwierig wie« auf einer Menge von Aufgaben und »ist mindestens so neurotisch wie« und »ist mindestens so glücklich wie« auf je einer Menge von Personen. Aus der jeweiligen Interpretation des Relativs ergibt sich die der Axiome.
Als Methoden der Datenerhebung für die Anwendung von Ordnungs-Strukturen eignen sich alle Methoden zur Gewinnung von Ordinalurteilen, wie z. B. Paarvergleich und Rangordnungsverfahren (siehe z. B. Guilford, [2]1954, Kap. 7,8; Torgerson, 1958, Kap. 9; Coombs, 1964, Kap. 2; Sixtl, 1967, Kap. 5).
Da in einem Experiment nur eine endliche Menge untersucht werden kann, sind allein die Axiome A 1 und A 2 bei einer Anwendung zu prüfen. Sie wurden bereits in 3.2 erläutert, ihre Prüfung wurde in 8.1 geschildert. Das einzige empirisch »kritische« Axiom ist die Transitivität (Axiom A 2).
Die Transitivität ist für je 3 Elemente (Tripel, Triaden) zu prüfen. Verletzungen der Transitivität bezeichnet man als *Intransitivitäten*. Sie liegen vor, wenn gilt: $a \succ b$ und $b \succ c$, aber $c \succ a$; oder $a \sim b$ und $b \sim c$, aber $a \succ c$. Drei derartige Elemente nennt man *intransitive Tripel* oder *zirkuläre Triaden*. Bei n Elementen gibt es $\binom{n}{2} = \frac{1}{2} n\,(n-1)$ Paare von Elementen (mögliche Paarvergleiche) und $\binom{n}{3} = \frac{1}{6} n\,(n-1)\,(n-2)$ Tripel. Je mehr Intransitivitäten vorliegen, desto mehr Transitivitätstests lassen sich durchführen (da für jede zirkuläre Triade drei Transitivitätstests möglich sind).
Formeln zur Berechnung der Anzahl zirkulärer Triaden aufgrund einer Dominanzmatrix (vgl. Kapitel 8) sowie zur Berechnung der Anzahl maximal möglicher zirkulärer Triaden gibt Kendall ([2]1955, Kap. 11,12) an.
Es lassen sich mindestens drei Ursachen für das Auftreten von Intransitivitäten angeben: Persönlichkeitsmerkmale der urteilenden Personen, Mehrdimensionalität der zu beurteilenden Eigenschaft und eine Summierung nicht-merkbarer Reizunterschiede.

Ein Beispiel für die Mehrdimensionalität sei der Kauf eines Autos, bei dem ein Käufer verschiedene Autos hinsichtlich seiner Bevorzugung rangordnet. Er möge Auto a dem Auto b vorziehen (da a sicherer ist als b) und b dem Auto c vorziehen (da b sicherer ist als c), aber c dem Auto a vorziehen, da c billiger ist als a. Bei den beiden ersten Urteilen dominiert die Eigenschaft »Sicherheit«, beim letzteren dagegen die Eigenschaft »Preis«.

Intransitivitäten von Indifferenzrelationen ($a \sim b$ und $b \sim c$, aber $a \succ c$) können darauf beruhen, daß a zwar etwas größer als b ist, und b etwas größer als c ist, diese Unterschiede jedoch so gering sind, daß sie vom Beurteiler nicht wahrgenommen werden, d. h. unterhalb einer Unterschiedsschwelle liegen. Die Summierung dieser geringen Unterschiede zwischen a und b und zwischen b und c kann dazu führen, daß der Unterschied zwischen a und c genügend groß ist, um bemerkt zu werden, so daß dann $a \succ c$ geurteilt wird. Ein Beispiel ist das Kaffeetrinken. Es seien a_i 101 Tassen Kaffee mit $i=0,\ldots,100$ Körnern Zucker und $\sim$ die Relation »schmeckt ebenso süß wie«. Dann gilt sicherlich $a_0 \sim a_1 \sim \ldots \sim a_{99} \sim a_{100}$, jedoch $a_{100} \succ a_0$, d. h. wohl niemand wird einen Unterschied von einem Korn Zucker in einer Tasse Kaffee schmecken, sicherlich jedoch den zwischen einer Tasse mit 100 Körnern Zucker und einer Tasse ohne Zucker.

Für die Zulassung dieser letzteren Art von Intransitivitäten sind die Intervall- und Semiordnung entwickelt worden, die die Transitivität von $\sim$ durch schwächere Axiome ersetzen.

Aufgrund der (strengen Bevorzugungs-)Relation einer Intervall- bzw. Semiordnung lassen sich zwei weitere binäre Relationen, $\sim$ und $\approx$, wie folgt definieren:

$a \sim b$ gdw nicht ($a \gtrsim b$) und nicht ($b \gtrsim a$);

$a \approx b$ gdw für alle $c \in A$ gilt: $a \sim c$ gdw $b \sim c$.

Es kann gezeigt werden, daß gilt: (1) aus den Axiomen A1 und A2 folgt, daß $\succ$ transitiv ist; (2) $\approx$ ist eine Äquivalenzrelation, d. h. $\approx$ ist reflexiv, symmetrisch und transitiv; (3) $\sim$ ist nicht transitiv, d. h. es kann gelten: $a \sim b$ und $b \sim c$ und $a \succ c$, wenn $\langle A, \succ \rangle$ eine Intervall- oder Semiordnung ist.

Die Zulassung von Intransitivitäten der Indifferenzrelation $\sim$ ist das charakteristische Merkmal von Intervall- und Semiordnungen. Die angemessene Interpretation von $a \sim b$ ist »es besteht kein merkbarer Unterschied zwischen a und b«, und die von $a \succ b$ ist »a ist merkbar (deutlich, wesentlich) besser (oder größer usw.) als b«. Der Gedanke einer Unterschiedsschwelle (oder: jnd, »just noticeable difference«) ist in den beiden Repräsentationstheoremen enthalten (Theoreme 2 und 3 in 10.3).

Die Zahl u in Theorem 3 und die Funktion δ in Theorem 2 sind als Unterschiedsschwellen zu interpretieren. Während es sich bei der Semiordnung um eine konstante Unterschiedsschwelle handelt, läßt die Intervall-Ordnung eine variable Unterschiedsschwelle zu, d. h. sie kann für alle $a \in A$ verschieden groß sein. Durch die Einführung von Unterschiedsschwellen werden die Elemente aus A nicht durch je eine reelle Zahl, sondern jeweils durch Zahlenintervalle repräsentiert. Die Theoreme 2 und 3 sind Repräsentationstheoreme. Das Eindeutigkeitsproblem ist für Intervall- und Semiordnungen noch nicht vollständig gelöst (siehe hierzu Roberts, 1970; 1971b).

Die Axiome A1 bis A3 sind für die Repräsentation einer Semiordnung und die Axiome A1 und A2 für die einer Intervall-Ordnung notwendige *und* hinreichende Bedingungen. Das Axiom A1 aus Definition 2 besagt, daß die Relation $\succ$ irreflexiv ist; z. B. darf ein Brett nicht länger als es selbst sein. Die ebenfalls zu prüfenden Axiome A2 und A3 lassen sich leicht geometrisch veranschaulichen, wenn man die vier Elemente a, b, c, d aus A als Punkte auf einer Geraden darstellt.

Ordnungs-Strukturen liegen nicht nur anderen Meßstrukturen zugrunde, sondern spielen z. B. auch in der kollektiven (oder Gruppen-) Entscheidungstheorie (siehe Arrow, 1951;

Murakami, 1968; Sen, 1970; Pattanaik, 1971; Fishburn, 1973e) eine grundlegende Rolle. Auch die Skalogramm-Analyse (oder Guttman-Skalierung) (siehe Stouffer u. a., 1950; Torgerson, 1958, Kap. 12; Coombs, 1964, Kap. 11; Sixtl, 1967, Kap. 7) kann als Ordnungs-Struktur dargestellt werden (Ducamp & Falmagne, 1969).

10.5 Weiterführende Literatur

Schwache Ordnungs-Strukturen werden z. B. von Pfanzagl (1959b; 1968, Kap. 4), Hofmann (1963), Schneeweiß (1963), Suppes & Zinnes (1963), Luce & Suppes (1965), Fishburn (1970c, Kap. 2) und Krantz, Luce, Suppes & Tversky (1971, Kap. 2) dargestellt. Zu den Beweisen des Repräsentations- und Eindeutigkeitstheorems siehe man auch Cantor (1895), Huntington (1905, Kap. 4), Birkhoff (1948, Kap. 3), Debreu (1954), Chipman (1960), Newman & Read (1961) und Lee (1972).

Empirische und theoretische Untersuchungen zum Auftreten von Intransitivitäten stammen z. B. von Poincaré (1902, Kap. 2), Campbell (1920, Kap. 16), Wiener (1921), Armstrong (1939; 1948; 1950; 1951), Goodman (1951, Kap. 9 und 10), Menger (1951), Hill (1953), May (1954), Galanter (1956), Luce (1956), Papandreou (1957), Rose (1957; 1963), Davis (1958), Davidson & Marschak (1959), Griswold & Luce (1962), Harary (1964), Shepard (1964b), Tullock (1964), Adams (1965), McLaughlin & Luce (1965), Tversky (1969), Braatz (1970), Fishburn (1970a) und Leinhardt (1973).

Die Semiordnung wurde von Luce (1956) eingeführt. Das Repräsentationstheorem für die endliche Semiordnung bewiesen Scott & Suppes (1958) und Scott (1964); siehe auch Ducamp & Falmagne (1969). Darstellungen der Semiordnung geben auch Suppes & Zinnes (1963), Luce & Suppes (1965), Krantz (1968), Coombs, Dawes & Tversky (1970, Kap. 2) und Fishburn (1970a; 1970c, Kap. 2). Ein Repräsentationstheorem für die unendliche Semiordnung konnte Fishburn (1973d) beweisen.

Die Intervall-Ordnung wurde unabhängig von Fishburn (1970b, siehe auch 1970a und 1970c, Kap. 2) und Mirkin (1972) entwickelt und von Fishburn (1973d) auf unendliche Mengen verallgemeinert.

Intervall- und/oder Semiordnungen konnten darüber hinaus verwendet werden von Fishburn (1968a; 1972) und Jamison & Lau (1973) in der Nutzentheorie und von Roberts (1971a) und Fishburn (1973c) in der Theorie der probabilistischen Konsistenz von Bevorzugungen (siehe hierzu Block & Marschak, 1960; Luce, 1958; 1959a; Luce & Suppes, 1965; Tversky & Russo, 1969). Ferner konnten durch Intervall- und/oder Semiordnungen die schwache Ordnung in mehreren Meßstrukturen (siehe die folgenden Kapitel) ersetzt werden; und zwar von Krantz (1967) in extensiven Meßstrukturen, von Fishburn (1969b) und Domotor & Stelzer (1971) in Meßstrukturen für Wahrscheinlichkeiten (siehe auch Domotor, 1969; 1972), von Fishburn (1970d) in endlichen Differenzen-Meßstrukturen und von Fishburn (1970a) in endlichen additiv-verbundenen Meßstrukturen.

Zu erwähnen sind ferner die *Indifferenz-Strukturen* $\langle A, \sim \rangle$ (oder: *Indifferenz-Graphen*), die von einer Indifferenzrelation $\sim$ auf A ausgehen. Sie wurden von Roberts (1969a; 1970; 1971b) und Mirkin (1972) entwickelt. In engem Zusammenhang hiermit stehen die *Intervall-Graphen*, die Lekkerkerker & Boland (1962), Gilmore & Hoffman (1964) und Fulkerson & Gross (1965) entwickelten.

Ansätze zu mehrdimensionalen Ordnungs-Strukturen werden von Baker, Fishburn & Roberts (1970; 1972), Mirkin (1972) und Roberts (1972) und zu mehrdimensionalen Indifferenz-Strukturen von Zeeman (1962), Roberts (1969b; 1970; 1973) und Suppes (1972b) erörtert.

10.6 Fragen

1. Bei der Methode der vollständigen Rangordnung hat eine Person die Aufgabe, alle n Reize einer (endlichen) Menge A hinsichtlich einer Eigenschaft zu rangordnen. Was folgt hieraus für die Prüfung der Axiome einer Ordnungs-Struktur?
2. Wieviele Transitivitätstests sind bei n Reizen möglich, wenn keine Intransitivitäten vorliegen?
3. Es sei $\succ$ eine binäre Relation auf einer nichtleeren Menge A. Ein Relativ $\langle A, \succ \rangle$ heißt *strenge partielle Ordnung* gdw $\succ$ irreflexiv und transitiv ist. In welchem Zusammenhang stehen strenge partielle Ordnung, Intervall-Ordnung und Semiordnung?

11. Extensive Meßstrukturen

11.1 Allgemeine Beschreibung

Bereits in vorigen Kapiteln wurde die (abgeschlossene) extensive Meßstruktur $\langle A, \succsim, \circ \rangle$ dargestellt und erläutert. Hier wird eine empirisch erfüllbarere, geschwächte extensive Struktur vorgestellt, die nicht die Annahme der Abgeschlossenheit der Menge A unter der Operation $\circ$ erfordert. Diese Schwächung kann durch die Einführung einer Teilmenge B von $A \times A$ erzielt werden, für die die Abgeschlossenheit nicht erfüllt sein muß. Die Operation $\circ$ ist nun eine Operation von B in A. Unter Einbeziehung von $B \subset A \times A$ lautet das empirische Relativ einer extensiven Struktur $\langle A, B, \succsim, \circ \rangle$.
Extensive Meßstrukturen sind grundlegend für andere Meßstrukturen, da deren Repräsentations- und Eindeutigkeitstheoreme auf die einer extensiven Struktur zurückgeführt werden können. Die mathematischen Zusammenhänge zwischen verschiedenen Meßstrukturen sollen hier jedoch nicht näher ausgeführt werden. Dagegen soll in diesem Kapitel die Schwächung einer Meßstruktur exemplarisch gezeigt werden und auf die Anwendungsmöglichkeiten extensiver Strukturen eingegangen werden.

11.2 Darstellung einer extensiven Meßstruktur

Definition: Es seien A eine nichtleere Menge, B eine nichtleere Teilmenge von $A \times A$, $\succsim$ eine binäre Relation auf A und $\circ$ eine binäre Operation von B in A. Das Relativ $\langle A, B, \succsim, \circ \rangle$ ist eine *extensive Meßstruktur* gdw die folgenden 6 Axiome für alle $a, b, c \in A$ erfüllt sind:

A 1. $\succsim$ ist transitiv und konnex, d. h. $\langle A, \succsim \rangle$ ist eine schwache Ordnung;

A 2. wenn $(a,b) \in B$ und $(a \circ b, c) \in B$,
dann $(b,c) \in B$, $(a, b \circ c) \in B$ und $(a \circ b) \circ c \succsim a \circ (b \circ c)$; (Assoziativität)

A 3. wenn $(a,c) \in B$ und $a \succsim b$,
dann $(c,b) \in B$ und $a \circ c \succsim c \circ b$; (Monotonie)

A 4. wenn $(a,b) \in B$, dann $a \circ b \succ a$; (Positivität)

A 5. jede streng beschränkte Standardfolge ist endlich (eine Folge $a_1, \ldots, a_i$ von Elementen aus A heißt Standardfolge, wenn $a_i = a_{i-1} \circ a_1$ für alle $i = 2, 3 \ldots$ gilt. Sie ist streng beschränkt, wenn ein $b \in A$ existiert derart, daß für alle a_i gilt: $b \succ a_i$.); (Archimedisches Axiom)

A 6. wenn $a \succ b$, dann existiert ein $d \in A$ derart,
daß $(b,d) \in B$ und $a \succsim b \circ d$. (Lösbarkeit)

Theorem: Es sei $\langle A, B, \gtrsim, \circ \rangle$ eine extensive Meßstruktur. Dann existiert eine reelle Funktion φ auf A derart, daß für alle $a, b \in A$ gilt:
1. $a \gtrsim b$ gdw $\varphi(a) \geqslant \varphi(b)$;
2. wenn $(a,b) \in B$, dann $\varphi(a \circ b) = \varphi(a) + \varphi(b)$.
Erfüllt eine andere reelle Funktion φ' die Eigenschaften 1. und 2., dann existiert eine positive reelle Zahl u derart, daß $\varphi'(a) = u\varphi(a)$ gilt; d. h. φ ist eine Verhältnisskala.

11.3 Erläuterung der extensiven Struktur und Hinweise für ihre Anwendung

Betrachtet man als Beispiel die Gewichtsmessung mit Hilfe einer Balkenwaage, so läßt sich die Teilmenge B von $A \times A$ wie folgt interpretieren. B enthält alle Paare (a,b) von Gegenständen, die gemeinsam auf eine Waagschale gelegt werden können, ohne daß die Waage zusammenbricht. Dagegen enthält A auch Gegenstände, die so schwer sind, daß sie mit einer Balkenwaage nicht gewogen werden können. $(a,b) \in B$ bedeutet also, daß die Elemente a und b aus A zusammengefügt werden können.
Das Fortlassen der Forderung der Abgeschlossenheit, also die Schwächung der abgeschlossenen extensiven Struktur (siehe Kapitel 7), erfordert außer der Einbeziehung der Menge B in das Relativ die Umformulierung der in 7.1 angegebenen Axiome. Hinzugefügt werden muß das Axiom A6. Es ist ein *Lösbarkeitsaxiom*, d. h. es fordert die Existenz eines Elementes d derart, daß die »Ungleichung« $a \gtrsim b \circ d$ »lösbar« ist. Es ist ein nicht-notwendiges und nicht-testbares Axiom. Die Axiome A2, A3 und A4 entsprechen den Axiomen A2 bis A4 aus 7.1 (Assoziativität, Monotonie und Positivität). In 11.3 muß jedoch vorausgesetzt werden, daß zusammenzufügende Elemente a und b auch zusammengefügt werden können, d. h. daß $(a,b) \in B$ gilt. Dann sind die Axiome entsprechend denen aus 7.1 zu interpretieren und zu prüfen. Das Archimedische Axiom wurde hier im Vergleich zu dem aus 7.1 umformuliert; diese neue Formulierung wird auch in anderen Meßstrukturen beibehalten werden. Das Axiom A1 ist gegenüber dem Axiom A1 aus 7.1 unverändert. Die Axiome A1 bis A5 sind notwendige Axiome und die Axiome A1 bis A4 testbare Axiome.
Auch das Repräsentations- und Eindeutigkeitstheorem entspricht dem einer abgeschlossenen extensiven Struktur. Lediglich die Eigenschaft 2. der Skala φ erfordert die Voraussetzung, daß a und b zusammenfügbar sind. Es ist zu beachten, daß auch aus diesem geschwächten Axiomensystem die Existenz einer Verhältnisskala folgt.
Extensive Strukturen sind offenbar empirisch erfüllt für die Messung vieler physikalischer Eigenschaften, wie z. B. Länge, Masse, Zeitdauer, elektrischer Widerstand und Geschwindigkeit (in der klassischen Physik). Darüber hinaus können extensive Strukturen derart modifiziert werden, daß sie für die Messung weiterer Eigenschaft in der Physik, aber auch in den Sozialwissenschaften, interpretierbar sind.
So liegen Modifikation extensiver Strukturen vor für (physikalische) Eigenschaften mit einem natürlichen Maximum, wie der Lichtgeschwindigkeit, (siehe Luce & Marley, 1969; Krantz, Luce, Suppes & Tversky, 1971, Kap. 3) sowie für die Axiomatisierung eines Teiles der Thermodynamik und der Messung von Energie und Entropie (siehe Giles, 1964; Cooper, 1967; Duistermaat, 1968; Roberts & Luce, 1968; Krantz u. a., 1971, Kap. 3). Eine Veränderung der Axiome der abgeschlossenen extensiven Struktur erlaubt die Interpretation für periodische Eigenschaften, wie Uhrzeit und Winkel (siehe Zassenhaus, 1954; Behrend, 1956; Lenz, 1967; Krantz u. a., 1971, Kap. 3; Luce, 1971a).
Auch Wahrscheinlichkeitsstrukturen, aus denen die Existenz eines Wahrscheinlichkeitsmaßes im Sinne der axiomatischen Definition von Kolmogoroff (1933) folgt, beruhen auf extensiven Strukturen. Da es sich bei den Axiomen um qualitative (nicht-numerische)

Annahmen handelt, spricht man von *qualitativen* (auch: *komparativen, intuitiven, personellen, subjektiven*) *Wahrscheinlichkeiten*. Meßstrukturen für unbedingte Wahrscheinlichkeiten entwickelten Bernstein (1917), deFinetti (1931; 1937), Savage (1954, Kap. 3), Kraft, Pratt & Seidenberg (1959), Scott (1964), Villegas (1964; 1967), Luce (1967b; siehe auch 1968a), DeGroot (1970, Kap. 6), Fine (1971; 1973, Kap. 2), Krantz u.a. (1971, Kap. 5) und Niiniluoto (1972). Meßstrukturen für bedingte Wahrscheinlichkeiten stammen von Koopman (1940a, b; 1941), Luce (1968b), Krantz u.a. (1971, Kap. 5), Fine (1973, Kap. 2) und Suppes (1973). Die Forderung der schwachen Ordnung von $\gtrsim$ (»ist mindestens so wahrscheinlich wie«) konnten Domotor (1969; siehe auch 1972), Fishburn (1969b) und Domotor & Stelzer (1971) durch die einer Intervall- und/oder Semiordnung ersetzen. Als meßtheoretische Begründung des von Shannon (1948) eingeführten Informationsgehalts entwickelte Domotor (1969; 1970) (qualitative) Informationsstrukturen.
In der Psychologie gibt es nur wenige Anwendungsmöglichkeiten extensiver Strukturen, da es hier kaum geeignete Interpretationen einer Zusammenfügungsoperation gibt. So können die Bemühungen von Reese (1943), Goude (1962) und Savage (1970, Kap. 6) um eine extensive Messung in der Psychophysik nicht überzeugen. Eine mögliche Interpretation von $\circ$ ist die Zusammenfügung von Wahrscheinlichkeitsverteilungen. Hierauf beruht die von Pollatsek & Tversky (1970) (siehe auch Krantz u.a., 1971, Kap. 3) entwickelte axiomatische Theorie der Risikowahrnehmung. Empirische Untersuchungen von Coombs & Bowen (1971a, b) sprechen jedoch gegen diese Risikotheorie. Ein anderes Beispiel ist die von Norman & Roberts (1972a, b) entwickelte Meßstruktur für die Messung des relativen Gleichgewichts einer sozialen Gruppe im Rahmen der kognitiven Gleichgewichtstheorie (Heider, 1946; 1958; Cartwright & Harary, 1956; siehe auch Flament, 1963; 1968; Taylor, 1970). Diese Meßstruktur beruht gleichermaßen auf einer extensiven und einer Differenzen-Struktur (siehe Kapitel 13).

11.4 Weiterführende Literatur

Die Entwicklung extensiver Meßstrukturen geht zurück auf Stolz (1883; 1885, Abschn. 5; 1891), von Helmholtz (1887), Veronese (1889), Bettazzi (1890), Burali-Forti (1893; 1903/04), Hilbert (1899), Hölder (1901; 1924, Abschn. 3), Huntington (1902a, b; 1903), Stolz & Gmeiner (1902, Abschn. 5) und Couturat (1905, Kap. 5). Extensive Strukturen wurden weiterentwickelt von Loonstra (1945), Bourbaki (1947, Kap. 5), Alimov (1950), Suppes (1951), Behrend (1953; 1956), Chion (1957), Pfanzagl (1959b; 1968, Kap. 6), Hofmann (1963), Adams (1965), Krantz (1967), Roberts & Luce (1968) (siehe Kap. 7), Holman (1969), Luce & Marley (1969) und Falmagne (1971). Weitere Arbeiten wurden in 11.3 angegeben. Eine endliche extensive Struktur führt Suppes (1972a) an.
Eine nicht abgeschlossene extensive Struktur entwickelte Behrend (1956). Die in 11.2 angeführte extensive Struktur stammt von Luce & Marley (1969) (siehe auch Luce, 1968a; Krantz u.a., 1971, Kap. 3). Eine weitere Schwächung dieser Meßstruktur erzielte Falmagne (1971). Die schwache Ordnung einer abgeschlossenen extensiven Struktur konnte Krantz (1967) durch eine Semiordnung ersetzen. Roberts & Luce (1968) geben eine Schwächung der Konnexität von $\gtrsim$ an.
Darstellungen extensiver Strukturen geben z.B. Suppes & Zinnes (1963), Luce (1967a; 1968a) und Krantz, Luce, Suppes & Tversky (1971, Kap. 3). Man siehe auch Campbell (1920; 1921; 1928; 1938), Carnap (1926), Nagel (1930; 1931), Cohen & Nagel (1934), Hempel (1952), Menger (1959), Wedberg (1963), Ross (1964), Ellis (1966) und Blakers (1967).

11.5 Fragen

1. Interpretieren Sie das Relativ $\langle A,B,\succsim,\circ\rangle$ einer extensiven Meßstruktur für die Gewichtsmessung mittels einer Balkenwaage.
2. Wie sind die Elemente der Menge B einer extensiven Struktur für die Längenmessung zu interpretieren?
3. In welchem Zusammenhang stehen extensive Strukturen und Ordnungs-Strukturen?

12. Bisymmetrie-Meßstrukturen

12.1 Allgemeine Beschreibung

Ebenso wie extensive Strukturen enthalten Bisymmetrie-Strukturen neben einer Ordnungsrelation eine binäre Operation. Das empirische Relativ einer Bisymmetrie-Struktur lautet $\langle A,\succsim,\circ\rangle$ und ist mit dem einer abgeschlossenen extensiven Struktur identisch. Die Eigenschaften der binären Operationen in beiden Meßstrukturen unterscheiden sich jedoch wesentlich: für die Operation $\circ$ in einer Bisymmetrie-Struktur werden weder die Assoziativität noch die Kommutativität ($a\circ b\succsim b\circ a$) vorausgesetzt. Statt dessen wird ein schwächeres *Bisymmetrie-Axiom* eingeführt. Aus den Axiomen einer Bisymmetrie-Struktur folgt die Existenz einer Intervallskala.
Da die Assoziativität und Kommutativität nicht gefordert werden, braucht die Operation $\circ$ in einer Bisymmetrie-Struktur nicht als additive oder Zusammenfügungsoperation angesehen zu werden. Eine geeignete Interpretation ist die der *Mittenbildung*; $a\circ b$ bedeutet dann die (subjektive) Mitte von a und b. Beispiele sind das Einstellen eines Tones, so daß seine Lautstärke subjektiv in der Mitte der zweier vorgegebener Töne liegt, und die Beurteilung eines Schülers, dessen Motivation als in der Mitte zwischen der zweier anderer Schüler liegend eingeschätzt wird. Bisymmetrie-Strukturen eignen sich insbesondere für die Messung psychophysikalischer Eigenschaften, doch sind auch Anwendungen in anderen Bereichen der Psychologie möglich.

12.2 Darstellung einer Bisymmetrie-Struktur

Definition: Es seien A eine nichtleere Menge, $\succsim$ eine binäre Relation auf A und $\circ$ eine binäre Operation von $A\times A$ in A. Das Relativ $\langle A,\succsim,\circ\rangle$ ist eine *Bisymmetrie-Struktur* gdw für alle $a,b,c,d\in A$ die folgenden 5 Axiome erfüllt sind:

A 1. $\succsim$ ist transitiv und konnex, d. h. $\langle A,\succsim\rangle$ ist eine schwache Ordnung;

A 2. $a\succsim b$ gdw $a\circ c\succsim b\circ c$ gdw $c\circ a\succsim c\circ b$; (Monotonie)

A 3. $(a\circ b)\circ(c\circ d)\sim(a\circ c)\circ(b\circ d)$; (Bisymmetrie)

A 4. wenn $b\circ c\succsim a\succsim b\circ d$ (oder: $c\circ b\succsim a\succsim d\circ b$), dann gibt es ein $e\in A$ derart, daß gilt $b\circ e\sim a$ (oder: $e\circ b\sim a$); (Lösbarkeit)

A 5. jede streng beschränkte Standardfolge ist endlich (eine Folge von Elementen a_i aus $A\,(i=1,2,\ldots)$ heißt Standardfolge, wenn Elemente $c,d\in A$ existieren derart, daß gilt: (1) $c\succ d$, (2) $a_i\circ c\sim a_{i+1}\circ d$ oder $c\circ a_i\sim d\circ a_{i+1}$ für alle $i=1,2,\ldots$). (Archimedisches Axiom)

Theorem: Es sei $\langle A, \succsim, \circ \rangle$ eine Bisymmetrie-Struktur. Dann existieren eine reelle Funktion φ auf A und reelle Zahlen p, q und r $(p,q \geq 0)$ derart, daß für alle $a,b \in A$ gilt:

1. $a \succsim b$ gdw $\varphi(a) \geq \varphi(b)$;
2. $\varphi(a \circ b) = p \cdot \varphi(a) + q \cdot \varphi(b) + r$.

Ist φ', p', q', r' eine andere Repräsentation, die diese beiden Eigenschaften erfüllt, dann existieren reelle Zahlen u und v $(u > 0)$ derart, daß gilt:

a) $\varphi'(a) = u \cdot \varphi(a) + v$;
b) $p' = p$;
c) $r' = u \cdot r + v(1 - p - q)$;
d) $q' = q$.

Bemerkung: Dies bedeutet, daß die homomorphe Abbildung φ eine Intervallskala ist. Unter zulässigen Transformationen bleiben p und q unverändert; r verändert sich in der unter c) angegebenen Weise.

Ist $\langle A, \succsim, \circ \rangle$ eine Bisymmetrie-Struktur, dann gilt darüber hinaus für alle $a,b,c \in A$:

1. wenn $a \circ a \sim a$ (Idempotenz), dann ist $p + q = 1$ und $r = 0$;
2. wenn $a \circ b \sim b \circ a$ (Kommutativität), dann ist $p = q$;
3. wenn $(a \circ b) \circ c \sim a \circ (b \circ c)$ (Assoziativität), dann ist $p = q = 1$.

12.3 Erläuterung der Bisymmetrie-Struktur und Hinweise für ihre Anwendung

Die Axiome A 1 bis A 3 einer Bisymmetrie-Struktur sind notwendige und testbare Axiome. Die schwache Ordnung wurde bereits in 3.2, 8.1 und 10.3 erläutert, das Axiom A 2 ist mit dem Monotonie-Axiom in einer abgeschlossenen extensiven Struktur identisch (siehe 7.1). Als Beispiel sei A eine Menge von Tönen, $\succsim$ die Relation »ist mindestens so laut wie« und $\circ$ eine Mittenbildungsoperation (»die Lautstärke des Tones $a \circ b$ liegt subjektiv in der Mitte zwischen den Lautstärken der Töne a und b«). Das Axiom A 2 besagt nun, daß die Mitte von a und c (bzw. von c und a) mindestens so laut ist wie die von b und c (bzw. von c und b) genau dann, wenn a mindestens so laut ist wie b.

Das Bisymmetrie-Axiom, A 3, ist das charakteristische Axiom einer Bisymmetrie-Struktur. Für die Prüfung dieses Axioms sind von einer Versuchsperson zunächst die »Mitten« der Töne a und b, c und d, a und c sowie b und d zu bilden. Anschließend soll

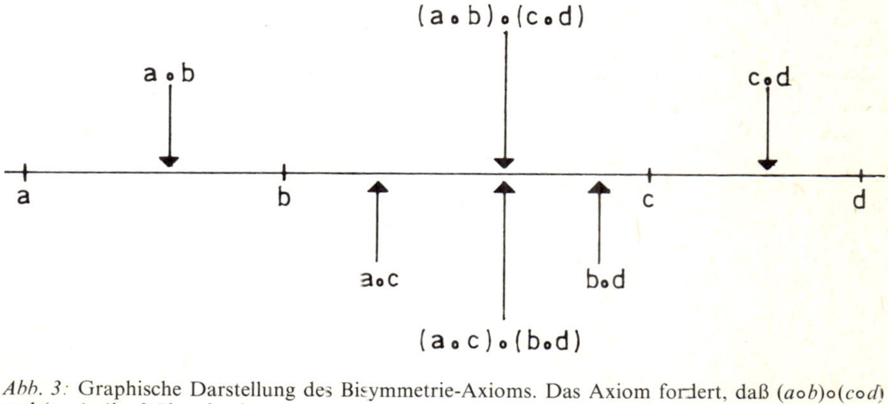

Abb. 3: Graphische Darstellung des Bisymmetrie-Axioms. Das Axiom fordert, daß $(a \circ b) \circ (c \circ d)$ und $(a \circ c) \circ (b \circ d)$ übereinstimmen.

sie die so erhaltenen Töne $a \circ b$ und $c \circ d$ sowie die Töne $a \circ c$ und $b \circ d$ mitteln. Das Bisymmetrie-Axiom fordert, daß diese beiden letzteren »Mitten« übereinstimmen, d. h. als indifferent hinsichtlich der Lautstärke beurteilt werden. In Abbildung 3 ist das Bisymmetrie-Axiom veranschaulicht. Hierbei ist ersichtlich, daß die (subjektiven) Mittenbildungen $a \circ b$ usw. nicht den Mittelpunkten der jeweiligen Strecken, d. h. den objektiven Mittelwerten, entsprechen müssen.

Die Axiome A 4 und A 5 einer Bisymmetrie-Struktur sind nicht-testbar. Das (nicht-notwendige) Lösbarkeits- und das (notwendige) Archimedische Axiom entsprechen den jeweiligen Axiomen einer extensiven Struktur.

Im Gegensatz zu extensiven Strukturen fordern Bisymmetrie-Strukturen weder die Assoziativität noch die Kommutativität von $\circ$ (letztere folgt aus den Axiomen einer extensiven Struktur). Häufig sind gerade diese Eigenschaften von Operationen in der Psychologie nicht erfüllt. Statt dessen enthalten Bisymmetrie-Strukturen das schwächere Bisymmetrie-Axiom und sind für die Messung psychischer Eigenschaften geeigneter als extensive Strukturen.

Sind die Axiome A 1 bis A 3 als empirisch erfüllt zu betrachten, und werden die Axiome A 4 und A 5 als gültig angesehen, dann folgt nach dem Repräsentations- und Eindeutigkeitstheorem, daß (für das genannte Beispiel) die Lautstärke auf Intervallskalenniveau meßbar ist. Aufgrund der Daten kann eine Intervallskala für die (subjektive) Lautstärke konstruiert werden.

Bei der Interpretation von $\circ$ als Mittenbildung ist es plausibel anzunehmen, daß eine Bisymmetrie-Struktur die Idempotenz ($a \circ a \sim a$) erfüllt. In diesem Falle gilt $p+q=1$ und $r=0$, und die nach dem Repräsentationstheorem existierenden positiven Zahlen p und q können als Gewichte der Skalenwerte zweier Reize a und b betrachtet werden. Diese Gewichtsfaktoren drücken die Tendenz einer Versuchsperson aus, ihre subjektiv gemittelten Reize zu überschätzen bzw. zu unterschätzen. Ist $p > \frac{1}{2}$ und gilt $a \succ b$, dann liegt der Mittenbildungs-Reiz $a \circ b$ näher bei a als bei b, und es gilt $a \circ b \succ b \circ a$. Ist dagegen $p < \frac{1}{2}$ und gilt $a \succ b$, dann liegt $a \circ b$ näher bei b als bei a, und es gilt $b \circ a \succ a \circ b$. Ist $p=q=\frac{1}{2}$ und $a \succ b$, dann gilt $a \circ b \sim b \circ a$ (Kommutativität).

Die wohl naheliegendste Interpretation von $\circ$ ist die als Mittenbildung. Die Methode der Mittenbildung ist ein seit langem bekanntes Skalierungsverfahren. Sie entspricht der Methode der Herstellung zweier gleicher Intervalle zwischen zwei vorgegebenen Reizen a und b und ist ein Spezialfall (für $n=2$) der Methode der Gleichteilung eines Intervalls in n gleiche Teilintervalle.

Obwohl Anwendungen der Methode der Mittenbildung auch in anderen Bereichen der Psychologie möglich sein dürften, ist sie bisher anscheinend ausschließlich in der Psychophysik verwendet worden. Die Methode der Mittenbildung wurde z. B. angewendet von Plateau (1872; 1873), Delboeuf (1873), Lehmann (1886), Neiglick (1888), Gage (1934 b) und Fagot, Eskildsen & Stewart (1966) zur Skalierung der Helligkeit, von Lorenz (1891), Münsterberg (1892), Pratt (1923; 1928) und Stevens & Volkmann (1940) zur Skalierung der Tonhöhe sowie von Gage (1934 a), Wolff (1935), Newman, Volkmann & Stevens (1937) und Garner (1954) zur Skalierung der Lautstärke.

In einem Experiment von Cross (1964) (siehe auch Coombs, Dawes & Tversky, 1970, Kap. 2) konnte das Bisymmetrie-Axiom für die Lautstärke direkt und in einem Experiment von Fagot & Stewart (1970) für die Helligkeit indirekt bestätigt werden.

In den genannten empirischen Untersuchungen zeigte sich übereinstimmend, daß sowohl die Kommutativität (siehe Stevens, 1957) als auch die Eigenschaft

$[a\circ(a\circ b)]\circ[(a\circ b)\circ b]\sim a\circ b$ systematisch verletzt sind. Diese Eigenschaft folgt aus Bisymmetrie, Idempotenz und Kommutativität und wurde von Fagot & Stewart (1970) direkt getestet. Beide Eigenschaften sind keine Axiome einer Bisymmetrie-Struktur und folgen nicht aus ihnen.

12.4 Weiterführende Literatur

Ausgehend von einer Axiomatisierung von Mittelwerten von Aczél (1948; siehe auch 1961, Kap. 6) wurden die Bisymmetrie-Strukturen von Pfanzagl (1959a, b; 1968, Kap. 6) entwickelt; siehe auch Kristof (1968b). Die in 12.2 gewählte Darstellung folgt der von Krantz, Luce, Suppes & Tversky (1971, Kap. 6). Eine endliche Bisymmetrie-Struktur formulierte Suppes (1972a). Für die Messung der Länge und der Dichte entwickelte Burke (1970) Bisymmetrie-Strukturen. Bisymmetrie-Strukturen werden auch von Luce & Galanter (1963), Schneeweiß (1963), Kristof (1967b), Thiel (1967, Kap. 2), Kannegießer (1968), Luce (1968a) und Coombs, Dawes & Tversky (1970, Kap. 2) dargestellt.
Zur Methode der Mittenbildung siehe man z. B. Müller (1878, §§ 31–35 und 57–58), Titchener (1905, §§ 28–30), Guilford ([2]1954, Kap. 9), Torgerson (1958, Kap. 6) und Pfanzagl (1968, Kap. 7).

12.5 Fragen

1. Eine Eigenschaft erfülle die Axiome einer Ordnungs-, einer extensiven und einer Bisymmetrie-Struktur. Auf welchem Skalenniveau ist diese Eigenschaft meßbar? Kennen Sie Beispiele für derartige Eigenschaften?
2. In einem Mittenbildungs-Experiment zur Messung der (subjektiven) Tonhöhe wurde festgestellt, daß die Mittenbildungstöne bei aufsteigender Darbietungsfolge der Töne (der tiefere Ton wird zuerst dargeboten) stets höher sind als bei absteigender Darbietungsfolge (der höhere Ton wird zuerst dargeboten). Welche Annahme wurde hiermit getestet? Spricht dieses Ergebnis gegen die empirische Erfüllung der Bisymmetrie-Struktur?
3. Auf der Menge $\mathbb{R}^+$ sei $\circ$ die Bildung des geometrischen Mittelwerts (d. h. $a\circ b=\sqrt{ab}$). Ist das Relativ $\langle \mathbb{R}^+, \geqslant, \circ \rangle$ eine Bisymmetrie-Struktur?

13. Differenzen-Meßstrukturen

13.1 Allgemeine Beschreibung

In den beiden vorigen Kapiteln wurden Meßstrukturen dargestellt, die eine binäre Operation enthalten. Für viele Eigenschaften in den Sozialwissenschaften kann jedoch keine empirische Operation angegeben werden, für die Aussicht besteht, daß die betreffenden Axiome erfüllt sein könnten. Dieser Sachverhalt wird in den Differenzen-Strukturen berücksichtigt, die keinerlei empirische Operation erfordern, aber dennoch zur Messung auf einer Intervallskala führen.
Grundbegriffe einer Differenzen-Struktur sind eine Menge A und eine *vierstellige* Relation auf A. Diese vierstellige Relation ist zu interpretieren als »die Differenz (oder das Intervall)

zwischen a und b ist mindestens so groß wie die Differenz (oder das Intervall) zwischen c und d«. Bisweilen kann sie auch interpretiert werden als »das Verhältnis von a zu b ist mindestens so groß wie das von c zu d«. Diese vierstellige Relation zwischen Elementen aus A kann als eine Ordnungsrelation zwischen Paaren von Elementen aus A, also als eine *zweistellige* Relation $\succsim$ auf $A \times A$, betrachtet werden. Das empirische Relativ $\langle A \times A, \succsim \rangle$ einer Differenzen-Struktur besteht aus dem kartesischen Produkt einer Menge A und einer binären Relation auf $A \times A$. Die Elemente von $A \times A$ (also Paare von Elementen aus A) werden kurz mit ab, cd, ac usw. bezeichnet; sie sind zu interpretieren als »Differenz (Intervall) zwischen a und b« bzw. als »Verhältnis von a zu b« usw. Hierbei wird zwischen ab und ba unterschieden (entsprechend den numerischen Differenzen $a-b$ und $b-a$).

Differenzen-Strukturen wurden ursprünglich für die Nutzenmessung entwickelt, bieten jedoch wesentlich allgemeinere Anwendungsmöglichkeiten, da sich Differenzen oder auch Verhältnisse von Merkmalsausprägungen in vielen Bereichen angeben oder ermitteln lassen.

13.2 Darstellung einer Differenzen-Struktur

Definition: Es seien A eine nichtleere Menge, $A \times A$ das kartesische Produkt von A und $\succsim$ eine binäre Relation auf $A \times A$ (d. h. eine vierstellige Relation auf A). Das Relativ $\langle A \times A, \succsim \rangle$ ist eine *algebraische Differenzen-Struktur* gdw für alle $a, b, c, d, e, f \in A$ die folgenden 5 Axiome erfüllt sind:

A 1. $\succsim$ ist transitiv und konnex, d. h. $\langle A \times A, \succsim \rangle$ ist eine schwache Ordnung;

A 2. wenn $ab \succsim cd$, dann $dc \succsim ba$; (Vorzeichen-Umkehr-Axiom)

A 3. wenn $ab \succsim de$ und $bc \succsim ef$, dann $ac \succsim df$; (schwache Monotonie)

A 4. wenn $ab \succsim cd \succsim aa$, dann gibt es Elemente $d_1, d_2 \in A$ derart, daß gilt $ad_1 \sim cd \sim d_2 b$; (Lösbarkeit)

A 5. jede streng beschränkte Standardfolge ist endlich (eine Folge von Elementen a_i aus $A (i = 1, 2, \dots)$ heißt streng beschränkte Standardfolge, wenn für alle a_i, $a_{i+1} \in A$ gilt: (1) $a_{i+1} a_i \sim a_2 a_1$; (2) nicht $(a_2 a_1 \sim a_1 a_1)$; (3) es gibt $b, c \in A$ derart, daß $bc \succ a_i a_1 \succ cb$). (Archimedisches Axiom)

Theorem 1: Ist $\langle A \times A, \succsim \rangle$ eine algebraische Differenzen-Struktur, dann existiert eine reelle Funktion φ auf A derart, daß für alle $a, b, c, d \in A$ gilt:

$ab \succsim cd$ gdw $\varphi(a) - \varphi(b) \geqslant \varphi(c) - \varphi(d)$.

Erfüllt eine andere reelle Funktion φ' ebenfalls diese Eigenschaft, dann existieren reelle Zahlen u und v $(u > 0)$ derart, daß $\varphi'(a) = u\varphi(a) + v$ gilt; d. h. φ ist eindeutig bis auf positiv lineare Transformationen, d. h. eine Intervallskala.

Zusatz: Ist $\langle A \times A, \succsim \rangle$ eine algebraische Differenzen-Struktur, und ist φ die in Theorem 1 genannte Funktion, dann führt die Funktion $\psi = e^{\varphi}$ zu einer Verhältnis-Repräsentation, d. h. für alle $a, b, c, d \in A$ gilt:

$$ab \succsim cd \quad \text{gdw} \quad \frac{\psi(a)}{\psi(b)} \geqslant \frac{\psi(c)}{\psi(d)}.$$

Bemerkung: Dies bedeutet, daß die Repräsentation einer algebraischen Differenzen-Struktur auch durch Verhältnisse statt durch Differenzen reeller Zahlen ausgedrückt werden kann. Die Skala ψ ist eindeutig bis auf Potenz-Transformationen $\psi'(a) = w[\psi(a)]^z$, also eine Log-Intervallskala. Bei dieser Wahl der Repräsentation ist ab als »Verhältnis von a zu b« zu interpretieren.

Theorem 2: Es seien $\langle A \times A, \succsim_1 \rangle$ und $\langle A \times A, \succsim_2 \rangle$ zwei algebraische Differenzen-Strukturen mit unterschiedlichen $\succsim_1$ und $\succsim_2$ auf $A \times A$. Wenn für alle $a, b, c, e, f, g \in A$ die beiden Axiome

1. $ab \succsim_1 aa$ gdw $ab \succsim_2 aa$; und
2. wenn $ae \sim_2 bf \sim_2 cg$, dann $ab \succsim_1 bc$ gdw $ef \succsim_1 fg$

erfüllt sind, dann existiert eine Verhältnisskala φ derart, daß für alle $a, b, c, d \in A$ gilt:

1. $ab \succsim_1 cd$ gdw $\varphi(a) - \varphi(b) \geqslant \varphi(c) - \varphi(d)$;
2. $ab \succsim_2 cd$ gdw $\dfrac{\varphi(a)}{\varphi(b)} \geqslant \dfrac{\varphi(c)}{\varphi(d)}$.

13.3 Erläuterung der Differenzen-Struktur und Hinweise für ihre Anwendung

Bei der Anwendung von Differenzen-Strukturen werden nicht einzelne Elemente einer Menge A, sondern Paare von Elementen aus A betrachtet. Diese Paare werden als Differenzen (bzw. Intervalle) zwischen Elementen aus A interpretiert. Die Relation $\succsim$ ist hierbei keine Ordnung von Elementen aus A, sondern eine Ordnung von Differenzen (Intervallen) zwischen Elementen aus A. Differenzen-Strukturen sind also immer dann anwendbar, wenn sich Differenzen oder Intervalle empirisch angeben und ordnen lassen. Dieses können z. B. Bevorzugungs-Intervalle auf einer Menge A von Getränken sein. Dann bedeutet $ab \succsim cd$ »meine Bevorzugung von Bier über Wein ist mindestens so groß wie die von Kaffee über Tee«, wenn a Bier, b Wein, c Kaffee und d Tee bezeichnen. Weitere Beispiele sind Helligkeits-, Lautstärke-, Nutzen- und Risiko-Intervalle.

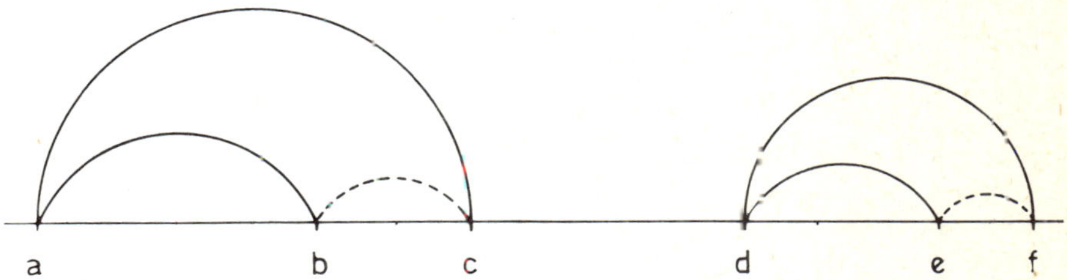

Abb. 4: Graphische Darstellung des Axioms der schwachen Monotonie. Es fordert, daß $ac \succsim df$, wenn $ab \succsim de$ und $bc \succsim ef$.

Das Axiom A1 einer Differenzen-Struktur besagt, daß sich Differenzen schwach ordnen lassen. Das Axiom A2 wird aus folgendem Grund als »Vorzeichen-Umkehr-Axiom« bezeichnet. Ist ab eine positive Differenz, dann ist ba eine negative Differenz; ab und ba sind als Intervalle entgegengesetzter Richtung zu betrachten. Das Axiom besagt, daß sich die »Ungleichung« $ab \succsim cd$ umkehrt, wenn die Richtung der Intervalle (oder das »Vorzeichen« der Differenzen) ab und cd umgekehrt wird. Dies sei an einem Zahlenbeispiel verdeutlicht. Es seien $a = 10$, $b = 2$, $c = 7$ und $d = 5$. Nun gilt $ab \geqslant cd$ (weil $a - b = 8 \geqslant 2 = c - d$) und $dc \geqslant ba$ (weil $d - c = -2 \geqslant -8 = b - a$). An diesem Axiom wird deutlich, daß die Menge $A \times A$ sowohl positive Differenzen (ab) als auch negative (ba) enthält. Das Axiom A3 (schwache Monotonie) ist in Abbildung 4 graphisch dargestellt. Es fordert, daß ein aus zwei Teilintervallen bestehendes Intervall (ac) mindestens so groß ist wie ein anderes zusammengesetztes Intervall (df), wenn die Teilintervalle des ersteren (ab und bc) mindestens so groß wie die des zweiten Intervalls (de und ef) sind.

Die Axiome A1 bis A3 sind notwendige und testbare Axiome. Dagegen sind die Axiome A4 und A5 nicht testbar. Das Lösbarkeitsaxiom fordert die Existenz von Elementen d_1 und d_2, so daß die Intervalle ad_1 und d_2b ebenso groß wie das Intervall cd sind, wenn $ab \gtrsim cd$ gilt und cd positiv ist ($cd \gtrsim aa$). Das Archimedische Axiom entspricht dem in den vorigen Kapiteln und erfordert lediglich eine für Differenzen-Strukturen geeignete Definition einer Standardfolge.

Können die Axiome A1 bis A3 in einem Experiment bestätigt werden, und nimmt man die Axiome A4 und A5 als erfüllt an, dann ist die Eigenschaft, hinsichtlich der die Differenzen verglichen wurden, nach dem Theorem 1 in 13.2 auf Intervallskalenniveau meßbar. In diesem Theorem handelt es sich um eine Differenzen-Repräsentation, d.h. die Paare ab aus $A \times A$ werden in Differenzen von reellen Zahlen, $\varphi(a)-\varphi(b)$, abgebildet. In 13.2 wurde angeführt, daß es eine hiermit gleichwertige Verhältnis-Repräsentation gibt, bei der die Paare ab in Verhältnisse reeller Zahlen abgebildet werden. Zwischen einer Differenzen-Repräsentation φ und einer Verhältnis-Repräsentation ψ besteht die Beziehung $\psi = e^{\varphi}$ bzw. $\varphi = \ln \psi$ (sofern $\psi(a)$ für alle $a \in A$ positiv ist).

Dieser Sachverhalt ist in all den Fällen von praktischer Bedeutung, in denen von Versuchspersonen sowohl Differenzen als auch Verhältnisse verglichen werden können, wie es zum Beispiel in der Psychophysik möglich ist. Führen Beurteilungen von Empfindungsintervallen und von Empfindungsverhältnissen (bei derselben Sinnesmodalität) zu derselben Ordnung $\gtrsim$ (und sind die Axiome erfüllt), dann erhält man zwei verschiedene Skalen φ und ψ, eine Intervall- und eine Log-Intervallskala, die in der genannten Beziehung zueinander stehen. Empirische Befunde (siehe Garner, 1954; Torgerson, 1960; 1961; 1967) sprechen dafür, daß dies in der Psychophysik häufig der Fall ist. Dies würde bedeuten, daß die unterschiedlichen Instruktionen die Antworten der Versuchspersonen bezüglich $\gtrsim$ nicht beeinflussen.

Für den Fall, daß die beiden verschiedenen Instruktionen zu unterschiedlichen Ordnungsrelationen $\gtrsim_1$ und $\gtrsim_2$ (auf derselben Menge $A \times A$) führen, sind in Theorem 2 zwei Bedingungen für die Existenz einer einzigen Skala angegeben, die eine Differenzen-Repräsentation für $\gtrsim_1$ und gleichzeitig eine Verhältnis-Repräsentation für $\gtrsim_2$ ist. Diese gemeinsame Skala φ ist eine Verhältnisskala. In diesem Fall würden sich Versuchspersonen je nach Instruktion tatsächlich so verhalten, als würden sie numerische Differenzen bzw. Verhältnisse schätzen.

Es ist häufig bezweifelt worden, daß Versuchspersonen in der Lage seien, »wahre« Empfindungsdifferenzen und -verhältnisse zu beurteilen. Aus diesem Grunde wurde die Angemessenheit der »direkten Skalierungsverfahren«, insbesondere der Intervall- und Verhältnisschätzung und -herstellung, häufig in Frage gestellt. Mit den Differenzen-Strukturen liegt ein Mittel vor, diese Annahmen empirisch zu prüfen. Gleichzeitig kann geprüft werden, ob die Annahme einer Intervall- bzw. Verhältnisskala aufgrund dieser Verfahren berechtigt ist.

Neben der algebraischen gibt es weitere Differenzen-Strukturen, die für andere Arten von Intervallurteilen anwendbar sind. Eine *positive Differenzen-Struktur* ist angemessen, wenn nur Intervalle gleicher Richtung (positive Differenzen) empirisch erhoben werden. Für eine *absolute Differenzen-Struktur* sind (positive und negative) Differenzen allein nach ihrer absoluten Größe zu vergleichen. Hierbei werden Paare aus $A \times A$ durch die Beträge von Differenzen reeller Zahlen repräsentiert. Ein Beispiel für absolute Differenzenurteile ist: »der Unterschied zwischen Kindesmißhandlung und Ladendiebstahl ist (bezüglich der Schwere der Straftat) mindestens so groß wie der zwischen Mord und Totschlag«. Eine *bedingte absolute Differenzen-Struktur* wurde für den Fall entwickelt, daß nur Intervalle mit einem gemeinsamen Endpunkt miteinander verglichen werden. Dies gilt z. B. für die Methode der Triaden und für die der multiplen Rangordnungen (siehe Torgerson, 1958, Kap. 11; Coombs, 1964, Kap. 2; Sixtl, 1967, Kap. 6). Diese Meßstruktur eignet sich auch zur Analyse bedingter Nähematrizen, die sich z. B. aus Experimenten zur vollständigen Reizidentifikation ergeben (siehe Luce, 1963). Auch ist eine Interpretation für einen Spezialfall des Entfaltungs-Verfahrens (»unfolding«) von Coombs (1950; 1952, Kap. 7; 1953; 1964, Kap. 5; 1967) möglich.

In der *endlichen gleichabständigen Differenzen-Struktur* wird gefordert, daß je zwei auf einem Reizkontinuum benachbarte Reize subjektiv den gleichen Abstand haben. Dies bedingt eine entsprechende Reizauswahl bei der Anwendung. Davidson, Suppes & Siegel (1957, Kap. 2) wendeten eine von Davidson & Suppes (1956) entwickelte endliche Differenzen-Struktur für die Nutzenmessung an, die außerdem Axiome für die Messung subjektiver Wahrscheinlichkeiten enthält. Weitere Experimente zur Konstruktion von Nutzenskalen führten Mosteller & Nogee (1951), Edwards (1955), Hurst & Siegel (1956) und Siegel (1956) durch.

Eine Verallgemeinerung der algebraischen Differenzen-Struktur ist die von Krantz (1972a) entwickelte *intermodale Verhältnis-Struktur*, die als meßtheoretische Begründung der intermodalen Angleichung (»cross-modality matching«) zu betrachten ist. Hierbei ist ein Reiz eines Empfindungskontinuums hinsichtlich seiner Intensität einem vorgegebenen Reiz eines anderen Empfindungskontinuums anzugleichen (siehe z. B. Stevens, 1957 1959a; 1960a, b; 1966b; 1971; J. C. Stevens, Mack & Stevens, 1960).

Die Paare ab aus $A \times A$ können auch interpretiert werden als Wahrscheinlichkeiten $p(a,b)$, mit denen Reiz a bei Paarvergleichen zwischen zwei Reizen a und b gewählt wird. Eine geeignete Repräsentation ist $p(a,b) \geqslant p(c,d)$ gdw $\varphi(c)-\varphi(b) \geqslant \varphi(c)-\varphi(d)$. Entsprechende Skalierungsverfahren sind das Gesetz des Vergleichsurteils von Thurstone (1927a, b) und das BTL-Modell von Bradley & Terry (1952) und Luce (1959a); siehe auch Torgerson (1958, Kap. 9), Suppes & Zinnes (1963), Coombs (1964, Kap. 17), Sixtl (1967, Kap. 5), Bock & Jones (1968), Pfanzagl (1959b; 1968, Kap. 11). Als spezielle Anwendung des Paarvergleichs kann die Methode der eben-merklichen Unterschiede betrachtet werden (Fechner, 1860; Luce & Edwards, 1958; Pfanzagl, 1962; 1968, Kap. 11; Luce & Galanter, 1963). Von einer analogen Interpretation gehen die Arbeiten zur Wahlhandlungstheorie (»choice theory«) aus (siehe Debreu, 1958; Luce, 1959a; Restle, 1961; Suppes, 1961; Becker, DeGroot & Marschak, 1963; Luce & Suppes, 1965).

Differenzen-Strukturen sind u. a. dort anwendbar, wo es die genannten Skalierungsverfahren sind. Daß dennoch erst wenige Untersuchungen vorliegen, in denen Axiome von Differenzen-Strukturen geprüft wurden, liegt zum Teil an dem häufig vertretenen Standpunkt, daß Intervall- oder Verhältnisskalen allein dadurch erhalten werden, daß Versuchspersonen Differenzen oder Verhältnisse schätzen. Diese Ansicht ist jedoch falsch. Eine bestimmte Instruktion oder Methode der Datenerhebung allein führt niemals zu einem bestimmten Skalentyp; in jedem Fall müssen die erhaltenen Daten (Urteile von Versuchspersonen) bestimmte Bedingungen erfüllen. Die Axiome von Meßstrukturen sind derartige Bedingungen.

13.4 Weiterführende Literatur

Differenzen-Strukturen entwickelten Hölder (1901; 1924, Abschn. 3), Wiener (1921), Lange (1933/34), Alt (1936), Suppes & Winet (1955), Davidson & Suppes (1956), Gerlach (1957), Debreu (1958; 1960), Scott & Suppes (1958), Pfanzagl (1959b; 1968, Kap. 8, 9) und Krantz, Luce, Suppes & Tversky (1971, Kap. 4).

Die Darstellung in 13.2 folgt der letztgenannten Arbeit. Dort sind auch die anderen erwähnten Differenzen-Strukturen dargestellt. Darstellungen einzelner Differenzen-Strukturen geben auch Suppes (1957, Kap. 12), Block & Marschak (1960), Chipman (1960), Schneeweiß (1963), Suppes & Zinnes (1963), Luce & Suppes (1965), Kristof (1967a; 1969, Kap. 3), Luce (1968a) und Fishburn (1970c, Kap. 6; 1970d).

13.5 Fragen

1. Die Relation $\gtrsim$ in Differenzen-Strukturen kann auch bezüglich der Ähnlichkeit interpretiert werden. »Die Zeitungen *c* und *d* sind mindestens so ähnlich wie die Zeitungen *a* und *b*« kann formal als $ab \gtrsim cd$ geschrieben werden. Welche Differenzen-Strukturen eignen sich für die Anwendung auf Ähnlichkeitsurteile?
2. Wieviele Differenzen lassen sich zwischen *n* Reizen bilden, a) wenn zwischen *ab* und *ba* nicht unterschieden wird, b) wenn zwischen *ab* und *ba* unterschieden wird? Wieviele Paarvergleiche von Differenzen sind in beiden Fällen möglich?
3. Wieviele Paarvergleiche von Intervallen sind zwischen *n* Reizen möglich, wenn nur Intervalle mit einem gemeinsamen Endpunkt miteinander verglichen werden? Vergleichen Sie diese Anzahl mit denen aus Frage 2a) und 2b) für $n=10$.

14. Additiv-verbundene Meßstrukturen

14.1 Allgemeine Beschreibung

Die Anwendbarkeit der bisher dargestellten Meßstrukturen ist — trotz der Vielzahl der genannten Anwendungsmöglichkeiten — in zweierlei Hinsicht eingeschränkt. Einerseits sind die bisher erörterten Meßstrukturen im allgemeinen nur für die Messung eindimensionaler Eigenschaften geeignet, d. h. für Eigenschaften, die von anderen Merkmalen desselben Eigenschaftsträgers unabhängig sind. Die Anwendung dieser Meßstrukturen auf mehrdimensionale Eigenschaften ist selbstverständlich nicht ausgeschlossen, jedoch sind häufig Verletzungen von Axiomen, wie z. B. der Transitivität (vgl. 10.3), zu erwarten. Zum anderen erfordert die Anwendung der bisher dargestellten Meßstrukturen, die zu höherem als Ordinalskalenniveau führen, vom Beobachter oder Beurteiler ein gewisses Maß an »metrischer« Information, wie z. B. die Fähigkeit zur Beurteilung von Differenzen. Hinsichtlich welcher Eigenschaften diese Fähigkeit angenommen werden darf, ist eine empirische Frage und kann durch die Anwendung der erörterten Meßstrukturen untersucht werden.
Verbundene Meßstrukturen (»conjoint measurement structures«) dienen der Messung auch mehrdimensionaler Eigenschaften und erfordern für die Anwendung keinerlei »metrische« Information, sondern lediglich ordinale Urteile. Eine mehrdimensionale Eigenschaft setzt sich aus mehreren anderen, zusammenwirkenden Eigenschaften, ihren *Komponenten* (oder: *Dimensionen*, *Faktoren*) zusammen; umgekehrt bildet das Zusammenwirken oder die Verbindung mehrerer Eigenschaften eine mehrdimensionale Eigenschaft.
Die Messung derart miteinander verbundener Eigenschaften bezeichnet man als *verbundene Messung* und die ihr zugrundeliegenden Meßstrukturen als *verbundene Meßstrukturen*. Man spricht auch von *simultaner Messung*, da die mehrdimensionale Eigenschaft und ihre einzelnen Komponenten gleichzeitig (simultan) gemessen werden. Hierzu brauchen die einzelnen Dimensionen lediglich auf Nominalskalenniveau vorzuliegen.

Grundlegend für verbundene Meßstrukturen ist neben der Anzahl der Komponenten vor allem die Art ihres Zusammenwirkens. Eine Möglichkeit ist das *additive* Zusammenwirken mehrerer Komponenten zu einer mehrdimensionalen Eigenschaft. In diesem Fall spricht man von *additiv-verbundener Messung* und *additiv-verbundenen Meßstrukturen.*

Im folgenden werden additiv-verbundene Strukturen für den Fall zweier Komponenten erläutert und hierfür einige Bezeichnungsweisen eingeführt. Es seien $\mathfrak{a}$ eine zweidimensionale Eigenschaft und $\mathfrak{a}_1$ und $\mathfrak{a}_2$ ihre beiden Komponenten. Die Menge der Dinge, die Träger der Eigenschaft $\mathfrak{a}$ sind, wird mit A bezeichnet; A_1 und A_2 seien Mengen von Dingen, die die Eigenschaft $\mathfrak{a}_1$ bzw. $\mathfrak{a}_2$ haben. Elemente aus A_1 werden mit $a_1, b_1, c_1, \ldots$ usw. und Elemente aus A_2 mit $a_2, b_2, c_2, \ldots$ usw. bezeichnet. Ein Element aus A ist Träger der Eigenschaft $\mathfrak{a}$, die sich aus den Komponenten $\mathfrak{a}_1$ und $\mathfrak{a}_2$ zusammensetzt, und läßt sich als ein Paar von Elementen aus A_1 und A_2 darstellen, d.h. $(a_1, a_2) \in A$. Die Menge A läßt sich entsprechend als kartesisches Produkt von A_1 und A_2 darstellen, d.h. $A = A_1 \times A_2$. Wie im vorigen Kapitel wird für Paare (a_1, a_2), (b_1, b_2), $(a_1, b_2), \ldots$ usw. die kürzere Schreibweise $a_1 a_2$, $b_1 b_2$, $a_1 b_2, \ldots$ usw. verwendet. Ein additives Zusammenwirken der Komponenten $\mathfrak{a}_1$ und $\mathfrak{a}_2$ bedeutet, daß die Meßwerte $\varphi(a_1 a_2)$ von Elementen aus A gleich sind der Summe der Meßwerte der entsprechenden Elemente aus A_1 und A_2, d.h. $\varphi(a_1 a_2) = \varphi_1(a_1) + \varphi_2(a_2)$.
Das empirische Relativ einer additiv-verbundenen Meßstruktur besteht — im Falle zweier Komponenten — aus einer Menge A_1, die die Dinge oder Objekte enthält, die die Eigenschaft $\mathfrak{a}_1$ haben, und einer Menge A_2 mit den Dingen, die Träger der Eigenschaft $\mathfrak{a}_2$ sind, sowie einer binären Relation $\gtrsim$ auf $A = A_1 \times A_2$. Das Relativ lautet also $\langle A_1, A_2, \gtrsim \rangle$. Die Ordnungsrelation $\gtrsim$ besteht hinsichtlich der zweidimensionalen Eigenschaft $\mathfrak{a}$ und resultiert aus dem additiven Zusammenwirken der Komponenten $\mathfrak{a}_1$ und $\mathfrak{a}_2$. Die Repräsentation der additiv-verbundenen Struktur lautet:
$a_1 a_2 \gtrsim b_1 b_2$ gdw $\varphi_1(a_1) + \varphi_2(a_2) \geqslant \varphi_1(b_1) + \varphi_2(b_2)$.
φ_1 und φ_2 sind Intervallskalen der Eigenschaften $\mathfrak{a}_1$ und $\mathfrak{a}_2$ und bestimmen die Intervallskala φ (für die Eigenschaft $\mathfrak{a}$) aufgrund der Beziehung $\varphi(a_1 a_2) = \varphi_1(a_1) + \varphi_2(a_2)$. Additiv-verbundene Strukturen dienen nicht nur der Messung einer mehrdimensionalen Eigenschaft und ihrer Komponenten, sondern auch der Feststellung eines additiven Zusammenwirkens von Eigenschaften.
Eine weitere Möglichkeit des Zusammenwirkens einzelner Komponenten zu einer mehrdimensionalen Eigenschaft ist das *multiplikative* Zusammenwirken. Zwei Komponenten heißen *multiplikativ-verbunden*, wenn die Meßwerte $\varphi(a_1 a_2)$ von Elementen aus A gleich sind dem Produkt der Meßwerte der entsprechenden Elemente aus A_1 und A_2, d.h. wenn $\varphi(a_1 a_2) = \varphi_1(a_1) \cdot \varphi_2(a_2)$. In diesem Fall spricht man von *multiplikativ-verbundener Messung* und *multiplikativ-verbundenen Meßstrukturen.*
Ein Anwendungsbeispiel für additiv- (oder multiplikativ-) verbundene Strukturen ist die Beurteilung von Schulaufsätzen ($\mathfrak{a}$) mit den Komponenten »Inhaltliche Darstellung« ($\mathfrak{a}_1$) und »sprachlicher Ausdruck« ($\mathfrak{a}_2$).

14.2 Darstellung einer additiv-verbundenen Meßstruktur

Definition: Es seien A_1 und A_2 nichtleere Mengen und $\gtrsim$ eine binäre Relation auf $A_1 \times A_2 = A$. Das Relativ $\langle A_1, A_2, \gtrsim \rangle$ ist eine *(zweidimensionale) additiv-verbundene Struktur* gdw die folgenden 6 Axiome für alle $a_1, b_1, c_1 \in A_1$ und für alle $a_2, b_2, c_2 \in A_2$ erfüllt sind:

A1. $\gtrsim$ ist transitiv und konnex, d. h. $\langle A_1 \times A_2, \gtrsim \rangle$ ist eine schwache Ordnung;

A2. wenn $a_1 a_2 \gtrsim b_1 a_2$, dann $a_1 b_2 \gtrsim b_1 b_2$; und wenn $a_1 a_2 \gtrsim a_1 b_2$, dann $b_1 a_2 \gtrsim b_1 b_2$; (Unabhängigkeit)

A3. wenn $a_1 b_2 \sim b_1 c_2$ und $b_1 a_2 \sim c_1 b_2$, dann $a_1 a_2 \sim c_1 c_2$; (Thomsen-Bedingung)

A4. es existieren $a_1, b_1 \in A_1$ und $a_2 \in A_2$ derart, daß nicht $(a_1 a_2 \sim b_1 a_2)$; das Analoge gilt für die andere Komponente; (Wesentlichkeit)

A5. wenn $\bar{b}_1 b_2 \gtrsim a_1 a_2 \gtrsim \underline{b}_1 b_2$ (für alle $\bar{b}_1, \underline{b}_1 \in A_1$), dann existiert ein $b_1 \in A_1$ derart, daß $b_1 b_2 \sim a_1 a_2$; das Analoge gilt für die andere Komponente; (beschränkte Lösbarkeit)

A6. jede streng beschränkte Standardfolge ist endlich. (Es seien $\gtrsim_1$ und $\gtrsim_2$ schwache Ordnungen auf A_1 bzw. auf A_2. Eine Folge von Elementen a_{1i} $(i = 1,2,\ldots)$ aus A_1 heißt Standardfolge (in A_1), wenn Elemente $a_2, b_2 \in A_2$ existieren derart, daß für alle $i = 1,2,\ldots$ gilt: (1) nicht $(a_2 \sim_2 b_2)$; (2) $a_{1i} a_2 \sim a_{1i+1} b_2$. Entsprechend wird eine Standardfolge in A_2 definiert.) (Archimedisches Axiom)

Theorem: Es sei $\langle A_1, A_2, \gtrsim \rangle$ eine (zweidimensionale) additiv-verbundene Struktur. Dann existieren reelle Funktionen φ_1 und φ_2 derart, daß für alle $a_1, b_1 \in A_1$ und $a_2, b_2 \in A_2$ gilt:

$a_1 a_2 \gtrsim b_1 b_2$ gdw $\varphi_1(a_1) + \varphi_2(a_2) \geqslant \varphi_1(b_1) + \varphi_2(b_2)$.

Sind φ_1' und φ_2' zwei andere Funktionen, die diese Eigenschaft erfüllen, dann existieren reelle Zahlen u, v_1 und v_2 (mit $u > 0$) derart, daß gilt

$\varphi_1'(a_1) = u \cdot \varphi_1(a_1) + v_1$ und $\varphi_2'(a_2) = u \cdot \varphi_2(a_2) + v_2$,

d. h. φ_1 und φ_2 sind Intervallskalen mit derselben Einheit u.

Zusatz: Ist $\langle A_1, A_2, \gtrsim \rangle$ eine (zweidimensionale) additiv-verbundene Struktur und sind φ_1 und φ_2 die im obigen Theorem genannten Skalen, dann führen die Funktionen $\psi_1 = e^{\varphi_1}$ und $\psi_2 = e^{\varphi_2}$ zu einer multiplikativen Repräsentation, d. h. für alle $a_1, b_1 \in A_1$ und $a_2, b_2 \in A_2$ gilt:

$a_1 a_2 \gtrsim b_1 b_2$ gdw $\psi_1(a_1) \cdot \psi(a_2) \geqslant \psi_1(b_1) \cdot \psi_2(b_2)$.

Die Skalen ψ_1 und ψ_2 sind eindeutig bis auf die Potenz-Transformationen $\psi_1'(a_1) = w_1 [\psi_1(a_1)]^u$ bzw. $\psi_2'(a_2) = w_2 \cdot [\psi_2(a_2)]^u$, d. h. ψ_1 und ψ_2 sind Log-Intervallskalen mit demselben Exponenten u. (Die Konstante u ist mit dem u im obigen Theorem identisch; ferner gilt $v_1 = \ln w_1$ und $v_2 = \ln w_2$.)

14.3 Erläuterung der additiv-verbundenen Struktur und Hinweise für ihre Anwendung

Die Anwendung additiv-verbundener Strukturen ist möglich, wenn (1) eine Hypothese über das Zusammenwirken von Komponenten zu einer mehrdimensionalen Eigenschaft besteht, (2) eine Ordnungsrelation $\gtrsim$ hinsichtlich dieser Eigenschaft beobachtbar oder herstellbar ist, und (3) die Komponenten experimentell unabhängig voneinander realisierbar sind. Letzteres bedeutet, daß man ein Ding oder Objekt mit einer bestimmten Ausprägung auf der einen Komponenten ohne Berücksichtigung der anderen Komponente auswählen können muß. Mit anderen Worten heißt dies, daß für beliebige a_1 aus A_1 und a_2 aus A_2 $a_1 a_2$ ein experimentell realisierbares Objekt sein muß. Hierauf beruht die Auswahl der Reize, die den Versuchspersonen vorgelegt werden: wählt man z. B. drei Ausprägungen der Komponente $\mathfrak{a}_1$ (also drei Elemente a_1, b_1 und c_1 aus A_1) und vier Ausprägungen von $\mathfrak{a}_2$ (vier Elemente a_2, b_2, c_2 und d_2 aus A_2), dann enthält die Menge der Reize die $3 \cdot 4 = 12$ Elemente $a_1 a_2, b_1 a_2, c_1 a_2, a_1 b_2, \ldots$ usw. aus $A = A_1 \times A_2$. Diese 12 Reize werden von Versuchspersonen bezüglich der Eigenschaft $\mathfrak{a}$ paarweise verglichen oder gerangordnet. Die Reize können in einer Matrix dargestellt werden, bei der die Elemente aus

A_1 und A_2 die Zeilen und Spalten und die Elemente aus $A = A_1 \times A_2$ die Zellen bilden. Versuchsanordnungen dieser Art heißen *faktorielle Versuchspläne;* sie werden z. B. auch für Varianzanalysen verwendet. Die Komponenten einer mehrdimensionalen Eigenschaft werden häufig als *unabhängige Variablen* und die mehrdimensionale Eigenschaft als *abhängige Variable* bezeichnet.
Testbare Axiome einer (zweidimensionalen) additiv-verbundenen Struktur sind die notwendigen Axiome A 1 bis A 3 und das nicht-notwendige Axiom A 4. Nicht-testbar sind das nicht-notwendige Axiom A 5 und das notwendige Axiom A 6.
Die schwache Ordnung, Axiom A 1, wurde in 10.4 erläutert. Hier ist lediglich zu beachten, daß $\gtrsim$ eine schwache Ordnung hinsichtlich der mehrdimensionalen Eigenschaft ist. Das Axiom A 2 fordert die *Unabhängigkeit* der beiden Komponenten voneinander; es ist ein für alle verbundenen Meßstrukturen grundlegendes Axiom. Der erste Teil von A 2 besagt, daß die Komponente $\mathfrak{a}_1$ unabhängig ist von der Komponenten $\mathfrak{a}_2$. Gilt $a_1 a_2 \gtrsim b_1 a_2$ (mit einem beliebigen gemeinsamen Element a_2 aus A_2), dann soll die Rangordnung unbeeinflußt sein von der Wahl der Ausprägung von $\mathfrak{a}_2$, d. h. auch für jedes andere gemeinsame Element b_2 aus A_2 gelten (also $a_1 b_2 \gtrsim b_1 b_2$). In diesem Sinne soll $\mathfrak{a}_1$ unabhängig von $\mathfrak{a}_2$ sein. Der zweite Teil des Axioms A 2 fordert umgekehrt, daß $\mathfrak{a}_2$ unabhängig von $\mathfrak{a}_1$ ist. Die Bedingung der Unabhängigkeit ist in der Matrix in Abbildung 5 veranschaulicht. Hierbei bezeichnen Pfeile die Relation $\gtrsim$ (ein Pfeil von $a_1 a_2$ nach $b_1 a_2$ bedeutet $a_1 a_2 \gtrsim b_1 a_2$); die Prämissen des Axioms (»wenn…«) sind durch einfache Pfeile, die Folgerungen (»dann…«) durch Doppelpfeile dargestellt. Die vertikal gerichteten Pfeile veranschaulichen die Unabhängigkeit der Komponenten $\mathfrak{a}_1$ von $\mathfrak{a}_2$ und die horizontal gerichteten Pfeile die Unabhängigkeit der Komponenten $\mathfrak{a}_2$ von $\mathfrak{a}_1$.

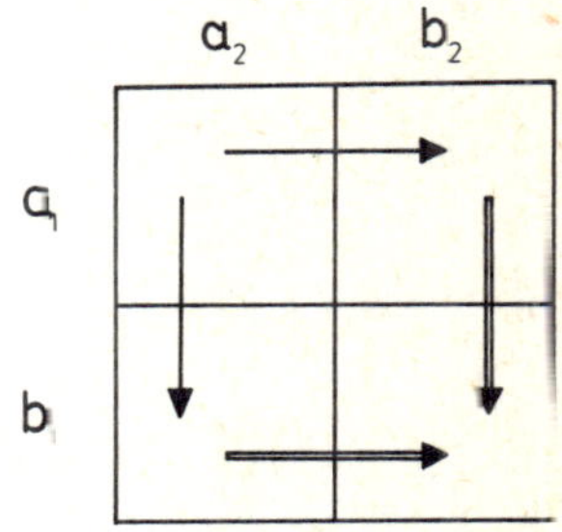

Abb. 5: Darstellung des Axioms der Unabhängigkeit zweier Komponenten voneinander in einer 2 × 2-Datenmatrix.

Die Unabhängigkeit von $\mathfrak{a}_1$ gegenüber $\mathfrak{a}_2$ ist für jede 2 × 2-Teilmatrix einer verwendeten $m \times n$-Matrix ($m \times n$-Versuchsplan) zu prüfen. In einer $m \times n$-Matrix gibt es $\binom{m}{2} \cdot \binom{n}{2} = \frac{m(m-1)}{2} \cdot \frac{n(n-1)}{2}$ 2 × 2-Teilmatrizen; in einer 3 × 4-Matrix gibt es also $\binom{3}{2} \cdot \binom{4}{2} = 3 \cdot 6 = 18$ 2 × 2-Teilmatrizen. In allen 2 × 2-Teilmatrizen ist ebenfalls die Unabhängigkeit von $\mathfrak{a}_2$ gegenüber $\mathfrak{a}_1$ zu prüfen. Das Axiom besagt, daß die Rangordnung der Zellen in jeder Zeile und in jeder Spalte der Matrix dieselbe ist. Deshalb kann die Unabhängigkeit auch durch die Berechnung eines Rangkorrelationskoeffizienten zwischen den Zeilen bzw. Spalten getestet werden. Es ist zu betonen, daß die Unabhängigkeit in diesem Zusammenhang genau das bedeutet, was im Axiom A2 ausgedrückt ist, und z. B. nicht, daß die beiden Komponenten unkorreliert sind.

Die Thomsen-Bedingung, Axiom A 3, ist ein weiteres für die gewünschte additive Repräsentation notwendiges Axiom. Es läßt sich ebenfalls in einer Matrix veranschaulichen (Abbildung 6).

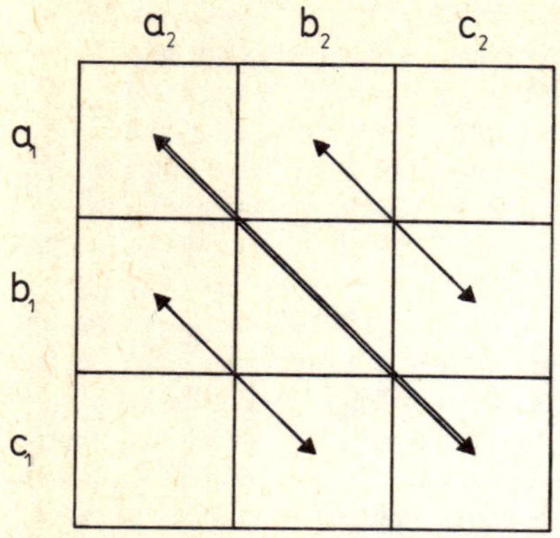

Abb. 6: Darstellung der Thomsen-Bedingung in einer 3 × 3-Datenmatrix.

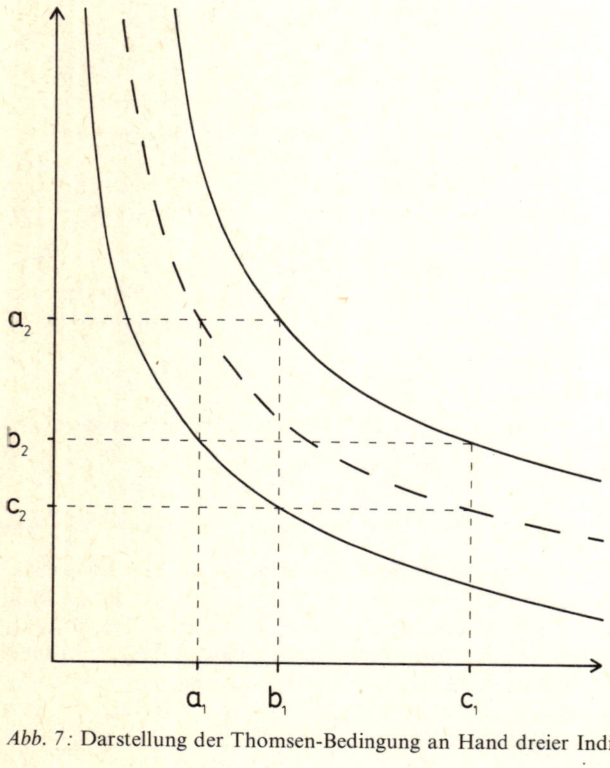

Abb. 7: Darstellung der Thomsen-Bedingung an Hand dreier Indifferenzkurven.

Die Indifferenzrelation $\sim$ ist hierbei durch zweiseitig gerichtete Pfeile dargestellt. Eine andere Darstellungsmöglichkeit des Axiom A3 kann aufgrund von *Indifferenzkurven* erfolgen. Betrachtet man die beiden Komponenten als Koordinaten eines Koordinatenkreuzes und die Elemente aus $A_1 \times A_2$ als Punkte, dann ist eine Indifferenzkurve die Menge der Punkte bzw. Elemente aus $A_1 \times A_2$, die als indifferent beurteilt wurden. Die Thomsen-Bedingung ist aufgrund von Indifferenzkurven in Abbildung 7 dargestellt. Liegen $a_1 b_1$ und $b_1 c_2$ und außerdem $b_1 a_2$ und $c_1 b_2$ auf je einer Indifferenzkurve, dann müssen nach Axiom A3 auch $a_1 a_2$ und $c_1 c_2$ auf einer Indifferenzkurve liegen. Diese letztere Kurve ist in Abbildung 7 gestrichelt gezeichnet.

Ersetzt man in der Thomsen-Bedingung die Indifferenzrelation $\sim$ durch die Ordnungsrelation $\gtrsim$, dann spricht man von dem Axiom der *Doppelaufhebung* (oder: *Doppelkürzung*; »double cancellation«). Der Name dieses Axioms erklärt sich wie folgt. Betrachtet man die beabsichtigte additive Repräsentation, dann führen die Prämissen des Axioms zu den beiden Ungleichungen

$$\varphi_1(a_1) + \varphi_2(b_2) \geqslant \varphi_1(b_1) + \varphi_2(c_2) \text{ und}$$
$$\varphi_1(b_1) + \varphi_2(a_2) \geqslant \varphi_1(c_1) + \varphi_2(b_2).$$

Addiert man beide Ungleichungen, dann heben sich die Summanden $\varphi_1(b_1)$ und $\varphi_2(b_2)$ auf (bzw. lassen sich kürzen), da sie auf beiden Seiten dieser neuen Ungleichung stehen. Man erhält so die Ungleichung

$$\varphi_1(a_1) + \varphi_2(a_2) \geqslant \varphi_1(c_1) + \varphi_2(c_2),$$

die der Folgerung im Axiom, $a_1 a_2 \gtrsim c_1 c_2$, entspricht. Diese Überlegungen zeigen gleichzeitig, daß die Doppelaufhebung ein (für die additive Repräsentation) notwendiges Axiom ist. (Es heißt *Doppel*aufhebung, weil es zwei Prämissen enthält.) Die Doppelaufhebung läßt sich in der Matrix in Abbildung 6 darstellen, wenn die zweiseitig gerichteten Pfeile durch einseitig gerichtete (in derselben Richtung) ersetzt werden. Die Thomsen-Bedingung ist ein Spezialfall der Doppelaufhebung und daher ein schwächeres Axiom. Die Doppelaufhebung folgt aus den in 4.2 angegebenen Axiomen.

Die Thomson-Bedingung ist (ebenso wie die Doppelaufhebung) in jeder 3×3-Teilmatrix einer $m \times n$-Matrix zu prüfen. In einer $m \times n$-Matrix gibt es

$$\binom{m}{3} \cdot \binom{n}{3} = \frac{m(m-1)(m-2)}{6} \cdot \frac{n(n-1)(n-2)}{6}$$

3×3-Teilmatrizen; in einer 3×4-Matrix also

$$\binom{3}{3} \cdot \binom{4}{3} = 1 \cdot 4 = 4 \quad 3 \times 3\text{-Teilmatrizen.}$$

Durch die Vertauschung der Zeilen und Spalten untereinander können in jeder 3×3-Matrix mehrere Tests möglich sein. Die Anzahl möglicher Tests ist davon abhängig, wie oft das Axiom erfüllt bzw. verletzt ist.

Das Axiom A4 besagt, daß die gewählten Komponenten »wesentlich« sind, d. h. überhaupt einen Einfluß auf die Rangordnung der mehrdimensionalen Eigenschaft haben. Das Lösbarkeitsaxiom A5 ist in einer geschwächten Form angegeben und daher als *beschränkte Lösbarkeit* bezeichnet worden. Ein *unbeschränktes Lösbarkeitsaxiom* würde lauten: sind von den vier Elementen $a_1, b_1 \in A_1$ und $a_2, b_2 \in A_2$ drei Elemente gegeben, dann existiert das vierte derart, daß gilt $a_1 a_2 \sim b_1 b_2$. Dies ist eine wesentlich strengere Annahme als das Axiom A5. Das Archimedische Axiom A6 wurde in Kapitel 4 erläutert; es gilt hier für jede Komponente.

Das Repräsentations- und Eindeutigkeitstheorem besagt, daß für jede der Eigenschaften $\mathfrak{a}_1, \mathfrak{a}_2$ und $\mathfrak{a}$ eine Intervallskala existiert $(\varphi_1, \varphi_2, \varphi)$, und daß die Komponenten $\mathfrak{a}_1$ und $\mathfrak{a}_2$ additiv zusammenwirken, wenn die Axiome A 1 bis A 6 erfüllt sind.

In dem Zusatz zum Theorem in 14.2 wurde angeführt, daß eine multiplikative Repräsentation einer additiven gleichwertig ist. Dies gilt jedoch nur, wenn die aufgrund der additiven Repräsentation erhaltenen Meßwerte nicht negativ sind, da anderenfalls die Transformation $\psi_i = e^{\varphi_i}$ bzw. $\varphi_i = \ln \psi_i$ $(i = 1,2)$ nicht möglich sind. Im Falle nicht negativer Meßwerte sind also die Axiome A 1 bis A 6 gleichzeitig die einer multiplikativ-verbundenen Struktur. Sind diese Axiome erfüllt, dann können die Komponenten auch als multiplikativ zusammenwirkend betrachtet werden, und es existieren Log-Intervallskalen ψ_1, ψ_2 und ψ für die Eigenschaften $\mathfrak{a}_1, \mathfrak{a}_2$ und $\mathfrak{a}$. Multiplikativ-verbundene Strukturen für den Fall negativer Meßwerte werden in Kapitel 15 erläutert.

Eine wichtige Eigenschaft verbundener Meßstrukturen ist, daß sie nicht nur die Feststellung der Meßbarkeit und die Messung der untersuchten Eigenschaften erlauben, sondern auch — in ebenso präziser Weise — der Untersuchung der Art des Zusammenwirkens von Komponenten dienen. Für viele Fragestellungen ist die Kenntnis des Zusammenhangs von Eigenschaften wichtiger als deren Messung.

Ein additiver Zusammenhang von Eigenschaften kann auch mit Hilfe der Varianzanalyse untersucht werden. Ergibt sich in einer Varianzanalyse keine signifikante Wechselwirkung zwischen den Variablen (Komponenten), dann kann die Additivität dieser Eigenschaften angenommen werden. Aus einer signifikanten Wechselwirkung folgt jedoch nicht, daß die betreffenden Eigenschaften nicht additiv zusammenwirken; denn eine Wechselwirkung kann durch zulässige Transformationen der Meßwerte der unabhängigen Variablen nichtsignifikant werden. Ein weiterer Unterschied zwischen der Varianzanalyse und verbundenen Meßstrukturen liegt darin, daß die Varianzanalyse die Messung der abhängigen Variable auf Intervallskalenniveau voraussetzt, während verbundene Strukturen lediglich Ordinalskalenniveau erfordern. Auch gestatten verbundene Strukturen die Untersuchung multiplikativer und komplexerer Zusammenhänge (s. Kapitel 15). Für andere Fragestellungen kann die Varianzanalyse jedoch nicht durch verbundene Strukturen ersetzt werden.

Die Anwendung verbundener Meßstrukturen erfordert nicht, daß alle in Betracht kommenden Komponenten einer mehrdimensionalen Eigenschaft gleichzeitig untersucht werden. Aus der Menge der mutmaßlichen Komponenten können zwei ausgewählt werden; andere Komponenten sind dann möglichst konstant zu halten. Für die Wahl der Komponenten und damit für die Hypothese ihres Zusammenwirkens spielt es keine Rolle, ob diese Hypothese durch andere Untersuchungen (z. B. aufgrund mehrdimensionaler Skalierungen oder Faktorenanalysen) nahegelegt wird oder bisher keinerlei empirische Grundlage hat.

Für jede Komponente sind mindestens drei Ausprägungen zu wählen, so daß sich die empirischen Objekte (Reize oder Personen) in einer mindestens 3×3-Matrix anordnen lassen. Je mehr Ausprägungen verwendet werden, desto mehr Tests der einzelnen Axiome sind möglich und desto zuverlässiger lassen sich die Ergebnisse verallgemeinern, aber desto umfangreicher wird auch die Datenerhebung. Stets sollten die Ausprägungen jeder Komponente so unterschiedlich sein, daß sie zu unterscheidbaren Ausprägungen von $\mathfrak{a}$ führen.

Die für die Anwendung verbundener Strukturen erforderlichen Schritte können wie folgt zusammengefaßt werden:

1. Wahl zweier Eigenschaften (Komponenten $\mathfrak{a}_1$ und $\mathfrak{a}_2$), deren Zusammenwirken zu einer dritten Eigenschaft $\mathfrak{a}$ untersucht werden soll. Es ist gleichgültig, ob dies gleiche oder verschiedene Eigenschaften sind und ob die Komponenten ein- oder mehrdimensional sind.

2. Wahl von Ausprägungen der Komponenten $\mathfrak{a}_1$ und $\mathfrak{a}_2$ derart, daß sich alle Kombinationen von je einer Ausprägung aus $\mathfrak{a}_1$ und $\mathfrak{a}_2$ experimentell realisieren lassen.
3. Die Anzahl der Ausprägungen jeder Komponente muß mindestens 3 sein. Es ist also ein mindestens 3×3-Versuchsplan mit 9 Reizen zu verwenden; allgemein ein $n_1 \times n_2$-Versuchsplan mit $n_1 \cdot n_2$ Reizen.
4. Herstellung der Reize, so daß jeder Reiz genau einer Zelle der $n_1 \times n_2$-Matrix entspricht.
5. Datenerhebung durch Beobachtung oder Herstellung einer empirischen Ordnungsrelation auf dieser Reizmenge. Es sind also Vergleiche der $n_1 \cdot n_2$ Reize hinsichtlich der Eigenschaft $\mathfrak{a}$ von jeder Versuchsperson zu erheben.
6. Die Anzahl der Versuchspersonen ist beliebig, da die Auswertung für jede Person getrennt erfolgen kann und soll.
7. Auswertung der Daten jeder Versuchsperson durch Prüfung der Axiome A1 bis A4. Die Auswertung sollte mit Hilfe eines Computer-Programms erfolgen, das für jedes Axiom die Anzahl möglicher Tests und deren Verletzungen und Bestätigungen ausgibt.
8. Die Ergebnisse besagen, für welche Versuchspersonen die Additivität von $\mathfrak{a}_1$ und $\mathfrak{a}_2$ sowie die Existenz von Intervallskalen für $\mathfrak{a}_1$, $\mathfrak{a}_2$ und $\mathfrak{a}$ wie gut (d.h. bis auf wieviele Axiomverletzungen) erfüllt sind. Vergleiche zwischen einzelnen Personen und Personengruppen sind möglich.
9. Wenn gewünscht, können für jede Versuchsperson, für die keine oder nur wenige Axiomverletzungen ermittelt wurden, Skalenwerte für die Eigenschaften $\mathfrak{a}_1$, $\mathfrak{a}_2$ und $\mathfrak{a}$ berechnet werden. Hierfür ist ein Computer-Programm zu verwenden, das ein System linearer Ungleichungen löst.

Auch für verbundene Strukturen bereitet es keine Schwierigkeiten, Programme für die Prüfung der zu testenden Axiome zu schreiben. Zur Berechnung der Skalenwerte veröffentlichten Tversky & Zivian (1966) und Hussain & Feger (1970) Programme.

Letzteres wurde von Feger (1970) in einer Untersuchung zur Beurteilung der Förderungswürdigkeit von Forschungsschwerpunkten verwendet. Das Programm beruht auf einem Algorithmus von Goode (1964) (siehe auch Coombs, 1967), der inzwischen von Phillips (1971) und McClelland & Coombs (1974) weiterentwickelt wurde. Einen Überblick über weitere Programme gibt Shepard (1972); zu den bekanntesten gehören das Programm Monanova zur monotonen Varianzanalyse von Kruskal (1965) und Kruskal & Carmone (1969) und die Programme CM-I bis CM-V aus der Guttman-Lingoes-Serie (siehe Lingoes, 1972; 1973). Auf weitere Programme, insbesondere zur Prüfung der Axiome, wird in 15.4 hingewiesen.

Für mehr als zwei Komponenten ist eine *n-dimensionale additiv-verbundene Struktur* $\langle A_1, \ldots, A_n, \gtrsim \rangle$ (mit $n \geqslant 3$) entwickelt worden, bei der $\gtrsim$ eine schwache Ordnung auf dem kartesischen Produkt von $A_1, \ldots, A_n$, d.h. auf $\bigtimes_{i=1}^{n} A_i$ ist. Als Verallgemeinerung von Axiom A2 wird hier gefordert, daß jede Teilmenge der Menge aller Komponenten unabhängig ist von jeder nicht in ihr enthaltenen Komponenten (und umgekehrt). Im Falle dreier Komponenten müssen z.B. $\mathfrak{a}_1$ und $\mathfrak{a}_2$ *gemeinsam unabhängig* sein von $\mathfrak{a}_3$. Dies bedeutet, daß die Rangordnung der Zellen in der $A_1 \times A_2$-Matrix für alle $a_3, b_3, \ldots$ dieselbe sein muß. Ebenso müssen $\mathfrak{a}_1$ und $\mathfrak{a}_3$ von $\mathfrak{a}_2$ sowie $\mathfrak{a}_2$ und $\mathfrak{a}_3$ von $\mathfrak{a}_1$ gemeinsam unabhängig sein. Dieses Axiom der gemeinsamen Unabhängigkeit wird in 15.4 näher erläutert. Das Lösbarkeits- und Archimedische Axiom sind Verallgemeinerungen der entsprechenden Axiome aus 14.2; ferner müssen mindestens drei Komponenten wesentlich sein. Die Thomsen-Bedingung braucht nicht als Axiom angeführt zu werden, da sie im Falle von mehr als zwei Komponenten aus den anderen Axiomen folgt.

Ein multiplikatives Zusammenwirken von Eigenschaften wurde bisher nur für den Fall nicht negativer Meßwerte betrachtet, da nur dann eine additive Repräsentation durch eine multiplikative ersetzt werden kann. Es kann jedoch sinnvoll sein, Dingen negative Skalenwerte zuzuordnen. Ein Beispiel ist das Cliffsche Gesetz (Cliff, 1959; Howe, 1962; Kristof, 1966; Stilson & Maroney, 1966). Es besagt, daß sich der positive oder negative Eindruck von Kombinationen aus quantifizierenden Adverbien (z. B. sehr, ziemlich, ein bißchen, wenig) und bewertenden Adjektiven (z. B. gut, angenehm, schlecht, böse) multiplikativ zusammensetzt aus der »Stärke« eines Adverbs und dem »Wert« eines Adjektivs. Zu bewertende Adverb-Adjektiv-Kombinationen sind z. B. »sehr gut«, »sehr angenehm«, »ziemlich gut«. Den Adjektiven sind außer einem Nullpunkt auch positive und negative Meßwerte zuzuordnen, da Adjektive wie »gut« und »schlecht« in Verbindung mit Adverbien zu gegensätzlichen Rangordnungen führen (»wenig schlecht« ist besser als »sehr schlecht«, aber »wenig gut« ist nicht besser als »sehr gut«). Multiplikativ-verbundene Strukturen, die negative Meßwerte zulassen, werden (für den Fall dreier Komponenten) in Kapitel 15 dargestellt. Sie enthalten anstelle der Unabhängigkeit das Axiom der *Vorzeichen-Abhängigkeit*. Dieses Axiom ist eine Verallgemeinerung der Unabhängigkeit und wird in 15.4 ausführlich erläutert.

Neben einem additiven und multiplikativen Zusammenwirken von Komponenten gibt es Fälle, in denen sich eine Eigenschaft als Differenz oder als Quotient zweier Komponenten darstellen läßt. Diese Arten des Zusammenwirkens unterscheiden sich jedoch grundsätzlich nicht von der additiven bzw. multiplikativen Art, da sich $\varphi = \varphi_1 - \varphi_2$ als $\varphi = \varphi_1 + (-\varphi_2)$ und $\varphi = \frac{\varphi_1}{\varphi_2}$ als $\varphi = \varphi_1 \cdot \frac{1}{\varphi_2}$ formulieren lassen.

Die Prüfung der Axiome bleibt hiervon unbeeinflußt. Andererseits folgt aus dieser Überlegung, daß man anstelle von $\varphi = \varphi_1 + \varphi_2$ auch z. B. $\varphi_1 = \varphi - \varphi_2$ mit additiv-verbundenen Strukturen untersuchen kann. Dies bedeutet, daß die Wahl einer Eigenschaft als abhängige oder unabhängige Variable beliebig ist und allein aufgrund experimentaltechnischer (oder konventioneller) Überlegungen getroffen werden kann.

Additiv- oder multiplikativ-verbundene Strukturen sind auch dann anwendbar, wenn eine nicht-additive Verknüpfung von Eigenschaften in eine additive oder multiplikative umgeformt werden kann. Z. B. läßt sich die Gleichung $\varphi = \varphi_1 + \varphi_2 + \varphi_1 \cdot \varphi_2$ umformen in $\varphi + 1 = (\varphi_1 + 1)(\varphi_2 + 1)$, also in eine multiplikative Verknüpfung. Ein weiteres Beispiel ist die Gleichung $\varphi = \frac{\varphi_1 \cdot \varphi_2}{1 + \varphi_1 \cdot \varphi_2}$ (mit $\varphi_1 \cdot \varphi_2 \geqslant \varphi$), auf der das logistische Testmodell von Rasch (1960; 1961; 1966a, b; 1967a, b) beruht (siehe z. B. auch Lord & Novick, 1968, Kap. 21; Stene, 1968; Micko, 1970; Gutjahr, 1971, Kap. 5; Fricke, 1972). Hierbei sind φ_1 und φ_2 als Skalen der Schwierigkeit (bzw. Leichtigkeit) von Items und der Fähigkeit (z. B. Intelligenz) von Personen zu interpretieren; φ bezeichnet die Wahrscheinlichkeit für das richtige Beantworten der Items. Aus der obigen Gleichung folgt $\frac{\varphi}{1 - \varphi} = \varphi_1 \varphi_2$.

Die Funktion $\psi = \frac{\varphi}{1 - \varphi}$ ist also das Produkt der Funktionen φ_1 und φ_2. Ein Beispiel für die Prüfung des logistischen Testmodells aufgrund verbundener Meßstrukturen sei die Intelligenzmessung. Es sind eine Menge A_1 von unterschiedlich schwierigen Items (oder Klassen von Items) und eine Menge A_2 unterschiedlich intelligenter Probanden (oder Gruppen von Probanden) zu wählen. In eine $A_1 \times A_2$-Matrix werden die relativen Häufigkeiten des Lösens der Items eingetragen und für diese Daten die Axiome aus 14.2 getestet.

Anwendungen additiv-verbundener Meßstrukturen sind in vielen Bereichen der Psychologie möglich. Einen Test der Doppelaufhebung führten bereits Coombs & Komorita (1958) in der Nutzentheorie durch, bevor verbundene Meßstrukturen entwickelt waren.

Coombs & Bowen (1971 b) prüften mit Hilfe additiv-verbundener Strukturen je eine Additivitätsannahme der beiden axiomatischen Risikotheorien von Pollatsek & Tversky (1970) (vgl. 11.3) und von Huang (1971 b) (siehe auch Huang, 1971 a; Coombs, 1972). Levelt, Riemersma & Bunt (1972) wendeten die additiv-verbundene Struktur in der Psychophysik an und prüften die Annahme der Additivität der subjektiven Lautstärke beim beidohrigen Hören. Das multiplikative Zusammenwirken von Nutzen und subjektiver Wahrscheinlichkeit nach der Theorie des subjektiv erwarteten Nutzens (SEU-Theorie, »subjective expected utility theory«) (siehe Edwards, 1954; 1961; Savage, 1954; Luce & Suppes, 1965; Fishburn, 1968 b; Rapoport & Wallsten, 1972) testeten Tversky (1967 b; siehe auch 1967 c) und Wallsten (1971). Während Tversky (1967 b) mit dem Programm von Tversky & Zivian (1966) optimale Skalenwerte unter der Annahme der Multiplikativität berechnete, prüfte Wallsten (1971) die SEU-Theorie durch die empirische Bestimmung von Indifferenzkurven. Ebenfalls durch die Konstruktion von Indifferenzkurven konnten Campbell & Masterson (1969) einen linearen Zusammenhang zwischen Variablen finden, die das Vermeidungsverhalten von Ratten bestimmen. McClelland (1972) wendete die multiplikativ-verbundene Struktur für die Prüfung des Cliffschen Gesetzes an und testete mit Hilfe der additiv-verbundenen Struktur die Annahme, daß sich die Bewertung von Adjektiv-Kombinationen additiv aus den Bewertungen der einzelnen Adjektive zusammensetzt (siehe z. B. Osgood, Suci & Tannenbaum, 1957; Anderson, 1965; 1968). In der Untersuchung zur Bevorzugung von Familienzusammensetzungen (aus Söhnen und Töchtern) wendeten Coombs, McClelland & Coombs (1973) die additiv-verbundene Struktur für zwei alternative Paare möglicher Komponenten an, und zwar (a) für die Komponenten »Anzahl der Söhne« und »Anzahl der Töchter« und (b) für die Komponenten »Gesamtkinderzahl« und »Differenz zwischen Söhnen und Töchtern«. Eine anschließende Feldstudie in Taiwan ermöglichte einen interkulturellen Vergleich mit den amerikanischen Versuchspersonen. Sayeki & Vesper (1973) wendeten eine von Sayeki (1972) entwickelte n-dimensionale additiv-verbundene Struktur an, die eine Gewichtung der n Skalen φ_i erlaubt. Delbeke & Fauville (1974) wendeten eine von Fishburn (1967 d) im Rahmen der Nutzentheorie entwickelte additiv-verbundene Struktur an, die außer zu Nutzenskalen φ_i zu einer Wahrscheinlichkeitsfunktion führt.

Im Zusammenhang mit additiv-verbundenen Meßstrukturen ist das *»funktionale Messen«* zu erwähnen (Anderson, 1962 a, b; 1970; 1971 b; 1974; Bogartz & Wackwitz, 1971; siehe auch Rapoport & Wallsten, 1972, sowie Anderson, 1971 a; 1973; Krantz & Tversky, 1971 a; Schönemann, Cafferty & Rotton, 1973). Ebenso wie verbundene (und alle anderen) Meßstrukturen (vgl. Kapitel 19) geht dieses Meßverfahren von einem »funktionalen« Zusammenhang zwischen Theorie und Messen aus. Das funktionale Messen beruht auf der *Theorie der Informations-Integration*, nach der Personen einzelne Informationen additiv zu einem Gesamteindruck kombinieren (Anderson, 1968; 1970; 1971 b; 1974; siehe auch Slovic & Lichtenstein, 1971). Im Gegensatz zu Meßstrukturen werden beim funktionalen Messen die den Skalen zugrundeliegenden qualitativen (ordinalen) Voraussetzungen weder angegeben noch geprüft. Dagegen wird versucht, durch monotone Transformationen der ursprünglichen Skalenwerte (z. B. von Schätzskalen) mit Hilfe der Varianzanalyse eine additive Lösung für das Zusammenwirken der unabhängigen Variablen zu finden. Wenn derartige Transformationen gefunden sind, wird gefolgert, daß die abhängige Variable eine additive Funktion der unabhängigen Variablen ist und daß diese auf Intervallskalenniveau meßbar sind. Das funktionale Messen versucht also, eine mögliche Additivität von Eigenschaften numerisch oder quantitativ nachzuweisen, während verbundene Meßstrukturen hierfür lediglich ordinale oder qualitative Daten erfordern. Verbundene Meßstrukturen sind in allen Fällen anwendbar, in denen es das funktionale Messen ist.

14.4 Weiterführende Literatur

Debreu (1960), Krantz (1964), Luce & Tukey (1964), Luce (1966), Pfanzagl (1968, Kap. 9), Holman (1971) und Krantz, Luce, Suppes & Tversky (1971, Kap. 6) entwickelten additiv-verbundene Meßstrukturen. Notwendige Axiome gaben Adams & Fagot (1959) an. Additiv-verbundene Strukturen mit $n \geqslant 3$ Komponenten wurden von Debreu (1960), Krantz (1964), Luce (1966), Pfanzagl (1968, Kap. 9), Krantz u.a. (1971, Kap. 6) und Sayeki (1972) entwickelt; siehe auch Fishburn (1966a; 1967a). Zweidimensionale multiplikativ-verbundene Strukturen, die negative Meßwerte zulassen, stammen von Roskies (1965) und Gioia (1967).
Darstellungen verbundener Strukturen geben z.B. Fishburn (1966b; 1967e; 1970c, Kap. 5), Coombs (1967), Luce (1967a; 1968a), Krantz (1968), Crott (1970) und Coombs, Dawes & Tversky (1970, Kap. 2); die in 14.3 gewählte Darstellung folgte der von Krantz u.a. (1971, Kap. 6). Endliche verbundene Meßstrukturen stellen Coombs (1967) und Suppes (1972a) dar. Endliche additiv-verbundene Strukturen mit notwendigen *und* hinreichenden (aber nicht testbaren) Axiomen entwickelten Aumann (1964), Scott (1964), Tversky (1964) und Fishburn (1970a; 1970c, Kap. 4).
Für die Theorie des erwarteten Nutzens entwickelten Fishburn (1965a,b; 1967b,c,d; 1969a; 1971) und Pollak (1967) additiv-verbundene Strukturen, die die Bedingungen für die Existenz von Nutzenskalen und einer Wahrscheinlichkeitsfunktion angeben. Keeney (1968; 1971; 1972; 1974), Raiffa (1969) und Fishburn (1973b; 1974) konnten innerhalb der Nutzentheorie nicht-additiv-verbundene Strukturen entwickeln, die eine Wechselwirkung zwischen den Komponenten berücksichtigen. Ein Modell zur Analyse von Konfusionsmatrizen (siehe Luce, 1963), das auf einer multiplikativ-verbundenen Struktur beruht, stammt von Falmagne (1972). Marley (1970) gibt Bedingungen dafür an, daß zwei Skalen derselben Eigenschaft, die aufgrund zweier verschieden interpretierter additiv-verbundener Strukturen erhalten wurden, in einem linearen Zusammenhang stehen. Bedingungen für einen logarithmischen Zusammenhang zwischen Skalen einer Eigenschaft, die sowohl verbunden als auch extensiv meßbar ist, geben Luce (1965) und Marley (1968) an.
Indifferenzkurven wurden innerhalb der Nutzentheorie bereits von Edgeworth (1881, Teil 2), Pareto (1909, Kap. 3, 4) und Allen (1933/34) erörtert und in der Psychophysik von Fletcher & Munson (1933) verwendet. Mathematisch wurden Indifferenzkurven in der Gewebetheorie (siehe Blaschke & Bol, 1938) untersucht, aus der auch die Thomsen-Bedingung stammt (Thomsen, 1927; 1930; Blaschke, 1928; siehe auch Aczél, Belousov & Hosszú, 1960; Aczél, Pickert & Radó, 1960). Weitere Arbeiten aus der Gewebetheorie, die im Zusammenhang mit verbundenen Strukturen stehen, stammen von Radó (1960; 1965), Aczél (1965), Havel (1966) und Taylor (1971; 1972a, b; 1973). Grundlegende Untersuchungen zu Indifferenzkurven finden sich darüber hinaus in den Arbeiten von Levine (1970; 1972) (siehe auch Krantz u.a., 1971, Kap. 6), in denen notwendige und hinreichende Bedingungen dafür angegeben werden, daß eine Menge von Kurven (Funktionen) in parallele Kurven transformiert werden kann (1970), und dafür, daß eine Menge von Kurven in ähnliche Kurven transformiert werden kann (d.h. in Kurven, die bis auf Streckungen und Verschiebungen identisch sind) (1972). Anwendungsmöglichkeiten der Untersuchungen Levines liegen auch in der Psychophysik und in der Testtheorie.

14.5 Fragen

1. Läßt sich aufgrund einer Prüfung der Axiome aus 14.3 feststellen, ob die gewählten Komponenten tatsächlich Komponenten sind, also die Eigenschaft $\mathfrak{a}$ beeinflussen?

2. Formulieren Sie die Axiome A4 und A5 auch für die zweite Komponente explizit.
3. In wievielen Teilmatrizen sind (1) die Unabhängigkeit und (2) die Thomsen-Bedingung (oder Doppelaufhebung) zu testen, wenn als Versuchsplan a) eine 3×3-Matrix, b) eine 4×4-Matrix, c) eine 6×3-Matrix, d) eine 6×6-Matrix, e) eine 10×10-Matrix gewählt wird? Wieviele Reize wären in jedem dieser Fälle von jeder Versuchsperson zu rangordnen?
4. Prüfen Sie bitte die Axiome A 1 bis A 4 und die Doppelaufhebung für die untenstehende Datenmatrix (die Zellenwerte bezeichnen numerische Schätzungen auf einer Schätzskala von 0 bis 100):

	a_2	b_2	c_2	d_2
a_1	25	45	30	40
b_1	50	70	55	65
c_1	0	20	5	10
d_1	80	100	85	90

Ist die Annahme der Additivität von $\mathfrak{a}_1$ und $\mathfrak{a}_2$ berechtigt?

15. Polynomisch-verbundene Meßstrukturen

15.1 Allgemeine Beschreibung

Polynomisch-verbundene Meßstrukturen sind Verallgemeinerungen additiv- und multiplikativ-verbundener Strukturen und berücksichtigen ein komplexeres Zusammenwirken der Komponenten als diese. Sie dienen der Messung polynomisch-verbundener Eigenschaften, d. h. Eigenschaften, deren Zusammenwirken durch ein *einfaches Polynom* dargestellt werden kann. Ein einfaches Polynom ist eine Kombination von additiven und multiplikativen Verknüpfungen von Variablen derart, daß die einzelnen Summanden und Faktoren keine Variable gemeinsam haben (siehe die Definition in 15.2). Im Falle dreier Variablen (Funktionen $\varphi_1, \varphi_2, \varphi_3$) gibt es vier Klassen einfacher Polynome (Funktionen φ):
1. $\varphi = \varphi_1 + \varphi_2 + \varphi_3$ (additives Polynom)
2. $\varphi = (\varphi_1 + \varphi_2) \cdot \varphi_3$ (distributives Polynom)
3. $\varphi = \varphi_1 \cdot \varphi_2 + \varphi_3$ (dual-distributives Polynom)
4. $\varphi = \varphi_1 \cdot \varphi_2 \cdot \varphi_3$ (multiplikatives Polynom)

»Distributive Polynome« sind auch $\varphi = (\varphi_1 + \varphi_3) \cdot \varphi_2$ und $\varphi = (\varphi_2 + \varphi_3) \cdot \varphi_1$; entsprechend erhält man durch Vertauschen von φ_1, φ_2 und φ_3 zwei weitere »dual-distributive Polynome«.

Die vier Klassen oder Arten einfacher Polynome mit drei Variablen entsprechen den Repräsentationen von vier verschiedenen polynomisch-verbundenen Strukturen. Je nach Art des einfachen Polynoms als Repräsentation unterscheidet man *additiv-*, *distributiv-*, *dual-distributiv-* und *multiplikativ-verbundene Meßstrukturen.* Z. B. lautet die Repräsentation einer distributiv-verbundenen Struktur:

$a_1a_2a_3 \gtrsim b_1b_2b_3$ gdw $[\varphi_1(a_1) - \varphi_2(a_2)] \cdot \varphi_3(a_3) \geqslant [\varphi_1(b_1) + \varphi_2(b_2)] \cdot \varphi_3(b_3)$,

wobei $a_1, b_1 \in A_1; a_2, b_2 \in A_2; a_3, b_3 \in A_3; a_1a_2a_3, b_1b_2b_3 \in A_1 \times A_2 \times A_3$. (Die Bezeichnungsweisen entsprechen denen aus Kapitel 14.) In dieser Repräsentation wirken die Komponenten $\mathfrak{a}_1$ und $\mathfrak{a}_2$ additiv zusammen, und $\mathfrak{a}_3$ wirkt mit $\mathfrak{a}_1$ und mit $\mathfrak{a}_2$ multiplikativ zusammen. Das (empirische) Relativ ist für alle polynomisch-verbundenen Strukturen mit drei Komponenten dasselbe: es lautet $\langle A_1, A_2, A_3, \gtrsim \rangle$, wobei A_1, A_2 und A_3 nichtleere Mengen sind, und $\gtrsim$ eine binäre Relation auf dem kartesischen Produkt $A = A_1 \times A_2 \times A_3$ ist. Polynomisch-verbundene Strukturen dienen der Messung der Eigenschaften $\mathfrak{a}_1, \mathfrak{a}_2, \mathfrak{a}_3$ und $\mathfrak{a}$ auf mindestens Intervallskalenniveau und erlauben die Untersuchung der Art des Zusammenwirkens von $\mathfrak{a}_1, \mathfrak{a}_2$ und $\mathfrak{a}_3$ zu $\mathfrak{a}$.

Ein Beispiel einer distributiv-verbundenen Eigenschaft ist nach der Lerntheorie von Spence (1956) das Reaktionspotential (R), das sich aus den Komponenten Antrieb (D), Ansporn (K) und Habitstärke (H) zusammensetzt als $R = (D + K) \cdot H$. Nach der Lerntheorie von Hull (1952) (siehe z. B. auch Hilgard & Bower, [3]1966, Kap. 6) ist das Reaktionspotential R dagegen (bei konstanter Reizstärkendynamik) eine multiplikative Funktion derselben Komponenten, d. h. $R = D \cdot K \cdot H$. Empirische Prüfungen beider Annahmen mit numerischen Verfahren (z. B. Seward, Shea & Davenport, 1960; Pavlik & Reynolds, 1963) sind von den jeweils verwendeten Skalen abhängig. Eindeutigere Ergebnisse sind durch die Prüfung der Axiome distributiv- und multiplikativ-verbundener Meßstrukturen zu erwarten.

Außer der distributiv- und dual-distributiv-verbundenen Struktur wird die bereits in 14.3 erwähnte multiplikativ-verbundene Struktur (die auch negative Meßwerte zuläßt) für den Fall dreier Komponenten in 15.3 dargestellt. Die prüfbaren Axiome der additiv-verbundenen Struktur für drei Komponenten werden in 15.4 angegeben.

15.2 Begriffsbestimmungen

Eine Funktion F von n reellen Variablen $x_1, \ldots, x_n$ heißt *Polynom*, wenn gilt

$$F(x_1, \ldots, x_n) = \sum_{k=1}^{m} u_k x_1^{v_{1k}} x_2^{v_{2k}} \ldots x_n^{v_{nk}},$$

wobei u_k eine reelle Zahl ist, und v_{ik} $(i = 1, \ldots, n)$ eine positive ganze Zahl oder Null ist. Ein Polynom ist also eine Summe von Produkten von Variablen, die ganzzahlige, nicht-negative Exponenten haben. Polynome mit drei Variablen sind z. B.

$F = x_1 + x_2 + x_3;$

$F = x_1^2 + 2x_1x_2 + x_3^2;$

$F = 1 - x_1x_2 - x_2x_3;$

$F = \frac{1}{2}x_3^4 + x_2^8 x_3^2 - x.$

Einfache Polynome bilden eine Teilmenge von Polynomen, die wie folgt beschrieben werden kann:

1. jede einzelne Variable ist ein einfaches Polynom; 2. wenn zwei einfache Polynome keine Variable gemeinsam haben, dann sind auch ihre Summe und ihr Produkt ein einfaches Polynom; 3. andere Polynome sind keine einfachen Polynome.

Einfache Polynome sind also Polynome, die in eine Summe oder in ein Produkt zweier anderer Polynome zerlegt werden können, die keine Variable gemeinsam haben und die selbst in derselben Weise zerlegbar sind; diese schrittweisen Zerlegungen müssen solange möglich sein bis die einzelnen Variablen übrig bleiben. Z. B. ist $F = (x_1 + x_2)(x_3 + x_4)$ ein einfaches Polynom, denn es kann in die Faktoren $x_1 + x_2$ und $x_3 + x_4$ zerlegt werden, die keine gemeinsame Variable haben und die selbst in die einzelnen Variablen x_1 und x_2 bzw. x_3 und x_4 zerlegbar sind. Dagegen kann das Polynom $F = x_1x_2 + x_2x_3 + x_1x_3$ nicht in Polynome zerlegt werden, die keine gemeinsame Variable

haben; es ist also kein einfaches Polynom. Es gibt vier Klassen von einfachen Polynomen mit drei Variablen: $F=x_1+x_2+x_3$, $F=(x_1+x_2)x_3$, $F=x_1x_2-x_3$ und $F=x_1x_2x_3$ diese heißen *additives, distributives, dual-distributives* und *multiplikatives Polynom.* Sie entsprechen den unterschiedlichen Repräsentationen der polynomisch-verbundenen Strukturen für drei Komponenten.
Für die in 15.3 darzustellenden Meßstrukturen ist der folgende Begriff aus der Mengenlehre einzuführen. Eine Menge von Teilmengen einer Menge A heißt *Zerlegung* von A gdw die Teilmengen paarweise disjunkt sind (d.h. keine gemeinsamen Elemente haben), und ihre Vereinigung die Menge A ist. Entsprechend heißt A *zerlegbar* in Teilmengen T_i von A $(i=1,2,\ldots)$, wenn alle T_i paarweise disjunkt sind, und ihre Vereinigung A ist. Z.B. ist die Menge aller Erwachsenen zerlegbar in die beiden Teilmengen: Menge aller Frauen und Menge aller Männer.

15.3 Darstellung polynomisch-verbundener Meßstrukturen

Definition 1: Es seien A_1, A_2 und A_3 nichtleere Mengen und $\succsim$ eine binäre Relation auf $A=A_1\times A_2\times A_3$. Das Relativ $\langle A_1,A_2,A_3,\succsim\rangle$ ist eine *(dreidimensionale) multiplikativverbundene Struktur* gdw die folgenden 4 Axiome für alle $a_1,b_1\in A_1, a_2,b_2\in A_2$ und $a_3,b_3\in A_3$ erfüllt sind:

A 1. $\succsim$ ist transitiv und konnex, d.h. $\langle A_1\times A_2\times A_3,\succsim\rangle$ ist eine schwache Ordnung;

A 2. A_3 ist in die Teilmengen $A_3{}^+$, $A_3{}^-$ und $A_3{}^\circ$ zerlegbar derart, daß für alle $a_3{}^+\in A_3{}^+$, $b_3{}^-\in A_3{}^-$ und $c_3{}^\circ\in A_3{}^\circ$ gilt:
$a_1a_2a_3{}^+\succsim b_1b_2a_3{}^+$ gdw $b_1b_2b_3{}^-\succsim a_1a_2b_3{}^-$; und $a_1a_2c_3{}^\circ\sim b_1b_2c_3{}^\circ$;
(gemeinsame Vorzeichen-Abhängigkeit der Komponenten $\mathfrak{a}_1$ und $\mathfrak{a}_2$ von $\mathfrak{a}_3$)
entsprechend sind $\mathfrak{a}_1$ und $\mathfrak{a}_3$ gemeinsam vorzeichen-abhängig von $\mathfrak{a}_2$ und $\mathfrak{a}_2$ und $\mathfrak{a}_3$ gemeinsam vorzeichen-abhängig von $\mathfrak{a}_1$;

A 3. wenn $\bar{b}_1b_2b_3\succsim a_1a_2a_3\succsim \underline{b}_1b_2b_3$ (für alle $\bar{b}_1,\underline{b}_1\in A_1$), dann existiert ein $b_1\in A_1$ derart, daß $b_1b_2b_3\sim a_1a_2a_3$; das Analoge gilt für die anderen Komponenten; (beschränkte Lösbarkeit)

A 4. jede streng beschränkte Standardfolge ist endlich. (Archimedisches Axiom)

Theorem 1: Es sei $\langle A_1,A_2,A_3,\succsim\rangle$ eine (dreidimensionale) multiplikativ-verbundene Struktur. Dann existieren reelle Funktionen φ_1, φ_2 und φ_3 derart, daß für alle $a_1,b_1\in A_1, a_2,b_2\in A_2$ und $a_3,b_3\in A_3$ gilt:
$a_1a_2a_3\succsim b_1b_2b_3$ gdw $\varphi_1(a_1)\cdot\varphi_2(a_2)\cdot\varphi_3(a_3)\geqslant\varphi_1(b_1)\cdot\varphi_2(b_2)\cdot\varphi_3(b_3)$.
Sind φ'_1, φ'_2 und φ'_3 andere reelle Funktionen, die diese Eigenschaft erfüllen, dann existieren reelle Zahlen u, w_1, w_2 und w_3 (mit $u>0$, $w_1\cdot w_2\cdot w_3>0$) derart, daß gilt (für $i=1,2,3$):
wenn $\varphi_i(a_i)\geqslant 0$, dann $\varphi'_i(a_1)=w_i[\varphi_i(a_i)]^u$;
wenn $\varphi_i(a_i)\leqslant 0$, dann $\varphi'_i(a_i)=-w_i[-\varphi_i(a_i)]^u$;
d.h. φ_1, φ_2 und φ_3 sind Log-Intervallskalen mit demselben Exponenten u. Die Skala $\varphi=\varphi_1\cdot\varphi_2\cdot\varphi_3$ ist ebenfalls eine Log-Intervallskala.

Definition 2: Es seien A_1, A_2 und A_3 nichtleere Mengen und $\succsim$ eine binäre Relation auf $A=A_1\times A_2\times A_3$. Das Relativ $\langle A_1,A_2,A_3,\succsim\rangle$ ist eine *distributiv-verbundene Struktur* gdw die folgenden 7 Axiome für alle $a_1,b_1,c_1,d_1\in A_1$, $a_2,b_2,c_2,d_2\in A_2$ und $a_3,b_3,c_3,\in A_3$ erfüllt sind:

A 1. $\succsim$ ist transitiv und konnex, d.h. $\langle A_1\times A_2\times A_3,\succsim\rangle$ ist eine schwache Ordnung;

A 2. die Komponenten $\mathfrak{a}_1$ und $\mathfrak{a}_2$ sind gemeinsam vorzeichen-abhängig von $\mathfrak{a}_3$ (siehe Axiom A 2 in Definition 1); und

$\mathfrak{a}_3$ ist vorzeichen-abhängig von dem Komponentenpaar $\mathfrak{a}_1$ und $\mathfrak{a}_2$, d.h.:
$A_1 \times A_2$ ist in die Teilmengen $(A_1 \times A_2)^+$, $(A_1 \times A_2)^-$ und $(A_1 \times A_2)^\circ$ zerlegbar derart, daß für alle $(a_1 a_2)^+ \in (A_1 \times A_2)^+$, $(b_1 b_2)^- \in (A_1 \times A_2)^-$ und $(c_1 c_2)^\circ \in (A_1 \times A_2)^\circ$ gilt:
$(a_1 a_2)^+ a_3 \gtrsim (a_1 a_2)^+ b_3$ gdw $(b_1 b_2)^- b_3 \gtrsim (b_1 b_2)^- a_3$;
und $(c_1 c_2)^\circ a_3 \sim (c_1 c_2)^\circ b_3$;

A3. wenn $b_1 b_2 \notin (A_1 \times A_2)^\circ$ oder $b_3 \notin A_3{}^\circ$ und
wenn $a_1 a_2 b_3 \sim b_1 b_2 c_3$ und $b_1 b_2 a_3 \sim c_1 c_2 b_3$,
dann $a_1 a_2 a_3 \sim c_1 c_2 c_3$; (Thomsen-Bedingung)

A4. wenn $a_1 a_2 a_3 \gtrsim c_1 c_2 b_3$ und $b_1 b_2 a_3 \gtrsim d_1 d_2 b_3$
und $d_1 c_2 b_3 \gtrsim b_1 a_2 a_3$, dann $a_1 b_2 a_3 \gtrsim c_1 d_2 b_3$; (distributive Aufhebung)

A5. die Mengen $(A_1 \times A_2)^\circ$ und $A_3{}^\circ$ sind nichtleer; (Existenz »neutraler« Elemente)

A6. Axiom A3 aus Definition 1 ist erfüllt; (beschränkte Lösbarkeit)

A7. jede streng beschränkte Standardfolge ist endlich. (Achimedisches Axiom)

Theorem 2: Es sei $\langle A_1, A_2, A_3, \gtrsim \rangle$ eine distributiv-verbundene Struktur. Dann existieren reelle Funktionen φ_1, φ_2 und φ_3 derart, daß für alle $a_1, b_1 \in A_1$, $a_2, b_2 \in A_2$ und $a_3, b_3 \in A_3$ gilt:
$a_1 a_2 a_3 \gtrsim b_1 b_2 b_3$ gdw $[\varphi_1(a_1) + \varphi_2(a_2)]\, \varphi_3(a_3) \geqslant [\varphi_1(b_1) + \varphi_2(b_2)]\, \varphi_3(b_3)$.
Sind φ'_1, φ'_2 und φ'_3 andere reelle Funktionen, die diese Eigenschaft erfüllen, dann existieren reelle Zahlen u, v und w (mit $uv > 0$) derart, daß gilt:

1. $\varphi'_1(a_1) = u \cdot \varphi_1(a_1) + w$;
2. $\varphi'_2(a_2) = u \cdot \varphi_2(a_2) - w$;
3. $\varphi'_3(a_3) = v \cdot \varphi_3(a_3)$;

d.h. φ_1 und φ_2 sind Intervallskalen, φ_3 ist eine Verhältnisskala. Die Skala $\varphi = (\varphi_1 + \varphi_2)\varphi_3$ ist eine Verhältnisskala.

Definition 3: Es seien A_1, A_2 und A_3 nichtleere Mengen und $\gtrsim$ eine binäre Relation auf $A = A_1 \times A_2 \times A_3$. Das Relativ $\langle A_1, A_2, A_3, \gtrsim \rangle$ ist eine *dual-distributiv-verbundene Struktur* gdw die folgenden 7 Axiome für alle $a_1, b_1, c_1, d_1, e_1 \in A_1$, $a_2, b_2, c_2, d_2, e_2 \in A_2$ und $a_3, b_3, c_3, d_3, e_3 \in A_3$ erfüllt sind:

A1. $\gtrsim$ ist transitiv und konnex, d.h. $\langle A_1 \times A_2 \times A_3, \gtrsim \rangle$ ist eine schwache Ordnung;

A2. $\mathfrak{a}_1$ ist vorzeichen-abhängig von $\mathfrak{a}_2$, d.h.
A_2 ist in die Teilmengen $A_2{}^+$, $A_2{}^-$ und $A_2{}^\circ$ zerlegbar derart, daß für alle $a_2{}^+ \in A_2{}^+$, $b_2{}^- \in A_2{}^-$ und $c_2{}^\circ \in A_2{}^\circ$ gilt:
$a_1 a_2{}^+ \gtrsim b_1 a_2{}^+$ gdw $b_1 b_2{}^- \gtrsim a_1 b_2{}^-$; und $a_1 c_2{}^\circ \sim b_1 c_2{}^\circ$;
entsprechend ist $\mathfrak{a}_2$ vorzeichen-abhängig von $\mathfrak{a}_1$;
$\mathfrak{a}_1$ und $\mathfrak{a}_2$ sind gemeinsam unabhängig von $\mathfrak{a}_3$, d.h.:
wenn $a_1 a_2 a_3 \gtrsim b_1 b_2 a_3$, dann $a_1 a_2 b_3 \gtrsim b_1 b_2 b_3$;
$\mathfrak{a}_3$ ist unabhängig von dem Komponentenpaar $\mathfrak{a}_1$ und $\mathfrak{a}_2$, d.h.:
wenn $a_1 a_2 a_3 \gtrsim a_1 a_2 b_3$, dann $b_1 b_2 a_3 \gtrsim b_1 b_2 b_3$;

A3. wenn $a_1 a_2 b_3 \sim b_1 b_2 c_3$ und $b_1 b_2 a_3 \sim c_1 c_2 b_3$,
dann $a_1 a_2 a_3 \sim c_1 c_2 c_3$; (Thomsen-Bedingung)

A4. wenn $e_2 \notin A_2{}^\circ$ und wenn $c_1 d_2 b_3 \sim a_1 c_2 c_3$
und $d_1 a_2 a_3 \sim b_1 e_2 d_3$ und $d_1 c_2 d_3 \sim e_1 d_2 a_3$
und $e_1 b_2 e_3 \sim c_1 e_2 e_3$ und $a_1 e_2 e_3 \sim d_1 b_2 e_3$,
dann $a_1 a_2 b_3 \sim b_1 b_2 c_3$; (dual-distributive Aufhebung)

A5. die Mengen $A_1{}^\circ$ und $A_2{}^\circ$ sind nichtleer; (Existenz »neutraler« Elemente)

A6. Axiom A3 aus Definition 1 ist erfüllt; (beschränkte Lösbarkeit)

A7. jede streng beschränkte Standardfolge ist endlich. (Archimedisches Axiom)

Theorem 3: Es sei $\langle A_1, A_2, A_3, \gtrsim \rangle$ eine dual-distributiv-verbundene Struktur. Dann existieren reelle Funktionen φ_1, φ_2 und φ_3 derart, daß für alle $a_1, b_1 \in A_1$, $a_2, b_2 \in A_2$ und $a_3, b_3 \in A_3$ gilt:

$a_1 a_2 a_3 \gtrsim b_1 b_2 b_3$ gdw $\varphi_1(a_1)\varphi_2(a_2) + \varphi_3(a_3) \geqslant \varphi_1(b_1)\varphi_2(b_2) + \varphi_3(b_3)$.

Sind φ'_1, φ'_2 und φ'_3 andere reelle Funktionen, die diese Eigenschaft erfüllen, dann existieren reelle Zahlen u_1, u_2 und v (mit $u_1 u_2 > 0$) derart, daß gilt:

1. $\varphi'_1(a_1) = u_1 \cdot \varphi_1(a_1)$;
2. $\varphi'_2(a_2) = u_2 \cdot \varphi_2(a_2)$;
3. $\varphi'_3(a_3) = u_1 u_2 \cdot \varphi_3(a_3) + v$;

d. h. φ_1 und φ_2 sind Verhältnisskalen, φ_3 ist eine Intervallskala. Die Skala $\varphi = \varphi_1 \varphi_2 - \varphi_3$ ist eine Intervallskala.

15.4 Erläuterung polynomisch-verbundener Strukturen und Hinweise für ihre Anwendung

Für die Anwendung der dargestellten polynomisch-verbundenen Strukturen sind drei Eigenschaften (Komponenten $\mathfrak{a}_1$, $\mathfrak{a}_2$ und $\mathfrak{a}_3$) zu wählen, die zu einer vierten Eigenschaft ($\mathfrak{a}$) zusammenwirken. Hinsichtlich $\mathfrak{a}$ ist eine Ordnungsrelation $\gtrsim$ zu beobachten oder herzustellen. Träger der Eigenschaften $\mathfrak{a}_1$, $\mathfrak{a}_2$, $\mathfrak{a}_3$ und $\mathfrak{a}$ sind die Elemente der Mengen A_1, A_2, A_3 und $A = A_1 \times A_2 \times A_3$, die gemeinsam mit der Relation $\gtrsim$ auf A das empirische Relativ $\langle A_1, A_2, A_3, \gtrsim \rangle$ polynomisch-verbundener Strukturen bilden. Die Elemente aus $A = A_1 \times A_2 \times A_3$ sind als Reize zu interpretieren, die von Versuchspersonen hinsichtlich $\mathfrak{a}$ zu vergleichen sind. Die Ausprägungen von $\mathfrak{a}_1$, $\mathfrak{a}_2$ und $\mathfrak{a}_3$ sind so zu wählen, daß sich jede Kombination von je einer Ausprägung von $\mathfrak{a}_1$, $\mathfrak{a}_2$ und $\mathfrak{a}_3$ (d. h. jedes Element $a_1 a_2 a_3$ aus $A_1 \times A_2 \times A_3$) experimentell realisieren läßt, d. h. als Reiz herstellen läßt. Werden n_1, n_2 und n_3 Ausprägungen von $\mathfrak{a}_1$, $\mathfrak{a}_2$ bzw. $\mathfrak{a}_3$ gewählt, dann lassen sich die $n_1 \cdot n_2 \cdot n_3$ Reize in einem $n_1 \times n_2 \times n_3$-Quader anordnen. Die Anwendung erfordert einen 3-faktoriellen Versuchsplan. Ein Anwendungsbeispiel ist die Beurteilung von Schulaufsätzen ($\mathfrak{a}$) mit den Komponenten »inhaltliche Darstellung« ($\mathfrak{a}_1$), »sprachlicher Ausdruck« ($\mathfrak{a}_2$) und »Rechtschreibung« ($\mathfrak{a}_3$) (vgl. 14.1).

Alle polynomisch-verbundenen Strukturen enthalten die folgenden Axiome oder Arten von Axiomen: (1) die schwache Ordnung (jeweils Axiom A 1); (2) Unabhängigkeitsaxiome (Unabhängigkeit und/oder Vorzeichen-Abhängigkeit) (jeweils Axiom A 2); (3) Aufhebungsaxiome (Thomsen-Bedingung und distributive oder dual-distributive Aufhebung); bei multiplikativ- (und additiv-) verbundenen Strukturen folgen diese aus den anderen Axiomen und brauchen daher nicht angeführt zu werden; (4) ein Existenzaxiom, das die Existenz bestimmter Elemente fordert (bei distributiv- und dual-distributiv-verbundenen Strukturen); (5) die beschränkte Lösbarkeit und (6) ein Archimedisches Axiom. Testbar sind die schwache Ordnung und die Unabhängigkeits- und Aufhebungsaxiome; nicht-testbar sind Existenz-, Lösbarkeits- und Archimedische Axiome.

Die schwache Ordnung (jeweils Axiom A 1) wurde bereits in 8.1 und 10.4 erläutert. Das Axiom der beschränkten Lösbarkeit ist hier für den Fall dreier Komponenten formuliert und entspricht dem aus 14.2. Das Archimedische Axiom ist bereits aus 4.1 bekannt. Die Definition der Standardfolge entspricht der aus 14.2; auf eine explizite Definition für den 3-Komponenten-Fall wird hier verzichtet.

Zunächst werden die Unabhängigkeits-, Existenz- und Aufhebungsaxiome aller polynomisch-verbundenen Strukturen erläutert; anschließend wird auf die Unterschiede dieser Meßstrukturen eingegangen. Die Unabhängigkeit wurde als notwendiges Axiom der additiv-verbundenen Struktur (mit zwei Komponenten) in 14.4 erläutert. Im Falle dreier Komponenten gilt entsprechend: $\mathfrak{a}_1$ ist *unabhängig* von den anderen Komponenten $\mathfrak{a}_2$ und $\mathfrak{a}_3$, wenn gilt: wenn $a_1a_2a_3 \succsim b_1a_2a_3$, dann $a_1b_2b_3 \succsim b_1b_2b_3$; d. h. wenn die Rangordnung bezüglich $\mathfrak{a}_1$ dieselbe ist für alle Kombination von Ausprägungen von $\mathfrak{a}_2$ und $\mathfrak{a}_3$ (Elemente aus $A_2 \times A_3$). Dies bedeutet, daß in jedem $A_1 \times A_2 \times A_3$-Quader der Größe $2 \times 2 \times 2$ die Rangordnung je zweier Endpunkte von Kanten, die parallel zur $\mathfrak{a}_1$-Dimension liegen, dieselbe ist (siehe Abbildung 8). Analog ist die Unabhängigkeit von $\mathfrak{a}_2$ gegenüber

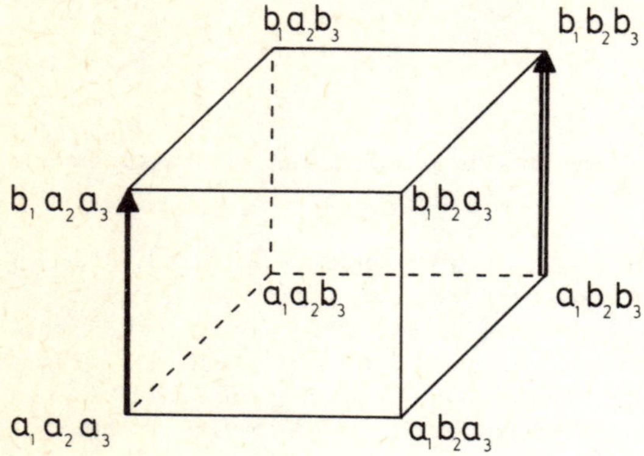

Abb. 8: Darstellung des Axioms der Unabhängigkeit von $\mathfrak{a}_1$ gegenüber $\mathfrak{a}_2$ und $\mathfrak{a}_3$ an einem $2 \times 2 \times 2$-Datenquader. Die Eckpunkte bezeichnen Elemente aus $A_1 \times A_2 \times A_3$, die als empirische Objekte zu interpretieren sind. Die Ordnungsrelation $\succsim$ ist durch Pfeile dargestellt; ein einfacher Pfeil bezeichnet die Prämisse (»wenn …«) und ein Doppelpfeil die Konklusion (»dann …«) des Axioms.

$\mathfrak{a}_1$ und $\mathfrak{a}_3$ definiert (wenn $a_1a_2a_3 \succsim a_1b_2a_3$, dann $b_1a_2b_3 \succsim b_1b_2b_3$) und die von $\mathfrak{a}_3$ gegenüber $\mathfrak{a}_1$ und $\mathfrak{a}_2$ (wenn $a_1a_2a_3 \succsim a_1a_2b_3$, dann $b_1b_2a_3 \succsim b_1b_2b_3$). Ist jede Komponente unabhängig von den beiden anderen, dann bedeutet dies, daß in jedem $2 \times 2 \times 2$-Quader die Endpunkte paralleler Kanten in derselben Weise gerangordnet sind.

Umgekehrt heißen die Komponenten $\mathfrak{a}_2$ und $\mathfrak{a}_3$ *gemeinsam unabhängig* von $\mathfrak{a}_1$, wenn gilt: wenn $a_1a_2a_3 \succsim a_1b_2b_3$, dann $b_1a_2a_3 \succsim b_1b_2b_3$; d. h. wenn die Rangordnung der Elemente aus $A_2 \times A_3$ dieselbe ist für alle Ausprägungen von $\mathfrak{a}_1$ (Elemente aus A_1). Anschaulich

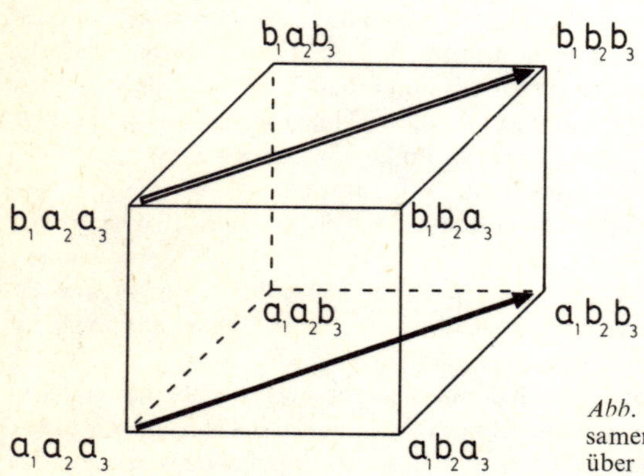

Abb. 9: Darstellung des Axioms der gemeinsamen Unabhängigkeit von $\mathfrak{a}_2$ und $\mathfrak{a}_3$ gegenüber $\mathfrak{a}_1$ an einem $2 \times 2 \times 2$-Datenquader.

bedeutet dies, daß in jedem $A_1 \times A_2 \times A_3$-Quader der Größe $2 \times 2 \times 2$ die Rangordnung je zweier Endpunkte von Diagonalen, die parallel zur $\mathfrak{a}_2 \times \mathfrak{a}_3$-Fläche liegen, dieselbe ist (siehe Abbildung 9). Entsprechend ist die gemeinsame Unabhängigkeit von $\mathfrak{a}_1$ und $\mathfrak{a}_3$ gegenüber $\mathfrak{a}_2$ (wenn $a_1a_2a_3 \succsim b_1a_2b_3$, dann $a_1b_2a_3 \succsim b_1b_2b_3$) und die von $\mathfrak{a}_1$ und $\mathfrak{a}_2$ gegenüber $\mathfrak{a}_3$ (wenn $a_1a_2a_3 \succsim b_1b_2a_3$, dann $a_1a_2b_3 \succsim b_1b_2b_3$) definiert. Ist jedes Komponentenpaar gemeinsam unabhängig von der dritten Komponente, dann bedeutet dies, daß in jedem $2 \times 2 \times 2$-Quader die Endpunkte paralleler Diagonalen in derselben Weise gerangordnet sind.

Die gemeinsame Unabhängigkeit für jedes Komponentenpaar ist neben der schwachen Ordnung das einzige zu prüfende Axiom bei additiv-verbundenen Strukturen mit drei Komponenten (vgl. 14.3). Die Unabhängigkeit (einzelner Komponenten) folgt aus der gemeinsamen Unabhängigkeit aller drei Komponentenpaare und braucht daher nicht als Axiom angeführt zu werden. Die (einzelne oder gemeinsame) Unabhängigkeit ist eine notwendige Bedingung für die Additivität von Komponenten(paaren) und daher auch in der Definition 3 in 15.3 enthalten. In der Definition 2 folgt die Unabhängigkeit der betreffenden Komponenten aus den anderen Axiomen.

In den Fällen, in denen anstelle der Additivität die Multiplikativität von Komponenten(paaren) in Frage kommt und nichtpositive Meßwerte sinnvoll sind, ist statt der (gemeinsamen) Unabhängigkeit die (gemeinsame) Vorzeichen-Abhängigkeit zu prüfen. Werden z. B. für eine Komponente $\mathfrak{a}_2$ gegensätzliche (»positive« und »negative«) Ausprägungen gewählt, und wirkt diese mit einer Komponente $\mathfrak{a}_1$ multiplikativ zusammen, dann führen die »positiven« und »negativen« Ausprägungen von $\mathfrak{a}_2$ zu entgegengesetzten Rangordnungen der Elemente aus A. Ein Beispiel ist das Cliffsche Gesetz, nach dem Adverbien (A_1) mit positiv und negativ bewerteten Adjektiven (A_2) multiplikativ zusammen wirken (siehe 14.3). In diesem Fall ist die Unabhängigkeit von $\mathfrak{a}_1$ gegenüber $\mathfrak{a}_2$ verletzt. Stattdessen ist zu fordern, daß $\mathfrak{a}_1$ unabhängig von den »positiven«, unabhängig von »negativen« und unabhängig von möglichen »neutralen« (weder »positiven« noch »negativen«) Ausprägungen von $\mathfrak{a}_2$ ist. Außerdem müssen die »positiven« und »negativen« Ausprägungen zu entgegengesetzten Rangordnungen und die »neutralen« Ausprägungen zu Indifferenzen führen. Diese Forderungen beinhaltet das Axiom der *Vorzeichen-Abhängigkeit:* $\mathfrak{a}_1$ ist vorzeichen-abhängig von $\mathfrak{a}_2$, wenn $\mathfrak{a}_1$ bis auf das »Vorzeichen« (plus oder minus) der Ausprägungen von $\mathfrak{a}_2$ unabhängig von $\mathfrak{a}_2$ ist (bzw. wenn $\mathfrak{a}_1$ nur vom »Vorzeichen« von $\mathfrak{a}_2$ abhängig ist).

Zur präzisen Formulierung dieses Axioms wird eine Zerlegung von A_2 in A_2^+, A_2^- und A_2° betrachtet. Die Elemente a_2^+, b_2^- und c_2° aus A_2^+, A_2^- bzw. A_2° bezeichnen Dinge mit »positiven«, »negativen« und »neutralen« Ausprägungen von $\mathfrak{a}_2$. Es ist für die Anwendung wichtig, daß diese Zerlegung nicht vor der Datenerhebung geschehen muß, sondern aufgrund der erhaltenen Ordnungsrelation $\succsim$ erfolgen kann. Die Vorzeichen-Abhängigkeit von $\mathfrak{a}_1$ gegenüber $\mathfrak{a}_2$ besagt, daß A_2 in A_2^+, A_2^- und A_2° zerlegt werden kann derart, daß (im Falle zweier Komponenten) gilt: (1) $a_1a_2^+ \succsim b_1a_2^+$ gdw $b_1b_2^- \succsim a_1b_2^-$; (2) $a_1c_2^\circ \sim b_1c_2^\circ$.

Hieraus folgt die Unabhängigkeit von $\mathfrak{a}_1$ gegenüber $\mathfrak{a}_2^+$, $\mathfrak{a}_2^-$ und $\mathfrak{a}_2^\circ$. Sind A_2^- und A_2° leer, dann ist $\mathfrak{a}_1$ unabhängig von $\mathfrak{a}_2$. Die Unabhängigkeit ist also ein Spezialfall der Vorzeichen-Abhängigkeit.

Im Falle dreier Komponenten gilt das Entsprechende. Für die Vorzeichen-Abhängigkeit von $\mathfrak{a}_1$ gegenüber $\mathfrak{a}_2$ und $\mathfrak{a}_3$ wird eine Zerlegung von $A_2 \times A_3$ in Teilmengen $(A_2 \times A_3)^+$, $(A_2 \times A_3)^-$ und $(A_2 \times A_3)^\circ$ betrachtet, deren Elemente mit $(a_2a_3)^+$, $(b_2b_3)^-$ bzw. $(c_2c_3)^\circ$ bezeichnet werden. $\mathfrak{a}_1$ ist *vorzeichen-abhängig* von $\mathfrak{a}_2$ und $\mathfrak{a}_3$, wenn diese Zerlegung von $A_2 \times A_3$ möglich ist derart, daß gilt: (1) $a_1(a_2a_3)^+ \succsim b_1(a_2a_3)^+$ gdw $b_1(b_2b_3)^-$

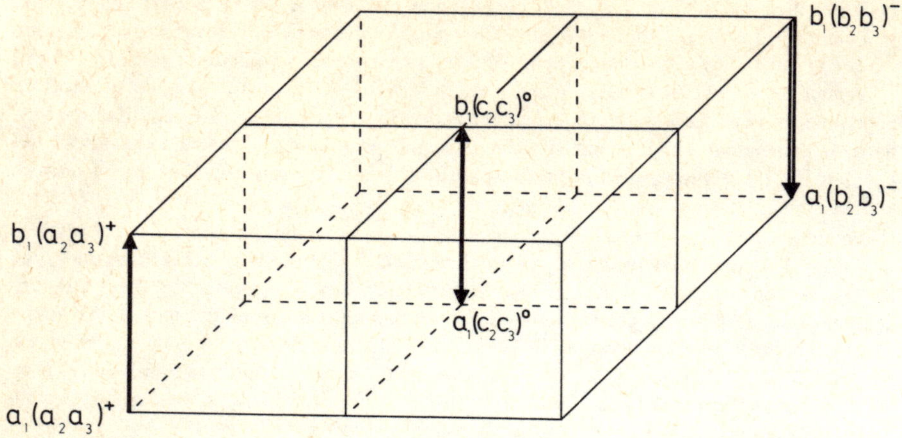

Abb. 10: Darstellung des Axioms der Vorzeichen-Abhängigkeit von $\mathfrak{a}_1$ gegenüber $\mathfrak{a}_2$ und $\mathfrak{a}_3$ an einem $2 \times 3 \times 3$-Datenquader.

$\gtrsim a_1(b_2b_3)^-$; (2) $a_1(c_2c_3)^\circ \sim b_1(c_2c_3)^\circ$. Dieses Axiom ist in Abbildung 10 veranschaulicht. Hierbei führen die »positiven« und »negativen« Elemente aus $A_2 \times A_3$ zu gegensätzlichen Rangordnungen und die »neutralen« Elemente zu Indifferenzen. Aus dem Axiom folgt, daß $\mathfrak{a}_1$ unabhängig von den (Teil-) Komponentenpaaren $\mathfrak{a}_2{}^+$ und $\mathfrak{a}_3{}^+$, $\mathfrak{a}_2{}^-$ und $\mathfrak{a}_3{}^-$ sowie $\mathfrak{a}_2{}^\circ$ und $\mathfrak{a}_3{}^\circ$ ist (vgl. Abbildung 8). Die Vorzeichen-Abhängigkeit ist eine Verallgemeinerung der Unabhängigkeit: Sind $(A_2 \times A_3)^-$ und $(A_2 \times A_3)^\circ$ leer, dann ist $\mathfrak{a}_1$ unabhängig von $\mathfrak{a}_2$ und $\mathfrak{a}_3$. *Echte Vorzeichen-Abhängigkeit* liegt vor, wenn zwei oder drei der Mengen $(A_2 \times A_3)^+$, $(A_2 \times A_3)^-$ und $(A_2 \times A_3)^\circ$ nichtleer sind. Der Vorzeichen-Abhängigkeit von $\mathfrak{a}_2$ gegenüber $\mathfrak{a}_1$ und $\mathfrak{a}_3$ und die von $\mathfrak{a}_3$ gegenüber $\mathfrak{a}_1$ und $\mathfrak{a}_2$ sind

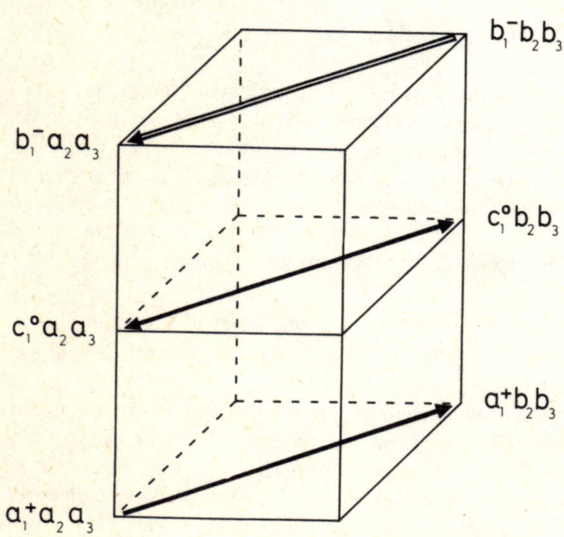

Abb. 11: Darstellung des Axioms der gemeinsamen Vorzeichen-Abhängigkeit von $\mathfrak{a}_2$ und $\mathfrak{a}_3$ gegenüber $\mathfrak{a}_1$ an einem $3 \times 2 \times 2$-Datenquader.

analog zu formulieren. Enthält eine einzelne Komponente, z. B. $\mathfrak{a}_1$, »positive«, »negative« und »neutrale« Ausprägungen, dann sind $\mathfrak{a}_2$ und $\mathfrak{a}_3$ *gemeinsam vorzeichen-abhängig* von $\mathfrak{a}_1$, wenn gilt: A_1 ist in A_1^-, A_1^- und A_1° zerlegbar derart, daß (1) $a_1^+ a_2 a_3 \gtrsim a_1^+ b_2 b_3$ gdw $b_1^- b_2 b_3 \gtrsim b_1^- a_2 a_3$; (2) $c_1^\circ a_2 a_3 \sim c_1^\circ b_2 b_3$. Dies bedeutet, daß die »positiven« und »negativen« Ausprägungen von $\mathfrak{a}_1$ zu entgegengesetzten Rangordnungen und die »neutralen« Ausprägungen zu Indifferenzen führen (siehe Abbildung 11). Hieraus folgt, daß $\mathfrak{a}_2$ und $\mathfrak{a}_3$ gemeinsam unabhängig von $\mathfrak{a}_1^+$, $\mathfrak{a}_1^-$ und $\mathfrak{a}_1^\circ$ sind (vgl. Abbildung 9). Sind A_1^- und A_1° leer, dann sind $\mathfrak{a}_2$ und $\mathfrak{a}_3$ gemeinsam unabhängig von $\mathfrak{a}_1$; die gemeinsame Unabhängigkeit ist also ein Spezialfall der gemeinsamen Vorzeichen-Abhängigkeit. Sind zwei oder drei der Mengen A_1^+, A_1^- und A_1° nichtleer, spricht man von *echter gemeinsamer Vorzeichen-Abhängigkeit*. Die gemeinsame Vorzeichen-Abhängigkeit für die anderen Komponentenpaare wird entsprechend formuliert.

Ebenso wie bei der additiv-verbundenen Struktur (mit drei Komponenten) neben der schwachen Ordnung die gemeinsame Unabhängigkeit (für alle drei Komponentenpaare) das einzige zu prüfende Axiom ist, ist es bei der multiplikativ-verbundenen Struktur die gemeinsame Vorzeichen-Abhängigkeit (für alle drei Komponentenpaare). Aus der gemeinsamen Vorzeichen-Abhängigkeit jedes Komponentenpaares folgt die Vorzeichen-Abhängigkeit jeder einzelnen Komponente von den beiden anderen. Die (gemeinsame) Vorzeichen-Abhängigkeit ist ein notwendiges Axiom für die Multiplikativität und daher auch in den Definitionen 2 und 3 in 15.3 für die betreffenden Komponenten(paare) enthalten.

Die Prüfung der einzelnen oder gemeinsamen Unabhängigkeit und Vorzeichen-Abhängigkeit kann jeweils gemeinsam erfolgen. Denn ist eine Menge A_i ($i=1,2,3$) nicht in A_i^+, A_i^- und A_i° zerlegbar (d. h. sind A_i^- und A_i° leer), dann ist die Prüfung der gemeinsamen Vorzeichen-Abhängigkeit mit der der gemeinsamen Unabhängigkeit identisch. Das Entsprechende gilt für die Prüfung der Vorzeichen-Abhängigkeit und der Unabhängigkeit. Die Unabhängigkeit und gemeinsame Unabhängigkeit sind in jedem $2 \times 2 \times 2$-Teilquader eines als Versuchsplan verwendeten $n_1 \times n_2 \times n_3$-Quaders zu prüfen.

Dasselbe gilt für die Prüfung der einzelnen und gemeinsamen Vorzeichen-Abhängigkeit, da die jeweils echte Vorzeichen-Abhängigkeit nur zwei nichtleere Teilmengen der jeweiligen Zerlegung erfordert.

Im Zusammenhang mit der Vorzeichen-Abhängigkeit stehen die Axiome A 5 von distributiv- und dual-distributiv-verbundenen Strukturen. Diese Axiome fordern die Existenz »neutraler« Elemente $(a_1 a_2)^\circ$ aus $(A_1 \times A_2)^\circ$ und a_3° aus A_3° bzw. a_1° aus A_1° und a_2° aus A_2° entsprechend der einzelnen oder gemeinsamen Vorzeichen-Abhängigkeit, die für die jeweilige Meßstruktur gefordert wird. Ebenso wie Lösbarkeitsaxiome, die die Existenz bestimmter Elemente fordern, sind auch diese Existenzaxiome nicht testbar, da es die geforderten Elemente auch geben kann, wenn sie in der in einem Experiment gewählten Stichprobe nicht enthalten sind.

Distributiv- und dual-distributiv-verbundene Strukturen enthalten außerdem die folgenden Aufhebungsaxiome: die Thomsen-Bedingung und die distributive bzw. dual-distributive Aufhebung. Die *Thomsen-Bedingung* wurde in 14.3 erläutert und ist hier in den Definitionen 2 und 3 (jeweils Axiom A3) auf den Fall dreier Komponenten übertragen. In Kapitel 14 wurde die Thomsen-Bedingung für das Relativ $\langle A_1, A_2, \sim \rangle$ gefordert; hier gilt sie entsprechend für $\langle A_1 \times A_2, A_3, \sim \rangle$.

Bei der distributiv-verbundenen Struktur ist für die Thomsen-Bedingung vorauszusetzen, daß nicht sowohl $b_1 b_2$ als auch b_3 »neutrale« Elemente sind. Die Thomsen-Bedingung ist in jedem $3 \times 3 \times 3$-Teilquader eines $n_1 \times n_2 \times n_3$-Versuchsplans zu prüfen. Die Prüfung der Doppelaufhebung (Thomsen-Bedingung für $\gtrsim$ anstelle $\sim$; siehe 14.3) ist auch hier sinnvoll, jedoch nicht notwendig.

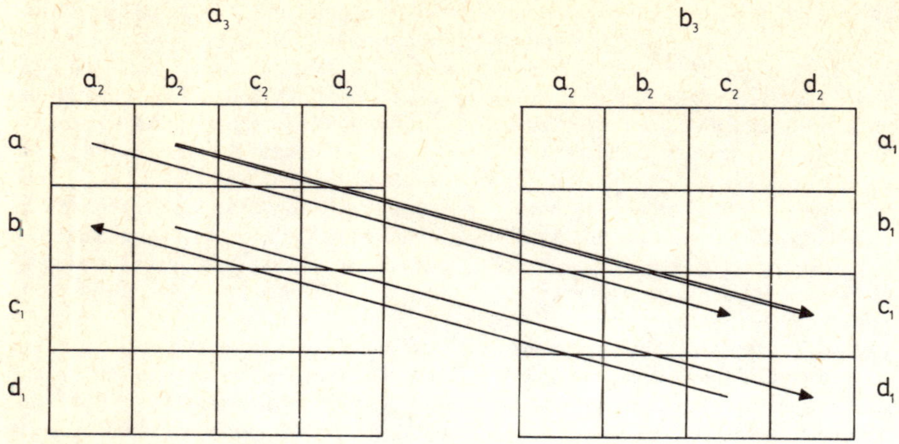

Abb. 12: Darstellung des Axioms der distributiven Aufhebung in einem $4 \times 4 \times 2$-Versuchsplan.

Das für distributiv-verbundene Strukturen charakteristische Aufhebungsaxiom ist die *distributive Aufhebung* (Abbildung 12). Diese Bedingung besagt: Wenn die beiden Zellen einer Diagonale in einer 2×2-Teilmatrix von $A_1 \times A_2$ (mit konstantem a_3) über zwei Diagonalzellen einer (anderen) 2×2-Teilmatrix von $A_1 \times A_2$ (mit konstantem b_3) dominieren (d. h. in der Relation $\gtrsim$ stehen), dann dürfen nicht die *beiden* anderen Diagonalzellen dieser letzteren 2×2-Matrix über die beiden anderen Diagonalzellen der ersteren 2×2-Matrix dominieren. Für die Prüfung der distributiven Aufhebung sollte ein mindestens $4 \times 4 \times 2$-Versuchsplan verwendet werden.

Bei dual-distributiv-verbundenen Strukturen tritt an die Stelle der distributiven die *dual-distributive Aufhebung*. Dieses Axiom ist recht komplex im Vergleich zu den anderen Aufhebungsaxiomen und kann auch durch eine graphische Darstellung kaum anschaulicher gemacht werden. Auch ist in vielen Anwendungen auf das Testen der dual-distributiven Aufhebung aus Ökonomiegründen zu verzichten, da die Prüfung strenggenommen einen $5 \times 5 \times 5$-Versuchsplan (mit 125 Reizen) erfordert. Allerdings ist das Axiom auch in kleineren Versuchsplänen prüfbar: Liegen nur vier der geforderten fünf Ausprägungen einer Komponente vor, dann können zwei der fünf Ausprägungen als identisch betrachtet werden. Für derartige Spezialfälle kann die dual-distributive Aufhebung z. B. in einem $4 \times 4 \times 4$-Versuchsplan geprüft werden. Entsprechendes gilt auch für die anderen Aufhebungsaxiome; z. B. kann die distributive Aufhebung in jedem $2 \times 2 \times 2$-Teilquader getestet werden.

Mit den Aufhebungsaxiomen sind alle Axiome polynomisch-verbundener Strukturen für drei Komponenten erläutert. Eine Übersicht über die testbaren Axiome jeder dieser Meßstrukturen gibt die Tabelle 3.

Sind die in einer Spalte der Tabelle angeführten Axiome empirisch bestätigt, und werden die jeweiligen nicht-testbaren Axiome (Existenz-, Lösbarkeits- und Archimedisches Axiom) als erfüllt angenommen, dann existieren für die Eigenschaften $\mathfrak{a}_1$, $\mathfrak{a}_2$, $\mathfrak{a}_3$ und $\mathfrak{a}$ Intervall-, Log-Intervall- und/oder Verhältnisskalen φ_1, φ_2, φ_3 und φ. Diese sind in der Weise miteinander verknüpft, wie es in der jeweiligen Spalte unter »Art der Repräsentation« angegeben ist.

Tab. 3: Übersicht über die testbaren Axiome polynomisch-verbundener Meßstrukturen für drei Komponenten.

Meßstruktur	additiv-verbundene Struktur	multiplikativ-verbundene Struktur	distributiv-verbundene Struktur	dual-distributiv-verbundene Struktur
Art der Repräsentation	$\varphi=\varphi_1+\varphi_2+\varphi_3$	$\varphi=\varphi_1\cdot\varphi_2\cdot\varphi_3$	$\varphi=(\varphi_1+\varphi_2)\varphi_3$	$\varphi=\varphi_1\cdot\varphi_2+\varphi_3$
zu prüfende Axiome:				
schwache Ordnung;	schwache Ordnung;	schwache Ordnung;	schwache Ordnung;	schwache Ordnung;
Unabhängigkeits-axiome	gemeinsame Unabhängigkeit für jedes Komponentenpaar.	gemeinsame Vorzeichen-Abhängigkeit für jedes Komponentenpaar.	Vorzeichen-Abhängigkeit der Komponenten $\mathfrak{a}_3$ gegenüber $\mathfrak{a}_1$ und $\mathfrak{a}_2$; gemeinsame Vorzeichen-Abhängigkeit von $\mathfrak{a}_1$ und $\mathfrak{a}_2$ gegenüber $\mathfrak{a}_3$;	Unabhängigkeit der Komponenten $\mathfrak{a}_3$ gegenüber $\mathfrak{a}_1$ und $\mathfrak{a}_2$; gemeinsame Unabhängigkeit von $\mathfrak{a}_1$ und $\mathfrak{a}_2$ gegenüber $\mathfrak{a}_3$; Vorzeichen-Abhängigkeit von $\mathfrak{a}_1$ gegenüber $\mathfrak{a}_2$; Vorzeichen-Abhängigkeit von $\mathfrak{a}_2$ gegenüber $\mathfrak{a}_1$;
Aufhebungsaxiome			Thomsen-Bedingung; distributive Aufhebung.	Thomsen-Bedingung; dual-distributive Aufhebung.

Auch polynomisch-verbundene Strukturen dienen neben der Messung von Eigenschaften der Untersuchung der Art des Zusammenwirkens von Eigenschaften. Ist die Art des Zusammenwirkens unbekannt, dann erlaubt die gemeinsame Prüfung der Axiome aller polynomisch-verbundenen Strukturen die Beantwortung der Frage, ob die Eigenschaften additiv, multiplikativ, distributiv, dual-distributiv oder nicht in Form eines einfachen Polynoms zusammenwirken. Dieses Vorgehen, das sich für viele Anwendungsbereiche eignet, wird als *Diagnostizieren einfacher Polynome* bezeichnet. Dieses Diagnostizieren von Gesetzen oder Regeln der Zusammensetzung von Eigenschaften bereitet mit Hilfe eines Programms, das alle Axiome polynomisch-verbundener Strukturen testet, keine Schwierigkeiten. Auch ist es aufgrund einer sukzessiven Prüfung einzelner Axiome möglich, bestimmte Polynome nacheinander zu verwerfen, bis entweder eins übrigbleibt oder alle verworfen sind. Flußdiagramme hierfür sind in Krantz, Luce, Suppes & Tversky (1971, Kap. 7) und Krantz & Tversky (1971 b) angegeben.
Ein FORTRAN-Programm zur Prüfung der Axiome polynomisch-verbundener Strukturen veröffentlichten Ullrich & Cummins (1973). Dieses Programm berücksichtigt jedoch nur den Fall positiver Meßwerte. Dagegen erlauben ein ALGOL-Programm von M. Aschenbrenner (Hamburg) und ein PL-1-Programm von T. S. Wallsten (North Carolina) auch die Prüfung der Vorzeichen-Abhängigkeits-Axiome (beide Programme sind unveröffentlicht). Programme zur Berechnung von Skalenwerten schrieben Wallsten (unveröffentlicht) und Lingoes & Huang (1972; siehe auch Lingoes, 1973) für distributiv-verbundene Strukturen.
Häufig ist es möglich, eine Verknüpfung von Variablen derart umzuformulieren, daß sie sich als einfaches Polynom darstellen läßt (vgl. 14.3). Ein Beispiel ist der von Hurvich & Jameson (1955; 1957; 1966) vorgeschlagene Sättigungskoeffizient, nach dem sich die Sättigung ($\mathfrak{a}$) einer Farbe aus den (Farbton-)Komponenten »Rot/Grün« ($\mathfrak{a}_1$), »Blau/Gelb« ($\mathfrak{a}_2$) und der Helligkeit (»Weiß/Schwarz«) ($\mathfrak{a}_3$) zusammensetzt als $\varphi = \frac{\varphi_1 + \varphi_2}{\varphi_1 + \varphi_2 + \varphi_3}$.
Hieraus folgt das distributive Polynom $\psi = \frac{\varphi}{1-\varphi} = (\varphi_1 + \varphi_2) \cdot \frac{1}{\varphi_3}$.
Für die Anwendung polynomisch-verbundener Strukturen sollte möglichst ein (mindestens) $4 \times 4 \times 3$-Versuchsplan verwendet werden; häufig können jedoch einfache Polynome auch schon bei einem $3 \times 3 \times 2$-Versuchsplan diagnostiziert werden. Die Anwendungsschritte entsprechen denen der additiv-verbundenen Strukturen (siehe 14.3) und sollen hier nicht wiederholt werden.
Polynomisch-verbundene Strukturen wurden erstmals von Coombs & Huang (1970) zur Untersuchung des wahrgenommenen Risikos angewendet. Auch Coombs & Bowen (1971 a), Aschenbrenner (1974) und Berger (1974) untersuchten das Zusammenwirken von Komponenten des Risikos mit Hilfe polynomisch-verbundener Strukturen. Wallsten (1972) konnte durch die Anwendung der distributiv-verbundenen Struktur erstmals Grundannahmen des Bayesschen Theorems (Bayes, 1763; Edwards, Lindman & Savage, 1963) als psychologisches Modell in der Entscheidungstheorie prüfen. Ullrich & Painter (1974) diagnostizierten ein einfaches Polynom für die Beurteilung von (hypothetischen) Stellenbewerbern aufgrund der Komponenten »Intelligenz«, »Berufserfahrung« und »Leistungsmotivation«. Die Bildung von Persönlichkeitseindrücken untersuchte Terpening (1973) mit einem $5 \times 5 \times 6$-Versuchsplan, wobei die zu beurteilenden Personen durch Sätze der Form »Der (Adjektiv) Mann (Verb) (Substantiv)«, wie z. B. »Der böse Mann schlägt Kinder«, beschrieben wurden. Die Anwendung polynomisch-verbundener Strukturen führte zu wesentlich detaillierteren Ergebnissen als die ebenfalls durchgeführten Varianzanalysen sowie die varianz- und regressionsanalytischen Untersuchungen anderer Autoren (z. B. Gollob, 1968).

Polynomisch-verbundene Strukturen wurden bisher nur für den Fall dreier Komponenten erörtert. Es können jedoch auch für vier und mehr Komponenten verbundene Strukturen entwickelt werden, deren Repräsentation ein einfaches Polynom ist. Für den Fall von vier Variablen lassen sich bereits zehn Klassen einfacher Polynome (z. B. $\varphi = \varphi_1 + \varphi_2 + \varphi_3\varphi_4$; $\varphi = (\varphi_1 + \varphi_2)(\varphi_3 + \varphi_4)$ usw.) und damit zehn polynomisch-verbundene Strukturen unterscheiden. Krantz (1968) (siehe auch Krantz, Luce, Suppes & Tversky, 1971, Kap. 7) konnte ein allgemeines Schema für die Entwicklung polynomisch-verbundener Strukturen für mehr als drei Komponenten angeben. Diese Meßstrukturen enthalten neben der schwachen Ordnung, der Lösbarkeit und des Archimedischen Axioms ebenfalls Vorzeichen-Abhängigkeits- und Aufhebungsaxiome. Letztere werden jedoch mit zunehmender Komponentenzahl komplizierter. Für das eindeutige Diagnostizieren von Polynomen wachsen mit der Komponentenzahl auch die Größe des zu verwendenden Versuchsplans und die Anzahl der zu prüfenden Axiome.

15.5 Weiterführende Literatur

Die in 15.3 dargestellten polynomisch-verbundenen Meßstrukturen für drei Komponenten wurden von Krantz, Luce, Suppes & Tversky (1971, Kap. 7) entwickelt. Eine ausführliche Darstellung der Unabhängigkeits- und Aufhebungsaxiome und ihrer Prüfung geben auch Krantz & Tversky (1971 b). Wichtige Arbeiten zu den mathematischen Grundlagen polynomisch-verbundener Strukturen stammen von Tversky (1967 a) und Krantz (1968). Eine Schwächung polynomisch-verbundener Strukturen derart, daß die Relation $\gtrsim$ lediglich auf einer Teilmenge von $A = A_1 \times A_2 \times A_3$ zu bestehen braucht (dies bedeutet, daß nicht jedes Element aus A einen experimentell realisierbaren Reiz repräsentieren muß), ist aufgrund der Arbeit von Falmagne (1973) möglich. Eine wichtige Weiterentwicklung verbundener Strukturen ist die von Huang (1974 a, siehe auch 1974 b) entwickelte »nicht-einfache« verbundene Struktur, deren Repräsentation ein nicht-einfaches Polynom ist und die eine Wechselwirkung zwischen den Komponenten berücksichtigt.

Auf verbundenen Meßstrukturen beruhen die bedingten Entscheidungs-Strukturen, die der gemeinsamen Messung des Nutzens und der subjektiven Wahrscheinlichkeit aufgrund der Theorie des subjektiv erwarteten Nutzens dienen.

Bedingte Entscheidungs-Strukturen wurden von Pfanzagl (1967; siehe auch 1968, Kap. 12), Luce & Krantz (1971) (siehe auch Luce, 1968 a; Krantz u. a., 1971, Kap. 8), Luce (1972 a) und Fishburn (1973 a) entwickelt. Sie sind Weiterentwicklungen der unbedingten Entscheidungs-Strukturen von Ramsey (1931), von Neumann & Morgenstern ([2]1947), Savage (1954), Suppes & Winet (1955), Davidson & Suppes (1956) und Pfanzagl (1959 a).

15.6 Fragen

1. Welche der folgenden Polynome sind einfache Polynome:

a) $F = (x_1 + x_2x_3)x_4$;

b) $F = (x_1 + x_2)(x_3 + x_2)$;

c) $F = x_1x_2 - x_2x_3$;

d) $F = x_1{}^2 + x_2 + x_3x_4$;

e) $(x_1x_3 - x_2x_3 + x_1x_4 - x_2x_4)x_5$?

2. Formulieren Sie bitte das Repräsentations- und Eindeutigkeitstheorem einer additiv-verbundenen Meßstruktur für drei Komponenten.

3. Die 18 Reize eines 3 × 3 × 2-Versuchsplans seien in der folgenden Weise gerangordnet worden:

	a_3				b_3		
	a_2	b_2	c_2		a_2	b_2	c_2
a_1	16	13	10	a_1	18	14	7
b_1	14	11	9	b_1	17	11	5
c_1	8	6	3	c_1	4	2	1

Diagnostizieren Sie bitte ein einfaches Polynom für diese Daten.

4. Nennen Sie bitte die zehn Klassen einfacher Polynome mit vier Variablen.

16. Geometrische Meßstrukturen

16.1 Allgemeine Beschreibung

Verbundene Meßstrukturen geben die Voraussetzungen dafür an, daß mehrdimensionale Eigenschaften als (einfache) Polynome ihrer Komponenten repräsentiert werden können. Mehrdimensionale Eigenschaften können andererseits geometrisch repräsentiert werden, d. h. die Träger einer mehrdimensionalen Eigenschaft (z. B. Farben, Wörter, Personen) können in Punkte eines geometrischen Raums abgebildet werden. Der Ermittlung geometrischer Repräsentationen dienen die mehrdimensionalen Skalierungsverfahren (siehe z. B. Coombs, Dawes & Tversky, 1970, Kap. 3; Green & Carmone, 1970; Green & Rao, 1972; Romney, Shepard & Nerlove, 1972; Shepard, Romney & Nerlove, 1972). Diese Verfahren gehen von Ähnlichkeitsdaten aus (»die Ähnlichkeit zweier Reize *a* und *b* ist größer oder gleich der der Reize *c* und *d*«), repräsentieren die Ähnlichkeiten (bzw. Unähnlichkeiten) zwischen Reizen durch Abstände zwischen Punkten und suchen in einem Raum von möglichst geringer Dimensionalität eine Punktekonfiguration (geometrische Repräsentation) derart, daß die Rangordnung der Abstände zwischen den Punkten mit der empirischen Rangordnung der Unähnlichkeiten zwischen den Reizen möglichst gut übereinstimmt.

Es sind zwei voneinander unabhängige Aspekte geometrischer Repräsentationen zu unterscheiden: (1) die Repräsentation von (Un-)Ähnlichkeiten durch Abstände, d. h. die Messung von Unähnlichkeiten durch ein *Abstandsmaß* (oder: *Metrik*); man spricht daher von einer *metrischen Repräsentation;* (2) die Repräsentation der Reize durch Punkte eines mehrdimensionalen Raums; dies wird als *dimensionale Repräsentation* bezeichnet. Im Zusammenhang mit diesem letzteren Aspekt steht die Bestimmung der minimalen Anzahl der Dimensionen (d. h. der *n* Achsen eines *n*-dimensionalen Raums), die für eine dimensionale Repräsentation erforderlich ist. Die Achsen werden als Komponenten bzw. — in diesem Zusammenhang — als Dimensionen einer mehrdimensionalen Eigenschaft betrachtet. Dies gilt zumindest dann, wenn die geometrische Repräsentation als psychologisches Modell (z. B. als Farbenraum, semantischer Raum) dient und nicht lediglich als Ergebnis einer Datenreduktion verwendet wird.

Meßstrukturen, die zu einer geometrischen Repräsentation führen, werden hier als *geometrische Meßstrukturen* bezeichnet. Gemäß der Unterscheidung von metrischen und dimensionalen Repräsentationen gibt es zwei Arten geometrischer Meßstrukturen: Abstands-Strukturen und dimensionale Strukturen. Eine *Abstands-Struktur* gibt die Voraussetzungen für die Existenz eines Abstandsmaßes (Metrik) an, und zwar für die Existenz einer

»Metrik mit additiven Segmenten« (siehe 16.2). Zu diesen Metriken gehören die Abstandsmaße aller mathematisch bisher näher untersuchten Geometrien. *Dimensionale Strukturen* gehen von n Dimensionen aus und geben die Bedingungen dafür an, daß ein Abstandsmaß existiert derart, daß der Abstand zweier Punkte eine Funktion ihrer Koordinaten auf den n Dimensionen ist. Auch dies ist in allen bekannteren Geometrien der Fall, in denen eine Metrik definiert ist. Da sich die in der Abstands-Struktur formulierten Bedingungen für die Existenz einer Metrik mit additiven Segmenten nur durch (zusätzliche) nicht-testbare Axiome von den Bedingungen für die Existenz einer Metrik unterscheiden, läßt sich nicht eindeutig feststellen, ob gegebene Ähnlichkeitsdaten die Bedingungen für eine Metrik mit additiven Segmenten erfüllen, wenn sie die für eine Metrik erfüllen. Für Anwendungen bedeutender sind daher die dimensionalen Strukturen, die aus diesem Grunde hier ausschließlich dargestellt werden.

Geometrische Strukturen gehen von einer Menge A aus, auf der eine 4-stellige Relation definiert ist, die als (Un-)Ähnlichkeitsrelation zu interpretieren ist (»a und b sind mindestens so (un-)ähnlich wie c und d«). Diese 4-stellige Relation auf A ist eine 2-stellige Relation von Paaren aus $A \times A$, d.h. eine binäre Relation $\gtrsim$ auf $A \times A$. Um die Formulierung der Axiome dimensionaler Strukturen zu vereinfachen, wird jedoch nicht von der Relation $\gtrsim$, sondern von einer Ordinalskala δ (»delta«) der Unähnlichkeiten ausgegangen; dies bedeutet jedoch keine Einschränkung der Anwendbarkeit dimensionaler Strukturen. Das empirische Relativ lautet demnach $\langle A \times A, \delta \rangle$, wobei die Menge $A = A_1 \times \cdots \times A_n$ ein kartesisches Produkt von n Mengen ist (entsprechend den n Dimensionen). Die Repräsentationen dimensionaler Strukturen sind so allgemein, daß sie die bisher in den Sozialwissenschaften verwendeten Metriken als Spezialfälle enthalten.

Die geometrischen Meßstrukturen sind als meßtheoretische Grundlagen der mehrdimensionalen Skalierungsverfahren zu betrachten. Diese Grundlagen sind jedoch noch nicht vollständig entwickelt, da zur Zeit noch keine prüfbaren Axiome (aufgrund einer Ähnlichkeitsrelation) für die Bestimmung der Anzahl der (minimalen) Dimensionen vorliegen. Die dimensionalen Strukturen nehmen daher die Dimensionen als gegeben an, so daß auch bei ihrer Anwendung von den bekannten oder mutmaßlichen Dimensionen einer Eigenschaft auszugehen ist und ein faktorieller Versuchsplan zu verwenden ist. Die erforderliche Wahl von Dimensionen schränkt die Anwendbarkeit dimensionaler Strukturen im Vergleich zu den mehrdimensionalen Skalierungsverfahren zweifellos ein. Andererseits kann nur mit Hilfe dimensionaler Meßstrukturen untersucht werden, ob tatsächlich eine Abbildung in einen geometrischen Raum einer bestimmten Klasse möglich ist; die Skalierungsverfahren führen dagegen rechnerisch stets zu einer geometrischen Repräsentation, auch wenn die notwendigen Bedingungen hierfür nicht erfüllt sind.

16.2 Begriffsbestimmungen

Definition: Es sei A eine nichtleere Menge. Eine reelle Funktion d auf $A \times A$ heißt *Metrik* (oder: *Abstandsfunktion*, *Abstandsmaß*) gdw für alle $a,b,c \in A$ gilt:

1. $d(a,a)=0$; und wenn $a \neq b$, dann $d(a,b)>0$; (Positivität)
2. $d(a,b)=d(b,a)$; (Symmetrie)
3. $d(a,b)+d(b,c) \geqslant d(a,c)$. (Dreiecksungleichung)

Die Elemente aus A heißen *Punkte*. Eine reelle Zahl $d(a,b)$ heißt *Abstand* (oder: *Distanz*, *Entfernung*) zwischen a und b. Das Relativ $\langle A,d \rangle$ heißt *metrischer Raum*.

Eine Metrik d ordnet jedem Punktepaar $(a,b) \in A \times A$ einen Abstand $d(a,b)$ zu derart, daß die genannten drei Bedingungen erfüllt sind. Die Positivität besagt, daß der Abstand zweier Punkte positiv ist; Ausnahme ist der Abstand zwischen einem Punkt und sich selbst, der Null ist. Die Symmetrie fordert, daß der Abstand zwischen a und b gleich ist dem Abstand zwischen b und a. Nach der Dreiecksungleichung muß gelten: Die Summe des Abstands zwischen einem ersten und einem zweiten Punkt und des Abstands zwischen diesem zweiten und einem dritten Punkt ist nicht kleiner als der Abstand zwischen dem ersten und dem dritten Punkt.

Definition: Ein metrischer Raum $\langle A,d \rangle$ heißt *metrischer Raum mit additiven Segmenten*, und die Abstandsfunktion d heißt *Metrik mit additiven Segmenten* gdw für alle $a,c \in A$ gilt:

4. wenn $a \neq c$, dann existieren eine Menge B von Punkten und eine eineindeutige Abbildung f von B auf ein reelles Zahlenintervall $[x,y]$ derart, daß gilt: $a,c \in B$; $f(a)=x$; $f(c)=y$; und $d(b_1,b_2)=|f(b_1)-f(b_2)|$ für alle $b_1,b_2 \in B$. (segmentäre Additivität)

Die segmentäre Additivität besagt, daß es »zwischen« zwei Punkten a und c weitere Punkte gibt derart, daß sich zwei aufeinanderfolgende Abstände zwischen ihnen addieren. Dies bedeutet, daß für die Menge B, zu der auch a und c gehören, die Dreiecksgleichung erfüllt ist: $d(a,b)+d(b,c)=d(a,c)$ für alle a,b,c aus B. Die Menge B heißt *Segment*. In der euklidischen Geometrie ist ein Segment eine Strecke. Auch die Metriken in den anderen bekannteren Geometrien sind Metriken mit additiven Segmenten; in diesen Geometrien können je zwei Punkte durch ein Segment verbunden werden, an dem entlang die Abstände additiv sind, d.h. die Dreiecksgleichung erfüllen.
Die Begriffe »Metrik« und »Metrik mit additiven Segmenten« setzen nicht voraus, daß sich die Elemente aus A als Punkte in einem mehrdimensionalen Raum anordnen lassen. In Geometrien, in denen Abstandsmaße definiert sind, werden diese aufgrund der Dimensionen eingeführt. Hierbei ist die Menge A als kartesisches Produkt $A=A_1 \times \ldots \times A_n$ aus n Mengen zu betrachten (entsprechend den n Dimensionen eines Raums). So ist in der euklidischen Geometrie der Abstand d zweier Punkte $a = (a_1, \ldots, a_n)$ und $b=(b_1, \ldots, b_n)$ im n-dimensionalen Raum definiert als

$$d(a,b) = \sqrt{\sum_{i=1}^{n} (a_i - b_i)^2}\,. \tag{1}$$

Eine andere Metrik, die bereits Attneave (1950) in der Psychologie verwendete (siehe z. B. auch Shepard, 1964a; Torgerson, 1965), lautet

$$d(a,b) = \sum_{i=1}^{n} |a_i - b_i|\,. \tag{2}$$

Hier setzt sich der Abstand zweier Punkte additiv aus den Beträgen der Differenzen ihrer Koordinaten in jeder Dimension zusammen. Dieses Abstandsmaß wird »*City-block*«-*Metrik* genannt; stellt man sich eine Stadt mit ausschließlich rechtwinklig angelegten Straßen vor, dann entspricht dieser Abstand der Entfernung, den ein Fußgänger von einem Haus a zu einem Haus b zurücklegen muß. Die Luftlinie zwischen a und b entspricht dagegen dem euklidischen Abstand (Gleichung 1).
Sowohl die euklidische als auch die »City-block«-Metrik sind Spezialfälle der Abstandsfunktion

$$d(a,b) = \left(\sum_{i=1}^{n} |a_i - b_i|^r \right)^{\frac{1}{r}}, \tag{3}$$

wobei $r \geqslant 1$ eine reelle Zahl ist. Diese Metrik heißt *Minkowski r-Metrik* (oder: *L^P-Metrik, Potenzmetrik*); genauer gesagt handelt es sich um eine Klasse von Metriken, da sich für jedes r eine andere Metrik ergibt. Für $r=1$ erhält man die »City-block«- und für $r=2$ die euklidische Metrik. Die mehrdimensionalen Skalierungsverfahren erlauben eine geometrische Repräsentation in einen Raum mit einer Minkowski r-Metrik. Man siehe z. B. auch Micko & Fischer (1970) und Fischer & Micko (1972) sowie Wender (1971 b) und Ahrens (1972).

Die Minkowski r-Metriken haben drei grundlegende Eigenschaften: (1) *Dekomponierbarkeit*, d. h., der Abstand zweier Punkte ist eine Funktion ihrer Koordinaten in jeder Dimension i; (2) *intradimensionale Subtraktivität*, d. h., der Abstand zweier Punkte ist eine Funktion der Beträge der Differenzen ihrer Koordinaten in jeder Dimension i; (3) *interdimensionale Additivität*, d. h., der Abstand zweier Punkte ist eine Funktion der Summe ihrer Koordinaten in jeder Dimension i.

Ausgehend von diesen Eigenschaften, können die Minkowski r-Metriken in mehrfacher Weise verallgemeinert werden. Sind alle drei Eigenschaften erfüllt, erhält man eine *Additive-Differenzen-Metrik*:[1]

$$d(a,b) = F\left[\sum_{i=1}^{n} \varphi_i(|a_i - b_i|)\right], \tag{4}$$

wobei F und φ_i $(i=1,\ldots,n)$ monoton steigende Funktionen je einer Variablen sind. Eine Minkowski r-Metrik ergibt sich als Spezialfall, wenn alle φ_i Potenzfunktionen mit demselben Exponenten $r \geqslant 1$ sind, und wenn F eine Potenzfunktion mit dem Exponenten $\frac{1}{r}$ ist.

Sind Dekomponierbarkeit und intradimensionale Subtraktivität erfüllt, erhält man eine *(intradimensionale) Differenzen-Metrik*:[1]

$$d(a,b) = F(|a_1 - b_1|, \ldots, |a_n - b_n|), \tag{5}$$

wobei F eine in allen n Variablen monoton steigende Funktion ist. Die Differenzen-Metrik ist eine Verallgemeinerung der Additiven-Differenzen-Metrik.

Eine andere Verallgemeinerung der Additiven-Differenzen-Metriken liegt vor, wenn Dekomponierbarkeit und interdimensionale Additivität gelten. Dies sind die *(interdimensional) additiven Metriken*:[1]

$$d(a,b) = F\left[\sum_{i=1}^{n} \varphi_i(a_i, b_i)\right], \tag{6}$$

wobei F eine monoton steigende Funktion einer Variablen ist, und die φ_i monoton steigende Funktionen je zweier Variablen sind [mit $\varphi_i(a_i,a_i) < \varphi_i(a_i,b_i)$ wenn $a_i \neq b_i$].

Gilt nur die Dekomponierbarkeit, dann erhält man eine *dekomponierbare Metrik*:[1]

$$d(a,b) = F[\varphi_1(a_1,b_1), \ldots, \varphi_n(a_n,b_n)], \tag{7}$$

wobei für die Funktionen F und $\varphi_i (i=1,\ldots,n)$ dasgleiche wie bei einer additiven Metrik gilt. Dekomponierbare Metriken sind Verallgemeinerungen sowohl der additiven als auch der Differenzen-Metriken. Damit sind alle aufgrund von Dimensionen definierten Metriken (Gleichungen 1 bis 6) Spezialfälle dekomponierbarer Metriken. In dieser Hierarchie von Metriken stehen Differenzen- und additive Metriken sowie die euklidische und die »City-block«-Metrik auf jeweils einer Stufe.

---

[1] *Anmerkung während der Drucklegung:* Der Begriff »Metrik« sollte hier vermieden und durch »Modell« ersetzt werden, da $d(a,b)$ nicht die Axiome einer Metrik erfüllen muß.

In 16.3 werden fünf dimensionale Meßstrukturen angeführt, deren Repräsentationen dekomponierbare, additive, Differenzen-, Additive-Differenzen- und Minkowski r-Metriken sind. Für die Formulierung ihrer Axiome ist der folgende Begriff einzuführen.

Definition: Es seien $A = A_1 \times \ldots \times A_n$ ein kartesisches Produkt von n nichtleeren Mengen $A_1, \ldots, A_n$ und δ eine reelle Funktion (Ordinalskala) auf $A \times A$. Ein Element b liegt *zwischen* a und c $(a, b, c \in A)$ gdw gilt:
1. $\delta(a,c) \geqslant \delta(a,b)$; und $\delta(a,c) \geqslant \delta(b,c)$;
2. wenn $a_i = c_i$ für ein beliebiges i, dann $a_i = b_i = c_i$.

Liegt b zwischen a und c, dann wird dies mit $a|b|c$ bezeichnet.
Hierbei ist δ als eine Ordinalskala von Unähnlichkeiten zu interpretieren; $\geqslant$ ist die numerische »größer oder gleich«-Relation; a_i bezeichnet die i-te Koordinate eines Punktes $a = (a_1, \ldots, a_n)$ aus A. Ein Punkt b liegt also zwischen a und c, wenn die Unähnlichkeit zwischen a und c mindestens so groß ist wie die zwischen a und b und die zwischen b und c, und wenn b mit a und c auf einer Dimension übereinstimmt, auf denen a und c gleich sind.

16.3 Darstellung geometrischer Meßstrukturen

Definition 1: Es seien $A = A_1 \times \ldots \times A_n$ ein kartesisches Produkt aus n nichtleeren Mengen $A_1, \ldots, A_n$ und δ eine reelle Funktion (Ordinalskala) auf $A \times A$. (a_i bezeichnet die i-te Koordinate eines Elements $a = (a_1, \ldots, a_n)$ aus A; $\leqslant$ ist die numerische »kleiner oder gleich«-Relation.) Ein Relativ $\langle A \times A, \delta \rangle$ ist eine *(dimensional) dekomponierbare Struktur* gdw die folgenden 3 Axiome für alle $a, a', b, b', c, c', d, d' \in A$ erfüllt sind:

A 1. wenn $a \neq b$, dann $\delta(a,a) = \delta(b,b) < \delta(a,b) = \delta(b,a)$; (Positivität und Symmetrie)

A 2. wenn $\delta(a,c) \leqslant x \leqslant \delta(b,c)$, wobei x eine reelle Zahl ist, dann existiert ein $e \in A$ derart, daß $\delta(e,c) = x$ und $a|e|b$ gilt (siehe Definition »zwischen« in 16.2); (Lösbarkeit)

A 3. wenn $a_i = c_i$, $a'_i = c'_i$, $b_i = d_i$, $b'_i = d'_i$ für ein beliebiges $i = 1, \ldots, n$ und $a_j = a'_j$, $b_j = b'_j$, $c_j = c'_j$, $d_j = d'_j$ für alle $j \neq i$, dann gilt: $\delta(a,b) \leqslant \delta(a',b')$ gdw $\delta(c,d) \leqslant \delta(c',d')$; (Unabhängigkeit)

Theorem 1: Es sei $\langle A \times A, \delta \rangle$ eine (dimensional) dekomponierbare Struktur. Dann existieren reelle Funktionen φ_i auf $A_i \times A_i$ $(i = 1, \ldots, n)$ und eine monoton steigende Funktion F derart, daß für alle $a, b \in A$ gilt:
$\delta(a,b) = F[\varphi_1(a_1,b_1), \ldots, \varphi_n(a_n,b_n)]$,
d. h. $\delta(a,b)$ ist eine dekomponierbare Metrik. Die φ_i sind Ordinalskalen.

Definition 2: Es seien $A = A_1 \times \ldots \times A_n$ eine Menge und δ eine Funktion wie in Definition 1. Ein Relativ $\langle A \times A, \delta \rangle$ ist eine *intradimensional subtraktive Struktur* gdw die folgenden 5 Axiome für alle $a, a', b, b', c, c', d, d' \in A$ erfüllt sind:

A 1. Axiom A 1 aus Definition 1 gilt;

A 2. Axiom A 2 aus Definition 1 gilt;

A 3. Axiom A 3 aus Definition 1 gilt;

A 4. wenn für ein beliebiges $i = 1, \ldots, n$ und für alle $j \neq i$ $a_j = b_j = c_j = d_j$ und $a|b|c$ gilt, dann gilt:
   1. wenn $b|c|d$ und $b \neq c$, dann $a|b|d$ und $a|c|d$;
   2. wenn $a|c|d$, dann $a|b|d$ und $b|c|d$; (siehe Definition »zwischen« in 16.2)

A 5. wenn für ein beliebiges $i = 1, \ldots, n$ und für alle $j \neq i$ $a_j = b_j = c_j = a'_j = b'_j = c'_j$ und $a|b|c$ und $a'|b'|c'$ und $\delta(b,c) = \delta(b',c')$ gilt, dann gilt:
$\delta(a,b) \leqslant \delta(a',b')$ gdw $\delta(a,c) \leqslant \delta(a',c')$. (schwache Monotonie)

Theorem 2: Es sei $\langle A \times A, \delta \rangle$ eine intradimensional subtraktive Struktur. Dann existieren reelle Funktionen f_i auf A_i $(i=1, \ldots, n)$ und eine monoton steigende Funktion F derart, daß für alle $a,b \in A$ gilt:

$\delta(a,b) = F[|f_1(a_1) - f_2(b_1)|, \ldots, |f_n(a_n) - f_n(b_n)|]$,

d.h. $\delta(a,b)$ ist eine (intradimensionale) Differenzen-Metrik, wobei die $f_i(a_i)$ Skalenwerte der i-ten Dimension von a sind. Die f_i sind Intervallskalen.

Definition 3: Es seien $A = A_1 \times \ldots \times A_n$ eine Menge und δ eine Funktion wie in Definition 1, und es sei $n \geqslant 3$. Ein Relativ $\langle A \times A, \delta \rangle$ ist eine *interdimensional additive Struktur* gdw die folgenden 3 Axiome für alle $a,a', b,b', c,c', d,d' \in A$ erfüllt sind:

A1. Axiom A1 aus Definition 1 gilt;

A2. Axiom A2 aus Definition 1 gilt;

A6. wenn $a_i = a'_i$, $b_i = b'_i$, $c_i = c'_i$, $d_i = d_i'$ für ein beliebiges $i = 1, \ldots, n$ und $a_j = c_j$, $a'_j = c'_j$, $b_j = d_j$, $b'_j = d'_j$ für alle $j \neq i$, dann gilt: $\delta(a,b) \leqslant \delta(a',b')$ gdw $\delta(c,d) \leqslant \delta(c',d')$.

(gemeinsame Unabhängigkeit)

Theorem 3: Es sei $\langle A \times A, \delta \rangle$ eine interdimensional additive Struktur. Dann existieren reelle Funktionen φ_i auf $A_i \times A_i$ $(i=1, \ldots, n)$ und eine monoton steigende Funktion F derart, daß für alle $a,b \in A$ gilt:

$$\delta(a,b) = F\left[\sum_{i=1}^{n} \varphi_i(a_i, b_i)\right],$$

d.h. $\delta(a,b)$ ist eine (interdimensional) additive Metrik. Die φ_i sind Intervallskalen mit derselben Einheit.

Zusatz: Ist $n=2$, dann ist $\langle A \times A, \delta \rangle$ eine interdimensional additive Struktur gdw anstelle von A6 aus Definition 3 das folgende Axiom A6* für alle $a_i, a'_i, a''_i, b_i, b'_i, b''_i \in A_i$ $(i = 1,2)$ erfüllt ist:

A6.* wenn $\delta[(a_1,a'_2),(b_1,b'_2)] \leqslant \delta[(a'_1,a''_2),(b'_1,b''_2)]$
und $\delta[(a'_1,a_2),(b'_1,b_2)] \leqslant \delta[(a''_1,a'_2),(b''_1,b'_2)]$,
dann $\delta[(a_1,a_2),(b_1,b_2)] \leqslant \delta[(a''_1,a''_2),(b''_1,b''_2)]$. (Doppel-Aufhebung)

Definition 4: Es seien $A = A_1 \times \ldots \times A_n$ eine Menge und δ eine Funktion wie in Definition 1, und es sei $n \geqslant 3$. Ein Relativ $\langle A \times A, \delta \rangle$ ist eine *(dimensionale) Additive-Differenzen-Struktur* gdw die folgenden 5 Axiome für alle $a,a',b,b',c,c',d,d' \in A$ erfüllt sind:

A1. Axiom A1 aus Definition 1 gilt;

A2. Axiom A2 aus Definition 1 gilt;

A4. Axiom A4 aus Definition 2 gilt;

A5. Axiom A5 aus Definition 2 gilt;

A6. Axiom A6 aus Definition 3 gilt.

Theorem 4: Es sei $\langle A \times A, \delta \rangle$ eine (dimensionale) Additive-Differenzen-Struktur. Dann existieren reelle Funktionen f_i auf A_i und φ_i auf $A_i \times A_i (i=1, \ldots, n)$ und eine monoton steigende Funktion F derart, daß für alle $a,b \in A$ gilt:

$$\delta(a,b) = F\left(\sum_{i=1}^{n} \varphi_i[|f_i(a_i) - f_i(b_i)|]\right),$$

d.h. $\delta(a,b)$ ist eine Additive-Differenzen-Metrik, wobei die $f_i(a_i)$ Skalenwerte der i-ten Dimension von a sind. Die f_i sind Intervallskalen, und die φ_i sind Intervallskalen mit derselben Einheit.

Zusatz: Ist $n=2$, dann ist $\langle A \times A, \delta \rangle$ eine (dimensionale) Additive-Differenzen-Struktur gdw anstelle von A6 aus Definition 3 das Axiom A6* aus dem Zusatz zum Theorem 3 erfüllt ist.

Definition 5: Eine (dimensionale) Additive-Differenzen-Struktur $\langle A \times A, \delta \rangle$ heißt Minkowski-Struktur gdw $\langle A, \delta \rangle$ ein metrischer Raum mit additiven Segmenten ist.

Theorem 5: Es sei $\langle A \times A, \delta \rangle$ eine Minkowski-Struktur. Dann existieren reelle Funktionen f_i auf A_i $(i=1,\ldots,n)$ und eine eindeutige reelle Zahl $r \geqslant 1$ derart, daß für alle $a,b \in A$ gilt:

$$\delta(a,b) = \left[\sum_{i=1}^{n} |f_i(a_i) - f_i(b_i)|^r \right]^{\frac{1}{r}},$$

d. h. $\delta(a,b)$ ist eine Minkowski r-Metrik, wobei die $f_i(a_i)$ Skalenwerte der i-ten Dimension von a sind. Die f_i sind Intervallskalen.

16.4 Erläuterung der geometrischen Meßstrukturen und Hinweise für ihre Anwendung

Die Anwendung geometrischer Meßstrukturen erfordert Ähnlichkeitsdaten, d. h. eine Ordnungsrelation von Ähnlichkeiten zwischen (mehrdimensionalen) empirischen Objekten. Diese Ordnungsrelation kann direkt erhoben werden durch Urteile wie »die Reize a und b sind ähnlicher als die Reize c und d« oder auch indirekt z. B. aufgrund von Verwechslungshäufigkeiten zwischen Reizen oder aufgrund von Korrelationen. Eine weitere Möglichkeit ist das direkte (numerische) Schätzen von Ähnlichkeiten oder Abständen. Diese und weitere Methoden sind z. B. in Torgerson (1958, Kap. 11), Coombs (1964, Kap. 20) und Sixtl (1967, Kap. 6) ausführlich beschrieben.
Für die Anwendung dimensionaler Strukturen sind die Ähnlichkeitsdaten aufgrund eines n-faktoriellen Versuchsplans zu erheben, da die Menge A ein kartesisches Produkt von n Mengen $A_1, \ldots, A_n$ ist. Diese n Mengen entsprechen den n Dimensionen einer mehrdimensionalen Eigenschaft, von denen bei der Anwendung auszugehen ist. Die reelle Funktion δ des empirischen Relativs $\langle A \times A, \delta \rangle$ dimensionaler Strukturen ist als eine Ordinalskala von Unähnlichkeiten zu betrachten. Für die hierdurch vereinfachte Formulierung der Axiome wird also bereits vorausgesetzt, daß $\langle A \times A, \gtrsim \rangle$ (wobei $\gtrsim$ eine Unähnlichkeitsrelation ist) eine schwache Ordnungs-Struktur ist (siehe 10.3). Hierzu ist lediglich zu prüfen, ob $\gtrsim$ eine schwache Ordnung ist. Ist diese Bedingung erfüllt, kann die Existenz einer Ordinalskala δ angenommen werden, und es können die Axiome dimensionaler Strukturen geprüft werden.
Zunächst werden die in den verschiedenen dimensionalen Strukturen (Definitionen 1 bis 5 in 16.3) enthaltenen Axiome A1 bis A6 und A6* erläutert; auf die Unterschiede dieser Meßstrukturen wird anschließend eingegangen. Das Axiom A1 fordert, daß die Ordinalskalenwerte der Unähnlichkeiten symmetrisch sind sowie zwischen unterschiedlichen Elementen positiv und zwischen identischen Elementen Null sind. Dieses Axiom ist gewöhnlich aufgrund der Datenerhebung erfüllt; auf jeden Fall bereitet die Prüfung keinerlei Probleme. Das Lösbarkeitsaxiom A2 fordert die Existenz eines Elements e zwischen a und b derart, daß $\delta(e,c)$ gleich einer bestimmten reellen Zahl x ist, wenn $\delta(a,c)$ kleiner oder gleich x und $\delta(b,c)$ größer oder gleich x ist. Dieses Axiom ist nicht-testbar, da das Element e auch dann existieren kann, wenn es in der endlichen Reizmenge in einem Experiment nicht enthalten ist.

Das Axiom A3 ist ein Unabhängigkeitsaxiom und entspricht den in Kapitel 14 und 15 erläuterten Unabhängigkeitsaxiomen verbundener Meßstrukturen. Es besagt: wenn a und c, a' und c', b und d sowie b' und d' jeweils auf der i-ten Dimension übereinstimmen, und wenn a und a', b und b', c und c' sowie d und d' jeweils auf allen anderen Dimensionen übereinstimmen, dann muß gelten: $\delta(a,b) \leqslant \delta(a',b')$ gdw $\delta(c,d) \leqslant \delta(c',d')$. Dies bedeutet, daß die i-te Dimension unabhängig von den anderen Dimensionen ist. Beim Vergleich mit den verbundenen Strukturen ist zu beachten, daß die Unabhängigkeit hier aufgrund einer 4-stelligen (Unähnlichkeits-)Relation anstelle einer binären (Ordnungs-)Relation formuliert ist. Entsprechend fordert das Axiom A6 die gemeinsame Unabhängigkeit aller $j \neq i$ Dimensionen von der i-ten Dimension. Das Axiom besagt: wenn a und c, a' und c', b und d sowie b' und d' jeweils auf allen mit Ausnahme der i-ten Dimension übereinstimmen, und wenn a und a', b und b', c und c' sowie d und d' jeweils auf der i-ten Dimension übereinstimmen, dann muß gelten: $\delta(a,b) \leqslant \delta(a',b')$ gdw $\delta(c,d) \leqslant \delta(c',d')$. Ebenso wie bei verbundenen Strukturen aus der gemeinsamen Unabhängigkeit (bei drei Komponenten für alle Paare von Komponenten) die Unabhängigkeit folgt, folgt aus dem Axiom A6 das Axiom A3. Das letztere Axiom ist daher in der interdimensional additiven und in der Additiven-Differenzen-Struktur nicht angeführt, da diese Strukturen das Axiom A6 enthalten. Im Falle zweier Dimensionen ($n=2$) gilt auch für dimensionale Strukturen anstelle der gemeinsamen Unabhängigkeit (A6) die Doppel-Aufhebung (Axiom A6*), wie es bei verbundenen Strukturen für zwei Komponenten der Fall ist (vgl. Kapitel 14). Auch das Axiom der Doppel-Aufhebung ist in 16.3 für eine 4-stellige Relation formuliert, während es bei verbundenen Strukturen für eine binäre Relation gilt.

Die Axiome A4 und A5 sind für die intradimensional subtraktive Struktur notwendig und daher eindimensionale Axiome, d.h. sie gelten für Elemente, die sich in nur einer Dimension unterscheiden. Das Axiom A4 ist unmittelbar einleuchtend; es besagt: (1) wenn b zwischen a und c liegt, und c zwischen b und d liegt (wobei $b \neq c$ sei), dann muß b auch zwischen a und d liegen, und c muß auch zwischen a und d liegen; und (2) wenn b zwischen a und c liegt, und c zwischen a und d liegt, dann muß b auch zwischen a und d liegen, und c muß auch zwischen b und d liegen. Auch das Axiom A5 ist plausibel; es kann mit Hilfe von 6 Punkten, die auf einer Geraden liegen, graphisch veranschaulicht werden. Das Axiom entspricht dem der schwachen Monotonie einer algebraischen Differenzen-Struktur (siehe 13.2), das in 13.3 erläutert und in der Abbildung 4 graphisch dargestellt wurde.

Die dimensionalen Meßstrukturen stehen in der gleichen Hierarchie wie ihre Repräsentationen, die in 16.2 durch die Gleichungen (3) bis (7) definierten Metriken. Diese Hierarchie kommt auch in den Axiomen zum Ausdruck. So sind die Axiome A1 bis A3 der dekomponierbaren Struktur auch in allen anderen dimensionalen Strukturen gefordert (man beachte, daß A3 aus A6 folgt). Gelten zusätzlich die Axiome A4 und A5, so liegt eine intradimensional subtraktive Struktur vor, deren Repräsentation eine Differenzen-Metrik ist. Gilt stattdessen das Axiom A6, handelt es sich um eine interdimensional additive Struktur mit einer additiven Metrik als Repräsentation. Sind sowohl A4 und A5 als auch A6 erfüllt, ergibt sich als Spezialfall eine Additive-Differenzen-Struktur, deren Repräsentation eine Additive-Differenzen-Metrik ist. Es sei daran erinnert, daß es sich bei diesen Metriken nicht um Metriken mit additiven Segmenten handeln muß. Es ist daher interessant, daß die Minkowski r-Metrik die einzige Additive-Differenzen-Metrik ist, die gleichzeitig eine Metrik mit additiven Segmenten ist. Diesen Sachverhalt drückt das Theorem 5 aus. Empirisch ist es jedoch kaum möglich zwischen einer Additiven-Differenzen-Metrik und einer Minkowski r-Metrik zu unterscheiden, ebensowenig wie dies zwischen einer Metrik und einer Metrik mit additiven Segmenten der Fall ist.

Die Größe des zu verwendenden faktoriellen Versuchsplans richtet sich nach der dimensionalen Meßstruktur, die angewendet werden soll. So erfordern die Axiome A 3 und A 6, die bei der Anwendung einer dekomponierbaren bzw. additiven Struktur zu prüfen sind, mindestens zwei Ausprägungen in jeder Dimension. Im Falle dreier Dimensionen ist also ein mindestens $2 \times 2 \times 2$-Versuchsplan zu verwenden. Die für die intradimensional subtraktive und die Additive-Differenzen-Struktur notwendigen Axiome A 4 und A 5 erfordern vier bzw. sechs Ausprägungen in jeder Dimension. Es ist also strenggenommen ein $6 \times 6 \times 6$-Versuchsplan (im Falle dreier Dimensionen) zu verwenden. Jedoch gilt auch für das Axiom A 6, wie für die Aufhebungsaxiome polynomisch-verbundener Strukturen, daß dieses Axiom in kleineren Versuchsplänen prüfbar ist, wenn als Spezialfälle ein oder zwei der sechs Elemente als identisch betrachtet werden. Meistens ist es bei einer Anwendung sinnvoll, die Axiome A 1 bis A 6 alle zu testen, d.h. zu prüfen, ob eine Additive-Differenzen- bzw. eine Minkowski-Struktur vorliegt. Hierfür sollten also möglichst sechs, mindestens jedoch vier Ausprägungen in jeder Dimension verwendet werden. Die Forderung der experimentellen Realisierbarkeit aller Reize eines faktoriellen Versuchsplans sollte ebenso wie bei der Anwendung verbundener Strukturen erfüllt werden.

Im Gegensatz zur Anwendung verbundener Strukturen ist für die Prüfung dimensionaler Strukturen anstelle einer binären Ordnungsrelation eine vierstellige (Un-)Ähnlichkeitsrelation zu erheben, d.h. es ist eine Rangordnung der (Un-)Ähnlichkeiten zwischen allen Reizpaaren zu beobachten oder herzustellen. Abgesehen hiervon, entspricht die Anwendung dimensionaler Strukturen der verbundener Strukturen.

In einer Anwendung dimensionaler Strukturen prüften Tversky & Krantz (1969) die interdimensionale Additivität bei schematischen Gesichtern (Strichzeichnungen), die sich in drei Dimensionen mit jeweils zwei Ausprägungen unterschieden. Wender (1971a) testete die Dekomponierbarkeit der Ähnlichkeit von Rechtecken aufgrund der Dimensionen »Fläche« und »Form«, wobei die Form eines Rechtecks als Verhältnis von Breite zu Länge definiert wird. Krantz & Tversky (1973) untersuchten neben den Eigenschaften »Fläche« und »Form« auch die Eigenschaften »Länge« und »Breite« von Rechtecken als mögliche Paare von Dimensionen und prüften sowohl die interdimensionale Additivität als auch die intradimensionale Subtraktivität, d.h. die Axiome einer Additiven-Differenzen-Struktur. Zahlreiche detaillierte und empirisch bedeutsame Ergebnisse dieser meßtheoretischen Analyse waren mittels einer mit denselben Daten durchgeführten mehrdimensionalen Skalierung nicht erkennbar.

16.5 Weiterführende Literatur

Dimensionale Meßstrukturen wurden von Beals, Krantz & Tversky (1968) und Tversky & Krantz (1970) entwickelt; die in 16.3 angeführten Definitionen beruhen auf der letzteren Arbeit. Eine Abstands-Struktur, die hinreichende Bedingungen für die Existenz einer Metrik mit additiven Segmenten angibt, entwickelten Beals & Krantz (1967), Beals, Krantz & Tversky (1968) und Krantz (1968). Eine ausführliche Darstellung geometrischer Meßstrukturen geben Krantz, Luce, Suppes & Tversky (1974). Titiev (1969; 1972a; siehe auch 1972b) zeigte, daß es keine endliche Anzahl notwendiger und hinreichender Axiome für eine endliche geometrische Meßstruktur gibt, deren Repräsentation die euklidische Metrik ist.

16.6 Fragen

1. Wieviele Minkowski r-Metriken gibt es?
2. Wie groß ist der Abstand zwischen den Punkten $a=(0,2,1)$ und $b=(2,1,3)$;
   a) bei einer euklidischen, b) bei einer »City-block«-, c) bei einer Minkowski r-Metrik mit $r=3$ und mit $r=4$?
3. In wievielen Teil-Versuchsplänen sind die Axiome A 3 (Unabhängigkeit) und A 6 (gemeinsame Unabhängigkeit) dimensionaler Meßstrukturen zu prüfen, wenn Versuchspläne der Größe a) $3 \times 3 \times 2$, b) $6 \times 4 \times 2$, c) $4 \times 4 \times 4$, d) $6 \times 6 \times 6$, e) $3 \times 3 \times 3 \times 3$, f) $6 \times 6 \times 4 \times 4$ verwendet werden?
4. Ist die »City-block«-Metrik ein Polynom (siehe 15.2)?

17. Das Problem der Entwicklung einer Fehlertheorie

17.1 Beispiel

Dieses Kapitel dient der Erörterung eines noch weitgehend ungelösten Problems, das sich aus der empirischen Anwendung aller in den vorigen Kapiteln dargestellten Meßstrukturen ergibt.
Ein Beispiel sei die Prüfung des Transitivitätsaxioms. Ergeben sich z. B. nur 3 von 990 möglichen Verletzungen der Transitivität, so sind diese Verletzungen sicherlich als »zufällige« Fehler zu betrachten und das Axiom als empirisch erfüllt anzusehen. Ist die Transitivität aber auch noch bei 6, 12, 90 oder 300 von 990 möglichen Verletzungen als erfüllt zu betrachten, oder müssen diese häufigeren Abweichungen als »systematische« Fehler gelten? Es stellt sich hiermit das Problem, bei wievielen empirischen Verletzungen eines Axioms die Grenze zwischen zufälligen und systematischen Fehlern liegt, d. h. wann ein Axiom als empirisch erfüllt und wann als empirisch verletzt anzusehen ist.

17.2 Begriffsbestimmungen

Unter *Fehlern* werden hier empirische Verletzungen von Axiomen verstanden. Zur Beantwortung der Frage, wann Verletzungen eines Axioms als zufällige und wann als systematische Fehler anzusehen sind, bedarf es der Entwicklung einer *Fehlertheorie*. Eine Fehlertheorie soll also Kriterien für die Entscheidung angeben, bei wievielen Verletzungen ein Axiom empirisch zu bestätigen bzw. zu verwerfen ist. Es lassen sich zwei Möglichkeiten oder Arten von Fehlertheorien unterscheiden: algebraische und probabilistische Fehlertheorien.
Eine *algebraische Fehlertheorie* versucht, empirische Verletzungen von Axiomen direkt in das algebraisch formulierte Axiomensystem einzubeziehen. Hierbei werden die algebraischen Axiome einer Meßstruktur durch andere, schwächere algebraische Axiome ersetzt. Ein Beispiel ist die Schwächung der schwachen Ordnung durch die Semiordnung (vgl. Kapitel 10).
Eine *probabilistische Fehlertheorie* besteht dagegen in dem »Aufsetzen« eines probabilistischen Modells auf das algebraisch formulierte Axiomensystem. Hierbei werden die algebraischen Axiome einer Meßstruktur unverändert gelassen und durch statistische Annahmen ergänzt.

Die Begriffe »Fehler« und »Fehlertheorie« sind nicht mit den Begriffen »Meßfehler« und »Meßfehlertheorie« zu verwechseln. Letztere beziehen sich auf die Ergebnisse des praktischen Meßvorgangs. Meßfehler bezeichnen zufällige Abweichungen erhaltener Meßwerte von einem »wahren Wert«, der durch Mittelung wiederholt gewonnener Meßwerte angenähert wird (siehe hierzu z. B. Campbell, 1920, Kap. 17; Hofmann, 1963; Kreyszig, 1965, Kap. 19; Kyburg, 1968, Kap. 6).

17.3 Einige Lösungsansätze

Wichtige Ergebnisse einer algebraischen Fehlertheorie wurden bereits in Kapitel 10 angeführt: der Ersatz der Transitivität durch schwächere Axiome bzw. die Entwicklungen der Semiordnung und Intervallordnung als Schwächungen der schwachen Ordnung. Diese Ergebnisse sind besonders deshalb bedeutend, weil nahezu alle Meßstrukturen von einer schwachen Ordnung ausgehen. Diese konnte bereits in extensiven und Wahrscheinlichkeits-Strukturen durch eine Semiordnung ersetzt werden (vgl. Kapitel 11). Als Ergebnisse einer algebraischen Fehlertheorie sind ferner alle (in den jeweiligen Kapiteln angeführten) Schwächungen testbarer Axiome von Meßstrukturen zu betrachten. Diese sind für die empirische Anwendbarkeit von Meßstrukturen sehr wichtig, da sie auftretende Fehler (beim Testen ungeschwächter Axiome) wesentlich verringern können. Jedoch muß auch beim Testen geschwächter Axiome mit dem Auftreten von Fehlern gerechnet werden. Deshalb kann in einer algebraischen Fehlertheorie *allein* keine befriedigende Lösung des Problems der Berücksichtigung von Fehlern gesehen werden.
Eine probabilistische Fehlertheorie könnte von der Annahme ausgehen, daß jedem Element $a \in A$ ein Erwartungswert (Mittelwert) $M(a)$ einer normalverteilten Zufallsvariablen entspricht. Die Transitivität würde dann lauten: wenn $M(a) \geqslant M(b)$ und $M(b) \geqslant M(c)$, dann $M(a) \geqslant M(c)$. Axiome würden so zu testbaren statistischen Hypothesen. Es ist jedoch noch keine probabilistische Fehlertheorie entwickelt worden. Dies beruht zum Teil auf Problemen, die sich daraus ergeben, daß die Konstruktion von Skalen auch Transformationen der Zufallsvariablen erfordert. Außerdem werden die Axiome einer Meßstruktur hierdurch durch weitere, und zwar nicht testbare, Annahmen ergänzt, wie z. B. die Annahme einer bestimmten Verteilungsform. Wünschenswerter ist daher eine direktere Einbeziehung einer Fehlertheorie in vorhandene Axiomensysteme.
Eine Möglichkeit der direkten Einbeziehung einer Fehlertheorie in Meßstrukturen bietet eine probabilistische Logik, die es ermöglicht, Aussagen (z. B. Axiomen) anstelle der Wahrheitswerte »wahr« und »falsch« Wahrscheinlichkeiten zuzuordnen. Eine Relation wird hierbei zu einer Zufallsrelation, d. h. einer Relation, die mit einer bestimmten Wahrscheinlichkeit besteht, und ein Homomorphismus wird zu einer Zufallsfunktion. Es ist möglich, Meßstrukturen zu probabilistischen Meßstrukturen zu verallgemeinern, für die die Axiome mit einer bestimmten Wahrscheinlichkeit p gelten. Die Spezialfälle $p=1$ und $p=0$ entsprechen den Wahrheitswerten »wahr« und »falsch«, d. h. den Aussagen »das Axiom ist erfüllt bzw. verletzt«. Die Umformulierung der (algebraischen) Meßstrukturen zu probabilistischen Meßstrukturen läßt die algebraische Struktur der Axiome, Theoreme und deren Beweise erhalten. Alle Meßstrukturen lassen sich zu probabilistischen verallgemeinern. Es liegen allerdings noch keine Erörterungen und Beispiele der empirischen Anwendung von probabilistischen Meßstrukturen vor.
Dem Problem der Angabe von Kriterien für die Bestätigung bzw. Verletzung von Axiomen entspricht auf einer allgemeineren Ebene das der Formulierung von Bedingungen für die Annahme bzw. Verwerfung von Hypothesen. Auch wenn diese Fragen noch nicht befriedigend gelöst sind, kann dies nicht bedeuten, daß die empirische Anwendung von

Meßstrukturen nicht möglich oder nicht sinnvoll ist; dies zeigen die in den vorigen Kapiteln genannten Anwendungen. Solange jedoch keine befriedigende Fehlertheorie für Meßstrukturen vorliegt, muß man sich mit mehr oder weniger willkürlichen Faustregeln für die Beurteilung der empirischen Erfüllung von Axiomen zufrieden geben.

17.4 Weiterführende Literatur

Die wichtigsten Arbeiten zur algebraischen Fehlertheorie wurden in Kapitel 10 genannt. Ergebnisse der Schwächung anderer Meßstrukturen wurden in den jeweiligen Kapiteln angeführt. Möglichkeiten einer probabilistischen Fehlertheorie werden z. B. von Krantz (1968) und Suppes (1969) erörtert. Zum Problem der Berücksichtigung von Fehlern siehe man ferner Campbell (1920, Kap. 16), Adams (1965) und Krantz, Luce, Suppes & Tversky (1971, Kap. 1).
Der Ansatz einer probabilistischen Logik, die die Formulierung probabilistischer Meßstrukturen ermöglicht, wurde von Gaifman (1964), Scott & Krauss (1966) und Krauss (1969) entwickelt. Die Anwendung dieser Logik auf Meßstrukturen erörtert Domotor (1969).

17.5 Fragen

1. Worin unterscheiden sich Meßfehler, zufällige und systematische Fehler?
2. Warum kann eine algebraische Fehlertheorie das Problem der Berücksichtigung von Fehlern nicht befriedigend lösen? Welche Nachteile hat eine probabilistische Fehlertheorie?

18. Axiome als empirische Gesetze in der Psychologie

18.1 Beispiel

In Kapitel 3 wurde bereits ein Beispiel eines physikalischen Naturgesetzes genannt: $d = \frac{m}{V}$, wobei d die Dichte, m die Masse und V das Volumen eines Körpers bezeichnen. Es ist beobachtet worden, daß das Verhältnis von Masse zu Volumen für gleichartige Körper konstant ist. Zum Beispiel ist dieses Verhältnis für eine bestimmte Holzart oder für ein bestimmtes Metall konstant, und zwar unabhängig davon, wie groß das Stück Holz oder Metall ist. Da diese (relative) Konstante dem intuitiven Begriff der Dichte eines Körpers entspricht, hat man sie als „Dichte" bezeichnet.
Dieses Naturgesetz konnte durch Messungen der Masse und des Volumens von Körpern erkannt werden. Diese Messungen beruhen auf der empirischen Gültigkeit meßtheoretischer Axiome. Die Axiome sind in diesem Fall empirisch ebenso gültig wie das Gesetz $d = \frac{m}{V}$ und sind daher ebenfalls als physikalische Gesetze zu betrachten. Der Unterschied beider Arten empirischer Gesetze liegt darin, daß das Gesetz $d = \frac{m}{V}$ ein quantitatives ist, während die der Messung der Masse und des Volumens zugrundeliegenden empirisch erfüllten Axiome nichtnumerische Gesetze sind.

18.2 Begriffsbestimmungen

Empirisch erfüllte Axiome werden als *qualitative (empirische) Gesetze* bezeichnet (»qualitativ« ist hier stets im Sinne von »nicht-numerisch« zu verstehen). Testbare Axiome, die für eine bestimmte Eigenschaft zwar interpretiert, jedoch noch nicht geprüft wurden, können als *qualitative Hypothesen* bezeichnet werden. Beispiele sind alle in den vorigen Kapiteln genannten testbaren Axiome. Empirische Gesetze, die einen (numerischen) Zusammenhang zwischen meßbaren Eigenschaften ausdrücken, sind *quantitative (empirische) Gesetze*. Beispiele sind zahlreiche physikalische Naturgesetze. Ist dieser Zusammenhang empirisch noch nicht bestätigt, wird er als *quantitative Hypothese* bezeichnet.

18.3 Die Entdeckung empirischer Gesetze in der Psychologie

In der Physik stehen quantitative Gesetze im Vordergrund des Interesses. Qualitative empirische Gesetze sind dort gewöhnlich so trivial, daß sie lange Zeit gar nicht beachtet wurden. So wurden die qualitativen Gesetze, die der Messung extensiver Größen zugrundeliegen, erst formuliert, nachdem sie jahrhundertelang erfolgreich angewendet worden waren. In den Sozialwissenschaften sind empirische qualitative Gesetze dagegen keineswegs trivial. Eines der bekanntesten Beispiele ist die Transitivität, die häufig als nicht erfüllt anzusehen ist. Untersuchungen der Bedingungen, unter denen ein Axiom (eine qualitative Hypothese) erfüllt ist bzw. nicht erfüllt ist, können wertvolle Aufschlüsse über die Struktur einer Eigenschaft geben.

Eine grundlegende Bedeutung haben qualitative Gesetze darüber hinaus als Voraussetzung für die Meßbarkeit von Eigenschaften, die wiederum Voraussetzung für quantitative empirische Gesetze ist. Die Meßtheorie formuliert Axiome, deren empirische Interpretationen qualitative Hypothesen sind. Die empirische Bestätigung einer qualitativen Hypothese führt (in der Psychologie) zu einem qualitativen psychologischen Gesetz. Die empirische Bestätigung aller testbaren Axiome einer Meßstruktur führt zu der Annahme der Meßbarkeit der untersuchten Eigenschaft und zu einem praktischen Meßverfahren für diese Eigenschaft. Aus Zusammenhängen zwischen meßbaren Eigenschaften resultieren quantitative Hypothesen. Die empirische Bestätigung dieser Hypothesen macht diese zu quantitativen empirischen Gesetzen. Die Prüfung der Meßbarkeit von Eigenschaften kann in einigen Fällen gleichzeitig mit der Prüfung einer quantitativen Hypothese erfolgen. So führt die empirische Bestätigung der Axiome einer verbundenen Meßstruktur nicht nur zur Messung der untersuchten Eigenschaften, sondern auch zu einem quantitativen Gesetz, das den Zusammenhang dieser Eigenschaften ausdrückt.

Für die Entdeckung qualitativer Gesetze ist die Prüfung meßtheoretischer Axiome besonders deshalb sinnvoll, da diese zur Messung von Eigenschaften und zu quantitativen Gesetzen führen kann. Jedoch braucht man sich keineswegs auf die Prüfung bereits formulierter qualitativer Hypothesen (aus Meßstrukturen) zu beschränken. Eine naheliegende Möglichkeit besteht darin, notwendige Bedingungen aus einer hypothetischen Annahme zu folgern – ebenso wie in der Meßtheorie notwendige Bedingungen aus einer gewünschten Repräsentation abgeleitet werden. Wichtig ist hierbei, daß diese Annahme präzise formuliert wird und daß die notwendigen Bedingungen empirisch testbar sind. Die empirische Bestätigung einer so gefundenen Hypothese hat nicht nur eigenständigen Wert als qualitatives Gesetz, sondern kann außerdem als Ausgangspunkt einer neu zu entwickelnden Meßstruktur dienen.

Das Testen qualitativer Hypothesen bringt weitere Vorteile mit sich. In Kapitel 15 wurden die alternativen quantitativen Hypothesen von Hull (1952) und Spence (1956)

zur Lerntheorie genannt, deren Gültigkeit mit Hilfe quantitativer Verfahren bisher nicht entschieden werden konnte. Aufschluß kann dagegen die Prüfung der jeweils zugrundeliegenden Axiome der polynomisch-verbundenen Meßstrukturen geben.
Die Untersuchungen von Terpening (1973) (siehe 15.4) und Krantz & Tversky (1973) (siehe 16.4) zeigen, daß die Prüfung qualitativer Hypothesen aussagekräftiger sein kann als die Anwendung quantitativer Methoden. Ferner erfordert das Testen qualitativer Hypothesen lediglich Daten auf Nominal- oder Ordinalskalenniveau und erlaubt das Auffinden individueller und gruppenspezifischer Unterschiede. So konnte Braatz (1970) die Prüfung des Transitivitätsaxioms als diagnostisches Instrument in der Klinischen Psychologie einsetzen
Die Prüfung von Axiomen kann auch zu einer Präzisierung der Begriffsbildung beitragen. Ein Beispiel aus dem Bereich der Wahrnehmung ist die Eigenschaft Helligkeit, die additiv oder nicht-additiv ist, und zwar je nach der experimentellen Technik zur Bestimmung von Helligkeitsvergleichen. Für die additive Helligkeit schlägt Krantz (1971b; 1972c) den Begriff »Weißheit« (»whiteness«) vor; der Begriff »Helligkeit« (»brightness«) soll eine nicht-additive Eigenschaft bezeichnen.

18.4 Weiterführende Literatur

Meßtheoretische Axiome wurden bereits sinngemäß von von Helmholtz (1887) und Hölder (1901) und explizit von Campbell (1920; 1921; 1928) als empirische Gesetze betrachtet. Ihre Bedeutung in den Sozialwissenschaften wurde besonders von Krantz (1968) betont. Eine ausführliche Darstellung der Rolle qualitativer empirischer Gesetze in der Psychologie gibt Krantz (1972b). Beispiele der Entdeckung qualitativer Gesetze in der Psychophysik werden von Krantz (1974) erörtert.

18.5 Fragen

1. Welche Arten von Axiomen können zu qualitativen empirischen Gesetzen werden? Kann dasselbe Axiom bei einer Interpretation ein qualitatives empirisches Gesetz sein und bei einer anderen nicht?
2. Welche Möglichkeiten der Bestätigung einer quantitativen empirischen Hypothese kennen Sie?

19. Meßtheorie und Theorienbildung in der Psychologie

19.1 Beispiel

In diesem Kapitel soll erläutert werden, wie Meßstrukturen zu psychologischen Theorien erweitert werden können. Dieses Vorgehen wird zunächst am Beispiel der Entwicklung einer Theorie des Farbensehens aufgrund einer Meßstruktur für die psychophysikalische Farbenmessung veranschaulicht.
Bei dieser Meßstruktur handelt es sich um die von Krantz (1971a) entwickelte *Graßmann-Struktur*, deren Axiome auf den von Graßmann (1853) formulierten Gesetzen der (additiven) Farbenmischung (»Graßmann-Gesetzen«) beruhen. Grundbegriffe einer Graßmann-Struktur $\langle A, \oplus, *, \sim \rangle$ sind eine nichtleere Menge A, eine binäre Operation $\oplus$ auf $A \times A$,

eine binäre Operation $*$ auf $\mathbb{R}^+ \times A$ und eine binäre Relation $\sim$ auf A, die wie folgt zu interpretieren sind: A ist eine Menge von Farben bzw. farbigen Lichtern (d. h. elektromagnetischen Wellen aus dem Bereich des sichtbaren Spektrums), $\oplus$ bezeichnet die additive Mischung zweier Farben, $*$ bedeutet das Einsetzen (bzw. Wegnehmen) neutraler Graufilter in den Strahlengang eines farbigen Lichts, so daß der Farbanteil dieser Farbe verringert (bzw. vergrößert) wird, und $\sim$ ist eine subjektive Gleichheitsrelation von Farben (»$a \sim b$« bedeutet »Farbe a sieht genauso aus wie Farbe b«). Die Axiome der Graßmann-Struktur (siehe Krantz, 1971 a) sind hinreichend für die Repräsentation des Relativs $\langle A, \oplus, *, \sim \rangle$ durch einen dreidimensionalen Vektorraum. Da die Graßmann-Gesetze in mehreren Untersuchungen empirisch gut bestätigt werden konnten (siehe z. B. die Übersicht von Brindley, 1960, Kap. 8), ist die Graßmann-Struktur als eine der empirisch am besten erfüllten Meßstrukturen in der Psychologie zu betrachten.

Ein wichtiges Phänomen des Farbensehens sind die Ergebnisse von Löschungsexperimenten, die den Ausgangspunkt für die Quantifizierung der auf Hering (1875; 1905) zurückgehenden Gegenfarben-Theorie durch Hurvich & Jameson (1955; 1956; 1957; 1966) und Jameson & Hurvich (1955; 1956) bilden. Löschungsexperimente dienen der Bestimmung der Anteile von Farben (»Löschungskoeffizienten«), die erforderlich sind, um Gegenfarben zu neutralisieren bzw. zu »löschen« (Gegenfarben sind die Paare blau-gelb und rot-grün). Z. B. wird zu einer rötlichen Farbe so viel einer grünen gemischt, daß diese neue Farbe weder rötlich noch grünlich erscheint; dies ermöglicht die Bestimmung der »Rotheit« einer rötlichen Farbe. Aufgrund der beiden Gegenfarbenpaare lassen sich zwei Teilmengen der Menge A von Farben bilden: A_1 sei die Menge der Farben, die weder rötlich noch grünlich erscheinen, und A_2 sei die Menge der Farben, die weder bläulich noch gelblich erscheinen (für dieselbe Versuchsperson unter konstanten Sehbedingungen).

Krantz (1971 b) konnte Eigenschaften von A_1 und A_2 formulieren, die im Zusammenhang mit den Axiomen der Graßmann-Struktur hinreichende Bedingungen für die Durchführbarkeit von Löschungsexperimenten sind. Hierdurch konnte die Graßmann-Struktur $\langle A, \oplus, *, \sim \rangle$ zu einer axiomatischen Gegenfarben-Theorie $\langle A, A_1, A_2, \oplus, *, \sim \rangle$ erweitert werden. Diese enthält zwei weitere Grundbegriffe (A_1 und A_2) sowie zusätzliche Axiome (Eigenschaften von A_1 und A_2), die die Zusammenhänge zwischen A_1, A_2 und $\oplus$, $*$ und $\sim$ herstellen (siehe Krantz, 1971 b). Diese Gegenfarben-Theorie ist keine vollständige Theorie, d. h. sie berücksichtigt nicht alle weiteren Erscheinungen des Farbensehens, wie z. B. Adaptation, Kontrastphänomene und Farbenblindheit. Die Einbeziehung dieser Phänomene in die Gegenfarben-Theorie erfordert wiederum die Aufnahme neuer Grundbegriffe und zusätzlicher Axiome. Weitere Ergebnisse und Möglichkeiten der Entwicklung einer vollständigeren axiomatischen Theorie des Farbensehens erörtert Krantz (1971 b).

19.2 Begriffsbestimmungen

Eine *axiomatische* (auch: *deduktive*) *Theorie* ist eine Menge von Sätzen (Aussagen), die sich aus Axiomen und aus Folgerungen aus diesen Axiomen zusammensetzt. Die Axiome einer Theorie bilden ein Axiomensystem (vgl. Kapitel 7). Eine *empirische (axiomatische) Theorie* verfügt darüber hinaus über eine Anzahl von Regeln, den *empirischen Interpretationen*. Diese Regeln erlauben die Zuordnung empirischer Inhalte zu den formalen Sätzen einer Theorie. Im Sinne dieser Begriffsbestimmung ist jede Meßstruktur eine empirische Theorie. Insofern können Meßstrukturen auch als *Meßtheorien* bezeichnet werden. Die Axiome empirischer Theorien sollten ebenso wie die von Meßstrukturen empirisch testbar sein.

Eine *mögliche Realisation* einer Theorie ist ein Relativ desselben Typs wie diese Theorie. Z. B. ist jedes Relativ $\langle M,R,O\rangle$ eine mögliche Realisation einer (abgeschlossenen) extensiven Meßtheorie $\langle A,\gtrsim,\circ\rangle$, sofern M eine nichtleere Menge, R eine binäre Relation auf M und O eine binäre Operation auf M sind. Ein *Modell* einer Theorie ist eine mögliche Realisation, die die Axiome dieser Theorie erfüllt. Eine mögliche Realisation $\langle M,R,O\rangle$ ist also ein Modell der extensiven Meßtheorie $\langle A,\gtrsim,\circ\rangle$, wenn für $\langle M,R,O\rangle$ die in 7.1 angeführten Axiome von $\langle A,\gtrsim,\circ\rangle$ erfüllt sind. Ein wichtiger Unterschied zwischen Theorien und Modellen besteht darin, daß eine Theorie ein sprachliches Gebilde ist, das aus einer Menge von Sätzen besteht, während ein Modell ein nicht-sprachliches Ding ist, für das die Sätze einer Theorie erfüllt sind. Charakteristisch für Meßstrukturen ist, daß es für sie Teilstrukturen der reellen Zahlen als Modelle gibt und daß ihre empirisch interpretierten Modelle homomorph in diese numerischen Modelle abgebildet werden können.
Eine *Anreicherung* (oder: *Erweiterung*) *einer Meßstruktur* besteht in der Einbeziehung neuer undefinierter Ausdrücke in die Menge bereits vorhandener undefinierter Ausdrücke. Beispiele sind die Anreicherung einer Ordnungs-Struktur $\langle A,\gtrsim\rangle$ zu einer extensiver Meßstruktur $\langle A,\gtrsim,\circ\rangle$ und die Anreicherung einer Graßmann-Struktur $\langle A,\oplus,*,\sim\rangle$ zu einer Gegenfarben-Theorie $\langle A,A_1,A_2,\oplus,*,\sim\rangle$.

19.3 Zur Entwicklung axiomatischer Theorien in der Psychologie

Nicht das Messen, sondern die Theorienbildung ist eines der Hauptziele einer Wissenschaft. Zweifellos ist das Messen jedoch eine der wichtigsten Grundlagen der Entwicklung (vollständiger) empirischer Theorien. Andererseits beruht das Messen auf Theorien, nämlich auf Meßstrukturen. Messen und Theorienbildung stehen in einem engen Wechselverhältnis zueinander; sie bedingen sich gegenseitig.
In den vorigen Kapiteln wurden zahlreiche Meßstrukturen angeführt, also Theorien, die dem Messen zugrundeliegen. Hier soll erläutert werden, wie aus Meßstrukturen vollständigere Theorien entwickelt werden können. Am Beispiel der Theorie des Farbensehens wurde gezeigt, wie dies durch die Anreicherung einer Meßstruktur erreicht werden kann. Eine Theorie ist solange zu erweitern bis alle Begriffe ihres Gegenstandsbereiches als undefinierte oder definierte Ausdrücke und bis alle bekannten Aussagen über ihren Gegenstandsbereich als Axiome oder Theoreme in ihr enthalten sind.
Bei der Aufnahme neuer Grundbegriffe in ein Relativ sind deren Eigenschaften als neue Axiome anzuführen. Auch sind Axiome zu formulieren, die die Zusammenhänge der neuen mit den bereits vorhandenen Grundbegriffen herstellen. Aus diesen neu aufgenommenen sind – teils in Verbindung mit den ursprünglichen Axiomen – neue Theoreme abzuleiten. Diese können bereits bekannte qualitative oder quantitative Gesetze oder neuartige Hypothesen ausdrücken. Aufgrund der formalen Anforderungen an eine axiomatische Theorie bzw. an ein Axiomensystem (vgl. Kapitel 7) kann die Einbeziehung neuer Axiome die Umformulierung ursprünglicher Axiome erfordern. Jedoch ist – wie bei Meßstrukturen – eine der wichtigsten Anforderungen an eine empirische Theorie neben der Widerspruchsfreiheit die empirische Prüfbarkeit ihrer Axiome.
Das Vorgehen bei der Theorienbildung entspricht dem bei der Entwicklung einer Meßstruktur. Hier zeigt sich besonders deutlich das notwendige Zusammenwirken formaler und empirischer Schritte. Auf der formalen Seite sind Mengen, Relationen und Operationen als Grundbegriffe anzuführen, qualitative Gesetze als Axiome zu formulieren, notwendige Bedingungen aus empirischen Gesetzen abzuleiten und aus Axiomen Theoreme zu folgern. Auf der empirischen Seite sind qualitative und quantitative Gesetze zu bestäti-

gen, die experimentellen Bedingungen ihrer Gültigkeit zu bestimmen, qualitative und quantitative Hypothesen zu prüfen und weitere empirische Relationen und Operationen zu beobachten oder herzustellen. Gewöhnlich können bei einer Theorienbildung mehrere Meßstrukturen für mehrere Eigenschaften als Ausgangspunkt dienen. Auch können für eine Eigenschaft mehrere Meßstrukturen interpretierbar und auch empirisch erfüllt sein. In jedem Fall sind die Zusammenhänge verschiedener geeigneter Meßstrukturen sowohl formal als auch empirisch zu klären. Die Theorienbildung ist gewöhnlich ein langer und komplexer Prozeß, der sich nur aufgrund einer fruchtbaren Wechselwirkung von empirischem und formalem Vorgehen entwickeln kann. Als Beispiele für axiomatische Theorienbildungen in den Sozialwissenschaften, die von Meßstrukturen ausgehen, sind neben der Theorie des Farbensehens vor allem Ansätze in der Nutzentheorie, der Risikotheorie und der kollektiven Entscheidungstheorie zu nennen.
Die Theorienbildung durch Anreicherung von Meßstrukturen ist nicht die einzige Möglichkeit der axiomatischen Theorienbildung. Es sollte jedoch deutlich sein, daß axiomatische Theorien nicht erst nach einer umfassenden empirischen Erforschung eines Gegenstandsbereichs formuliert werden können und damit nicht nur eine elegante Darstellung bereits bekannter empirischer Sachverhalte sind, sondern im Zusammenwirken mit empirischen Untersuchungen die eingehende Erforschung eines Gegenstandsbereiches entscheidend vorantreiben können. Hierbei ist auch die Bedeutung von Meßstrukturen als Beispiele empirischer axiomatischer Theorien und als Grundlagen der Theorienbildung zu betonen.

19.4 Weiterführende Literatur

Die von Krantz (1971a) entwickelte Graßmann-Struktur wird auch in Krantz, Luce, Suppes & Tversky (1974) dargestellt; man siehe auch Krantz (1968; 1972b; 1974).
Zu axiomatischen Theorien siehe man die in Kapitel 7 angeführten Arbeiten zur axiomatischen Methode. Empirische axiomatische Theorien werden z. B. von Woodger (1937; 1939), Carnap (1954), Suppes (1957; 1967), Henkin, Suppes & Tarski (1959), Ross (1964, Kap. 1), Leinfellner (1965), Schleichert (1966), Przelecki (1969), Sneed (1971) und Sukale (1971) erörtert.
Der hier eingeführte (mathematische) Modellbegriff stammt von Tarski (1953). Über verschiedene Begriffe von »Modell« in den empirischen Wissenschaften siehe man z. B. Lachmann (1960), Suppes (1960; 1967), Kazemier & Vuysje (1961), Štoff (1966), Byerly (1969), Tack (1969), Sarris (1971) und Sprung (1971). Hierbei wird häufig ein »empirischer« Modellbegriff von dem mathematischen Begriff streng unterschieden. Dies hat zur Folge, daß nicht genügend klar zwischen »Theorie« und »Modell« unterschieden werden kann. Suppes (1960; 1967) konnte jedoch zeigen, daß auch empirische Modelle Modelle im Sinne des präzisen mathematischen Begriffs sind und daß die Begriffe in einzelnen Wissenschaften lediglich unterschiedlich gebraucht werden. Mit dem mathematischen Modellbegriff liegt somit ein exakter und für alle Wissenschaften einheitlicher Modellbegriff vor.

19.5 Fragen

1. Welche Unterschiede bestehen zwischen einer Theorie, einer möglichen Realisation und einem Modell?
2. Nennen Sie mögliche Realisationen und Modelle einer extensiven Meßstruktur. Kennen Sie mögliche Realisationen, die keine Modelle sind?

20. Zusammenfassung

Messen ist die Bestimmung der Ausprägung einer Eigenschaft eines Dinges. Das Messen erfolgt durch eine Zuordnung von Zahlen zu Dingen, die Träger der zu messenden Eigenschaft sind, und beruht auf einer homomorphen Abbildung eines empirischen Relativs in ein numerisches Relativ.
Die Meßtheorie untersucht die Grundlagen des Messens und gibt die Voraussetzungen für die Meßbarkeit von Eigenschaften als Axiome von Meßstrukturen an. Meßstrukturen sind Theorien, die empirische und numerische Modelle haben, zwischen denen homomorphe Abbildungen existieren. Die Existenz und die Eindeutigkeit dieser Homomorphismen folgen aus den Axiomen einer Meßstruktur. Sind die Axiome für eine empirische Interpretation erfüllt, ist die betreffende Eigenschaft auf einem bestimmten Skalenniveau meßbar.

Obwohl noch ungelöste Probleme bezüglich des Testens empirischer Theorien bestehen, kann die empirische Prüfung von Axiomen zur Entdeckung qualitativer empirischer Gesetze führen und grundlegende Kenntnisse über den jeweiligen Gegenstandsbereich vermitteln, und zwar auch dann, wenn sich die Axiome als systematisch verletzt erweisen. Dieses Testen nicht-quantitativer Hypothesen erfordert Daten von lediglich Nominal- oder Ordinalskalenniveau und kann in einigen Fällen eindeutiger zwischen konkurrierenden quantitativen Hypothesen entscheiden als es aufgrund numerischer Methoden möglich ist.
Meßstrukturen sind Voraussetzungen für das Auffinden quantitativer empirischer Gesetze und Ausgangspunkt für die Entwicklung vollständiger empirischer Theorien. Die axiomatische Theorienbildung ist auch in den Sozialwissenschaften möglich und braucht keinesfalls erst am Ende einer eingehenden Erforschung eines Gegenstandsbereiches zu stehen.

Es sind eine Reihe von Meßstrukturen entwickelt worden, die für die Messung von Eigenschaften in allen empirischen Wissenschaften grundlegend sind. Darüber hinaus liegen Meßstrukturen für die Messung bestimmter Eigenschaften vor. Meßstrukturen bilden die Grundlage sowohl für die Messung einer einzelnen Eigenschaft als auch für die gleichzeitige Messung mehrerer Eigenschaften bzw. einer »komplexeren« Eigenschaft. In beiden Fällen sind Meßstrukturen auch als Meßinstrumente zu betrachten und erlauben die Zuordnung konkreter Meßwerte zu den untersuchten Eigenschaftsträgern. Sowohl bei der empirischen Prüfung der Axiome als auch bei der Ermittlung der Meßwerte ermöglichen Meßstrukturen die Entdeckung und Berücksichtigung individueller Unterschiede zwischen Versuchspersonen oder Probanden und sind insofern auch als diagnostische Instrumente verwendbar. Auch wenn mathematische Arbeiten zur Meßtheorie bisher vorherrschend waren, liegt bereits eine Anzahl von Anwendungen der Meßtheorie vor. Diese empirischen Untersuchungen stammen aus unterschiedlichen Bereichen der Sozialwissenschaften und deuten auf vielfältige Anwendungsmöglichkeiten der Meßtheorie, insbesondere auch innerhalb der Psychologie, hin.
Im folgenden werden einige mögliche Schwerpunkte zukünftiger Arbeiten zur Meßtheorie genannt. Dies soll jedoch nicht als Versuch einer Prognose der Entwicklung der Meßtheorie mißverstanden werden. Vorwiegend mathematisch orientierte Arbeiten könnten sich auf folgende Themenkreise konzentrieren: (1) Fortführung der Ansätze zur Verallgemeinerung der schwachen Ordnung, d. h. Ersatz von Transitivität und Konnexität durch schwächere Axiome; (2) Weitere Schwächung der Axiome von Meßstrukturen, insbesondere auch durch Ergebnisse von (1); (3) Weiterentwicklung der mehrdimensionalen Meßstrukturen (z. B. verbundene Strukturen für nicht-einfache Polynome, Bedingungen für die Anzahl erforderlicher Dimensionen bei geometrischen Repräsentationen); (4) Entwicklung weite-

rer Meßstrukturen für spezielle Eigenschaften, z.B. als Modifikationen vorhandener Strukturen; (5) Entwicklung neuartiger Meßstrukturen, z.B. aufgrund der meßtheoretischen Begründung weiterer Skalierungsverfahren; (6) Untersuchungen zum Problem des Testens von Theorien, insbesondere von Meßstrukturen; (7) Untersuchungen zum formalen und empirischen Status nicht-notwendiger Axiome; (8) Modelltheoretische Arbeiten zur Axiomatisierbarkeit und zur Entwicklung einer Metameßtheorie, d.h. einer Theorie über Meßstrukturen; (9) Anreicherung von Meßstrukturen zur Bildung vollständigerer empirischer Theorien. Die bisherige wie auch zukünftige theoretische Entwicklung der Meßtheorie kann jedoch nur dann fruchtbar sein, wenn sie zu möglichst zahlreichen empirischen Untersuchungen führt.

Der empirischen Prüfung meßtheoretischer Axiome kommt daher eine große Bedeutung zu. Von empirischen Arbeiten sind Ergebnisse insbesondere folgender Art zu erwarten: (1) Ermittlung, welche Eigenschaften auf welchem Skalenniveau meßbar sind; (2) Gewinn neuer Kenntnisse über die untersuchten Gegenstandsbereiche; (3) Entdeckung sowohl qualitativer als auch quantitativer Gesetze; (4) Ausgangspunkte für die Theorienbildung in den Sozialwissenschaften; (5) Anstöße zu weiteren theoretischen Entwicklungen; (6) Aufzeigen der Anwendungsmöglichkeiten und -grenzen der Meßtheorie in möglichst vielen Teilgebieten der Psychologie und anderer Sozialwissenschaften.

2.1 Dinge, die die zu messende Eigenschaft »Gewicht« haben, sind physikalische Gegenstände. Beobachtbare Relationen sind »ist ebenso schwer wie« und »ist schwerer als«. Der Addition entspricht die Operation des Zusammenfügens von Gegenständen auf *einer* Waagschale einer Balkenwaage.

2.2 $A \times B$ enthält $3 \cdot 4 = 12$, $A \times C$ enthält $3 \cdot 6 = 18$, $B \times C$ enthält $4 \cdot 6 = 24$ Elemente (geordnete Paare) und $A \times B \times C$ enthält $3 \cdot 4 \cdot 6 = 72$ Elemente (geordnete Tripel).

2.3 »*a* ist Kind von *b* und *c*«, »*a* sitzt zwischen *b* und *c*«, »*a* führt mit *b* und *c* eine Ehetherapie durch«.

3.1 a) $\geqslant$, »freut sich«, »ist ebenso kreativ wie«, b) $=$, »ist verheiratet mit«, c) $\geqslant$, »ist intelligenter als«, d) $\geqslant$, »ist mindestens so schwer wie«, e) $=$, »ist äquivalent mit«, f) $\geqslant$, »ist mindestens so neurotisch wie«, g) »ist Vater von«, »ist verliebt in«.

3.2 Das Ergebnis (Bild) der Subtraktion natürlicher Zahlen muß keine natürliche Zahl sein (z. B. $4-5=-1$). Dagegen ist die Subtraktion eine Operation auf der Menge der ganzen Zahlen.

3.3 φ ist ein Homomorphismus.

4.1 Axiom 1: (1) wenn $10 \geqslant 8$ und $8 \geqslant 3$, dann $10 \geqslant 3$, (2) $10 \geqslant 8$ oder $8 \geqslant 10$. Axiom 2: $10+(8+3)=(10+8)+3$. Axiom 3: $10 \geqslant 8$ gdw $10+3 \geqslant 8+3$ gdw $3+10 \geqslant 3+8$. Axiom 4: $10+8>10$. Axiom 5: wenn $10>8$, dann gibt es eine positive ganze Zahl n derart, daß z. B. gilt: $10n+3 \geqslant 8n+20$ (dies gilt für $n \geqslant 9$).

4.2 Das Axiom ist erfüllt, da die Bedingung $3n+1 \geqslant 2n+100$ für $n \geqslant 99$ erfüllt ist.

4.3 a) *a* ist aneinandergelegt mit *b* ebenso lang wie *b* aneinandergelegt mit *a*; b) *a* ist aneinandergelegt mit *b* mindestens so lang wie *b* aneinandergelegt mit *a*; c) *a* ist ebenso lang wie *b* genau dann, wenn *a* mindestens so lang ist wie *b* und *b* mindestens so lang ist wie *a*; d) *a* ist länger als *b* genau dann, wenn *a* mindestens so lang ist wie *b* und *b* nicht mindestens so lang ist wie *a*.

5.1 Es handelt sich um Ordinalskalen. Die Transformation von a) in b) ist zulässig.

5.2 Nominalskala: 19, -11, 0, 77; Ordinalskala: 0, 1, 2, 3; Intervallskala: 12, 24, 57, 60 (mit $u=v=3$); Log-Intervallskala: 18, 98, 648, 722 (mit $u=v=2$); Verhältnisskala: 6, 14, 36, 38 (mit $u=2$); absolute Skala: 3, 7, 18, 19.

5.3 Nein, es kann sich auch um Nominal-, Ordinal-, Intervall- oder Log-Intervallskalen handeln, da die Multiplikation mit einer positiven Konstanten auch für diese Skalentypen eine zulässige Transformation ist.

6.1 Nach einer zulässigen Transformation der Werte 1, 2, 3, 4, 5 in die Werte 1, 10, 11, 13, 15 ist der arithmetische Mittelwert 10 und kommt dem zweiten Objekt zu.

6.2 Die Meßwerte müssen auf einer absoluten Skala liegen.

6.3 Die Aussage ist sinnvoll. Nach einer zulässigen Transformation lautet sie
$\log(ux_1^v)-\log(ux_2^v)>\log(ux_3^v)-\log(ux_4^v)$.
Nach Anwendung elementarer Regeln für das Rechnen mit Logarithmen folgt hieraus
$v(\log u+\log x_1)-v(\log u+\log x_2)>v(\log u+\log x_3)-v(\log u+\log x_4)$
und nach Ausklammern und Kürzen folgt
$\log x_1-\log x_2>\log x_3-\log x_4$.

7.1 Siehe Abschnitt 7.3.

7.2 Notwendige Axiome können ebenso wie nicht-notwendige sowohl geschwächt als auch durch andere Axiome ersetzt werden.

7.3 Die Axiome 1, 2, 3 und 5 sind erfüllt, das Axiom 4 jedoch nicht (da z. B. $5+(-3)<5$). Dieses Beispiel zeigt, daß Axiom 4 unabhängig ist von den anderen Axiomen.

8.1 Bei n Reizen sind $\binom{n}{2}=\frac{n(n-1)}{2}$ Paarvergleiche möglich; bei $n=8$ also 28.

8.2 Die Relation $\gtrsim$ ist transitiv, aber nicht konnex, also auch keine schwache Ordnung.
8.3 Ja.

9.1 Es handelt sich um dieselben Daten, die für die Prüfung der Axiome erhoben wurden. Die Berechnung der Meßwerte sollte – zumindest bei größeren Datenmengen – mit Hilfe eines Rechenprogramms erfolgen.
9.2 a) Im allgemeinen nicht, da die Güte der Meßwerte davon abhängig ist, ob die Axiome erfüllt sind. b) Strenggenommen nicht, es kann jedoch sinnvoll sein, die Auswirkung der Axiomverletzung auf die Meßwerte zu bestimmen.
9.3 Es genügt eine Versuchsperson.

10.1 Aufgrund der Instruktion sind sowohl die Konnexität als auch die Transitivität der Ordnungsrelation $\gtrsim$ erfüllt. $\langle A, \gtrsim \rangle$ ist also eine (endliche) schwache Ordnungs-Struktur.
10.2 In diesem Fall gibt es $\binom{n}{3} = \frac{1}{6} n(n-1)(n-2)$ Transivitätstests.
10.3 Die Semiordnung ist ein Spezialfall der Intervall-Ordnung und diese ein Spezialfall der strengen partiellen Ordnung. (Auch die beiden ersteren Ordnungen sind irreflexiv und transitiv.)

11.1 A ist eine Menge physikalischer Gegenstände, B enthält die Gegenstände, die gemeinsam auf eine Waagschale gelegt werden können, $\gtrsim$ ist die Relation »ist mindestens so schwer wie«, $\circ$ ist die Operation des Zusammenfügens von Gegenständen auf *einer* Waagschale.
11.2 B enthält alle Gegenstände einer Menge A, die der Länge nach aneinandergelegt werden können.
11.3 Extensive Strukturen sind Spezialfälle von Ordnungs-Strukturen.

12.1 Die Eigenschaft ist auf Verhältnisskalenniveau meßbar. Beispiele sind alle extensiv meßbaren Eigenschaften, wie z. B. Länge, Masse, Zeit.
12.2 Es wurde die Kommutativität ($a \circ b \sim b \circ a$) getestet. Da diese Annahme kein Axiom der Bisymmetrie-Struktur ist, spricht ihre Verletzung nicht gegen die Erfüllung dieser Meßstruktur.
12.3 $\langle \mathbb{R}^+, \geqslant, \circ \rangle$ ist eine Bisymmetrie-Struktur, da die Axiome A 1 bis A 5 erfüllt sind. Als Beispiel das Bisymmetrie-Axiom: $\sqrt{\sqrt{ab} \cdot \sqrt{cd}} = \sqrt{\sqrt{abcd}} = \sqrt{\sqrt{acbd}} = \sqrt{\sqrt{ac} \cdot \sqrt{bd}}$.

13.1 Positive, absolute und bedingte absolute Differenzen-Strukturen.
13.2 a) $\binom{n}{2} = \frac{1}{2} n(n-1)$ Differenzen, $\binom{\binom{n}{2}}{2} = \frac{1}{2} m(m-1)$, wobei $m = \frac{1}{2} n(n-1)$, Paarvergleiche von Differenzen.

b) $2\binom{n}{2} = n(n-1)$ Differenzen, $\binom{2\binom{n}{2}}{2} = m(2m-1)$, wobei $m = \frac{1}{2} n(n-1)$, Paarvergleiche von Differenzen.
13.3 $n\binom{n-1}{2} = \frac{1}{2} n(n-1)(n-2)$ Paarvergleiche von Intervallen. Für $n=10$ ergeben sich 360 Paarvergleiche; bei Frage 2a) und 2b) sind es 990 bzw. 4005 Paarvergleiche.

14.1 Ja; durch Prüfung des Axioms der Wesentlichkeit (Axiom A4).
14.2 Axiom A4: es existieren $a_2, b_2 \in A_2$ und $a_1 \in A_1$ derart, daß nicht ($a_1 a_2 \sim a_1 b_2$). Axiom A5: wenn $b_1 \bar{b}_2 \gtrsim a_1 a_2 \gtrsim b_1 \underline{b}_2$ (für alle $\bar{b}_2, \underline{b}_2 \in A_2$), dann existiert ein $b_2 \in A_2$ derart, daß $b_1 b_2 \sim a_1 a_2$.
14.3 (1) Unabhängigkeit: a) $\binom{3}{2} \cdot \binom{3}{2} = 9$ 2×2-Teilmatrizen; b) 36; c) 45; d) 225; e) 2025.

(2) Thomsen-Bedingung: a) $\binom{3}{3} \cdot \binom{3}{3} = 1$ 3×3-Teilmatrix; b) 4; c) 20; d) 400; e) 14400.

Anzahl der Reize: a) $3 \cdot 3 = 9$; b) 16; c) 18; d) 36; e) 100.

14.4 Die Axiome A 1 bis A 4 (und die Doppelaufhebung) sind erfüllt, die Additivität von $\mathfrak{a}_1$ und $\mathfrak{a}_2$ kann also angenommen werden. (Dies ist leicht zu sehen nach einer geeigneten Vertauschung der Zeilen und Spalten der Datenmatrix, wie z. B. $c_1 - a_1 - b_1 - d_1$ und $a_2 - c_2 - d_2 - b_2$)

15.1 Einfache Polynome sind a), c) [weil $x_1 x_2 - x_2 x_3 = (x_1 - x_3) x_2$] und e) [weil $(x_1 x_3 - x_2 x_3 + x_1 x_4 - x_2 x_4) x_5 = (x_1 - x_2)(x_3 + x_4) x_5$].

15.2 Es sei $\langle A_1, A_2, A_3, \gtrsim \rangle$ eine (dreidimensionale) additiv-verbundene Struktur. Dann existieren reelle Funktionen φ_1, φ_2 und φ_3 derart, daß für alle $a_1, b_1 \in A_1$, $a_2, b_2 \in A_2$ und $a_3, b_3 \in A_3$ gilt:
$a_1 a_2 a_3 \gtrsim b_1 b_2 b_3$ gdw $\varphi_1(a_1) + \varphi_2(a_2) + \varphi_3(a_3) \geqslant \varphi_1(b_1) + \varphi_2(b_2) + \varphi_3(b_3)$.
Sind φ'_1, φ'_2 und φ'_3 andere reelle Funktionen, die diese Eigenschaft erfüllen, dann existieren reelle Zahlen u, v_1, v_2 und v_3 (mit $u > 0$) derart, daß gilt:
$\varphi'_i(a_i) = u \varphi_i(a_i) + v_i$ für $i = 1, 2, 3$, d.h. φ_1, φ_2 und φ_3 sind Intervallskalen mit derselben Einheit u. Die Skala $\varphi = \varphi_1 + \varphi_2 + \varphi_3$ ist ebenfalls eine Intervallskala.

15.3 Die Daten erfüllen das distributive Polynom $\varphi = (\varphi_1 + \varphi_2) \varphi_3$. Meßwerte sind z. B. $\varphi_1(a_1) = -1$; $\varphi_1(b_1) = 0$; $\varphi_1(c_1) = 7$; $\varphi_2(a_2) = -2$; $\varphi_2(b_2) = 0$; $\varphi_2(c_2) = 4$; $\varphi_3(a_3) = 1$; $\varphi_3(b_3) = 2$.

15.4 $\varphi_1 + \varphi_2 + \varphi_3 + \varphi_4$; $(\varphi_1 + \varphi_2 + \varphi_3) \varphi_4$; $(\varphi_1 + \varphi_2)(\varphi_3 + \varphi_4)$; $(\varphi_1 + \varphi_2) \varphi_3 + \varphi_4$; $(\varphi_1 + \varphi_2) \varphi_3 \varphi_4$; $\varphi_1 \varphi_2 + \varphi_3 + \varphi_4$; $(\varphi_1 \varphi_2 + \varphi_3) \varphi_4$; $\varphi_1 \varphi_2 + \varphi_3 \varphi_4$; $\varphi_1 \varphi_2 \varphi_3 + \varphi_4$; $\varphi_1 \varphi_2 \varphi_3 \varphi_4$.

16.1 Unendlich viele, da es unendlich viele reelle Zahlen $r \geqslant 1$ gibt.

16.2 a) $\sqrt{2^2 + 1 + 2^2} = 3$; b) $2 + 1 + 2 = 5$; c) $r = 3$: $\sqrt[3]{2^3 + 1 + 2^3} = \sqrt[3]{17} \approx 2{,}57$; $r = 4$: $\sqrt[4]{2^4 + 1 + 2^4} = \sqrt[4]{33} \approx 2{,}4$.

16.3 a) $\binom{3}{2} \cdot \binom{3}{2} \cdot \binom{2}{2} = 9$ Teil-Versuchspläne; b) 90); c) 216; d) 3375;

e) $\binom{3}{2} \cdot \binom{3}{2} \cdot \binom{3}{2} \cdot \binom{3}{2} = 81$; f) 8100.

16.4 Die »City-block«-Metrik ist ein Polynom von $2n$ Variablen $a_1, \ldots, a_n, b_1, \ldots, b_n$.

17.1 Systematische Fehler sind »wahre« Axiomverletzungen; sie liegen vor, wenn ein Axiom tatsächlich nicht gilt. Zufällige Fehler sind experimentaltechnisch bedingte Axiomverletzungen, die entstehen, wenn das Axiom in Wirklichkeit erfüllt ist. Ein Meßfehler ist dagegen keine Axiomverletzung, sondern die Abweichung eines Meßwerts vom »wahren« Wert.

17.2 Siehe Abschnitt 17.3.

18.1 Nur testbare Axiome können zu empirischen Gesetzen werden. Ob sie es sind, hängt selbstverständlich von der jeweiligen Interpretation ab.

18.2 a) Prüfung der Axiome einer verbundenen Struktur, b) Anwendung eindimensionaler Meßstrukturen für die betreffenden Variablen und direkte (numerische) Prüfung der Hypothese.

19.1 Siehe Abschnitt 19.2.

19.2 Modelle (und mögliche Realisationen) einer extensiven Meßstruktur sind z. B. die Interpretationen für die Messung von Länge, Masse, Zeit, elektrischer Widerstand. Mögliche Realisationen, die keine Modelle sind, sind z. B. die Interpretationen für die psychophysikalische Längen- und Gewichtsschätzung (im allgemeinen Verletzung von Assoziativität und Kommutativität).

Literaturverzeichnis

Aczél, J. On mean values. Bulletin of the American Mathematical Society, 54, 1948, 392–400.

Aczél, J. Vorlesungen über Funktionalgleichungen und ihre Anwendungen. Basel: Birkhäuser, 1961.

Aczél, J. Quasigroups, nets, and nomograms. In: Busemann, H. (Ed.): Advances in mathematics, Vol. 1. New York: Academic Press, 1965, 383–450.

Aczél, J., Belousov, V. D. & Hosszú, M. Generalized associativity and bisymmetry on quasigroups. Acta Mathematica Academiae Scientiarum Hungaricae, 11, 1960, 127–136.

Aczél, J., Pickert, G. & Radó, F. Nomogramme, Gewebe und Quasigruppen. Mathematica, 2 (25), 1960, 5–24.

Adams, E. W. Elements of a theory of inexact measurement. Philosophy of Science, 32, 1965, 205–228.

Adams, E. W. On the nature and purpose of measurement. Synthese, 16, 1966, 125–169. Auch in: Lieberman, B. (Ed.): Contemporary problems in statistics. New York: Oxford University Press, 1971, 74–92.

Adams, E. W. & Fagot, R. F. A model of riskless choice. Behavioral Science, 4, 1959, 1–10. Auch in: Edwards, W. & Tversky, A. (Ed.): Decision making. Harmondsworth: Penguin Books, 1967, 284–299.

Adams, E. W., Fagot, R. F. & Robinson, R. E. A theory of appropriate statistics. Psychometrika, 30, 1965, 99–127.

Adams, E. W., Fagot, R. F. & Robinson, R. E. On the empirical status of axioms in theories of fundamental measurement. Journal of Mathematical Psychology, 7, 1970, 379–409.

Ahrens, H. J. Zur Verwendung des Metrik-Parameters multidimensionaler Skalierungen bei der Analyse von Wahrnehmungsstrukturen. Zeitschrift für experimentelle und angewandte Psychologie, 19, 1972, 173–195.

Alimov, N. G. Ob uporjadočennych polugruppach (Über geordnete Halbgruppen). Izvestija Akademii Nauk SSSR, Serija Matematičeskaja, 14, 1950, 569–576.

Allen, R. G. D. The nature of indifference curves. Review of Economic Studies, 1, 1933/34, 110–121.

Alt, F. Über die Meßbarkeit des Nutzens. Zeitschrift für Nationalökonomie, 7, 1936, 161–169.

Anderson, N. H. Scales and statistics: parametric and nonparametric. Psychological Bulletin, 58, 1961, 305–316. Auch in: Lieberman, B. (Ed.): Contemporary problems in statistics. New York: Oxford University Press, 1971, 29–39.

Anderson, N. H. Application of an additive model to impression formation. Science, 138, 1962, 817–818. (a)

Anderson, N. H. On the quantification of Miller's conflict theory. Psychological Review, 69, 1962, 400–414. (b)

Anderson, N. H. Averaging versus adding as a stimulus-combination rule in impression formation. Journal of Experimental Psychology, 70, 1965, 394–400.

Anderson, N. H. A simple model for information integration. In: Abelson, R. P., Aronson, E., McGuire, W. J., Newcomb, T. M., Rosenberg, M. J. & Tannenbaum, P. H. (Ed.): Theories of cognitive consistency: a sourcebook. Chicago: Rand McNally, 1968, 731–743.

Anderson, N. H. Functional measurement and psychophysical judgment. Psychological Review, 77, 1970, 153–170.

Anderson, N. H. An exchange on functional and conjoint measurement. Psychological Review, 78, 1971, 457–458. (a)

Anderson, N. H. Integration theory and attitude change. Psychological Review, 78, 1971, 171–206. (b)

Anderson, N. H. Comments on the articles of Hodges and of Schönemann, Cafferty, and Rotton. Psychological Review, 80, 1973, 88–92.

Anderson, N. H. Information integration theory: a brief survey. In: Krantz, D. H., Atkinson, R. C., Luce, R. D. & Suppes, P. (Ed.): Contemporary developments in mathematical psychology. San Francisco: Freeman, 1974, im Druck.

Antonelli, G. B. Sulla teoria matematica della economia politica. Pisa: Folchetto, 1886.

Armstrong, W. E. The determinateness of the utility function. Economic Journal, 49, 1939, 453–467.

Armstrong, W. E. Uncertainty and the utility function. Economic Journal, 58, 1948, 1–10.

Armstrong, W. E. A note on the theory of consumer's behaviour. Oxford Economic Papers, New Series, 2, 1950, 119–122.

Armstrong, W. E. Utility and the theory of welfare. Oxford Economic Papers, New Series, 3, 1951, 259–271.

Arrow, K. J. Social choice and individual values. New York: Wiley, 1951.

Aschenbrenner, M. Analyse des Risikoempfindens mittels polynom-verbundener Meßsysteme. Unveröffentlichte Diplomarbeit, Universität Hamburg, Psychologisches Institut, Januar 1974.

Attneave, F. Dimensions of similarity. American Journal of Psychology, 63, 1950, 516–556.

Aumann, R. J. Subjective programming. In: Shelly, M. W. & Bryan, G. L. (Ed.): Human judgments and optimality. New York: Wiley, 1964, 217–242.

Baker, B. O., Hardyck, C. D. & Petrinovich, L. F. Weak measurements vs. strong statistics: an empirical critique of S. S. Stevens' proscriptions on statistics. Educational and Psychological Measurement, 26, 1966, 291–309. Auch in: Mehrens, W. A. & Ebel, R. L. (Ed.): Principles of educational and psychological measurement. Chicago: Rand McNally, 1967, 17–24. Auch in: Lieberman. B. (Ed.): Contemporary problems in statistics. New York: Oxford University Press, 1971, 370–381.

Baker, K. A., Fishburn, P. C. & Roberts, F. S. A new characterization of partial orders of dimension two. Annals of the New York Academy of Science, 175, 1970, 23–24.

Baker, K. A., Fishburn, P. C. & Roberts, F. S. Partial orders of dimension 2. Networks, 2, 1972, 11–28.

Bartlett, R. J. Measurement in psychology. Advancement of Science. The Report of the British Association for the Advancement of Science. New Quarterly Series, 2, 1940, 422–441.

Bayes, T. An essay towards solving a problem in the doctrine of chances. Philosophical Transactions of the Royal Society of London, 53, 1763, 370–418. Auch in: Deming, W. E. (Ed.): Facsimiles of two papers by Bayes. New York: Hafner, 1940. Auch in: Biometrika, 45, 1958, 293–315.

Beals, R. & Krantz, D. H. Metrics and geodesics induced by order relations. Mathematische Zeitschrift, 101, 1967, 285–298.

Beals, R., Krantz, D. H. & Tversky, A. Foundations of multidimensional scaling. Psychological Review, 75, 1968, 127–142.

Becker, G. M., DeGroot, M. H. & Marschak, J. Stochastic models of choice behavior. Behavioral Science, 8, 1963, 41–55.

Behan, F. L. & Behan, R. A. Football numbers (continued). American Psychologist, 9, 1954, 262–263.

Behrend, F. A. A system of independent axioms for magnitudes. Journal and Proceedings of the Royal Society of New South Wales, 87, 1953, 27–30.

Behrend, F. A. A contribution to the theory of magnitudes and the foundations of analysis. Mathematische Zeitschrift, 63, 1956, 345–362.

Bennett, E. M. On the statistical mistreatment of index numbers. American Psychologist, 9, 1954, 264.

Berger, T. A polynomial theory of risk. Technical Report MMPP 74-4, University of Michigan, Michigan Mathematical Psychology Program, 1974.

Bergmann, G. & Spence, K. W. The logic of psychophysical measurement. Psychological Review, 51, 1944, 1–24. Auch in: Marx, M. H. (Ed.): Psychological theory, contemporary readings. New York: Macmillan, 1951, 21–54. Auch in: Feigl, H. & Broadbeck, M. (Ed.): Readings in the philosophy of science. New York: Appleton-Century-Crofts, 1953, 103–119.

Bernoulli, D. Specimen theoriae novae de mensura sortis. Commentarii academiae scientiarum imperialis Petropolitanae, 5, 1738, 175–192. Dt. Übers. von Pringsheim, A.: Die Grundlage der modernen Wertlehre: Daniel Bernoulli, Versuch einer neuen Theorie der Wertbestimmung von Glücksfällen. Leipzig: Duncker und Humblot, 1896. Engl. Übers. von Sommer, L.: Exposition of a new theory on the measurement of risk. Econometrica, 22, 1954, 23–36. Auch in: Page, A. N. (Ed.): Utility theory: a book of readings. New York: Wiley, 1968, 199–214.

Bernstein, S. N. Opyt aksiomatyčeskaho obosnovanija teoriy verojatnostej (Versuch über die axiomatische Begründung der Wahrscheinlichkeitstheorie). Soobščenija charkovskaho matematyčeskaho obščestva, vtoraja serija, 15, 1917, 209–274.

Bettazzi, R. Teoria delle grandezze. Pisa: Spoerri, 1890.

Birkhoff, G. Lattice theory. New York: American Mathematical Society, 1948.

Blakers, A. L. Mathematical concepts of elementary measurement. (Studies in Mathematics, Vol. 17) Stanford: School Mathematics Study Group, 1967.

Blanché, R. L'Aximatique. Paris: Presses universitaires de France, 1955. Engl. Übers. (Kap. 1–3) von Keene, G. B.: Axiomatics. London: Routledge & Kegan Paul, 1962.

Blaschke, W. Topologische Fragen der Differentialgeometrie, I: Thomsens Sechseckgewebe. Zueinander diagonale Netze. Mathematische Zeitschrift, 28, 1928 150–157.

Blaschke, W. & Bol, G. Geometrie der Gewebe. Berlin: Springer, 1938.

Block, H. D. & Marschak, J. Random orderings and stochastic theories of responses. In: Olkin, I., Ghurye, S. G., Hoeffding, W., Madow, W. G. & Mann, H. B. (Ed.): Contributions to probability and statistics. Stanford: Stanford University Press, 1960, 97–132.
Bochenski, I. M. Die zeitgenössischen Denkmethoden. Bern: Francke, 1954.
Bock, R. D. & Jones, L. V. The measurement and prediction of judgment and choice. San Francisco: Holden-Day, 1968.
Bogartz, R. S. & Wackwitz, J. H. Polynomial response scaling and functional measurement. Journal of Mathematical Psychology, 8, 1971, 418–443.
Boring, E. G. The logic of the normal law of error in mental measurement. American Journal of Psychology, 31, 1920, 1–33.
Bourbaki, N. Éléments de mathématique, Livre III: Topologie générale. Paris: Hermann, 1947. Engl. Übers.: Elements of mathematics, general topology. Paris: Hermann, 1966.
Braatz, G. A. Preference intransitivity as an indicator of cognitive slippage in schizophrenia. Journal of Abnormal Psychology, 75, 1970, 1–6.
Bradley, R. A & Terry, M. E. Rank analysis of incomplete block designs, I. The method of paired comparisons. Biometrika, 39, 1952, 324–345.
Bridgman, P. W. Dimensional analysis. New Haven: Yale University Press, 1922.
Brindley, G. S. Physiology of the retina and visual pathway. London: Edward Arnold, 1960.
Brown, J. F. A methodological consideration of the problem of psychometrics. Erkenntnis, 4, 1934, 46–61.
Burali-Forti, C. Sulla teoria delle grandezze. Rivista di Matematica, 3, 1893, 76–101.
Burali-Forti, C. Sulla teoria generale delle grandezze e dei numeri. Atti della Reale Accademia delle Scienze di Torino, 39, 1903/04, 192–208.
Burke, C. J. Additive scales and statistics. Psychological Review, 60, 1953, 73–75. Auch in: Mehrens, W. A. & Ebel, R. L. (Ed.): Principles of educational and psychological measurement. Chicago: Rand McNally, 1967, 10–14.
Burke, C. J. Measurement scales and statistical models. In: Marx, M. H. (Ed.): Theories in contemporary psychology. New York: Macmillan, 1963, 147–159. Auch in: Lieberman, B. (Ed.): Contemporary problems in statistics. New York: Oxford University Press, 1971, 92–101.
Burke, C. J. Density and length. Journal of Mathematical Psychology, 7, 1970, 466–477.
Byerly, H. C. Model-structures and model-objects. British Journal for the Philosophy of Science, 20, 1969, 135–144.
Campbell, B. A. & Masterson, F. A. Psychophysics of punishment. In: Campbell, B. A. & Church, R. M. (Ed.): Punishment and aversive behavior. New York: Appleton-Century-Crofts, 1969, 3–42.
Campbell, N. R. Physics: the elements. London: Cambridge University Press, 1920. Nachgedruckt als: Foundations of science: the philosophy of theory and experiment. New York: Dover, 1957.
Campbell, N. R. What is science? London: Methuen, 1921. Nachdruck: New York: Dover, 1953.
Campbell, N. R. An account of the principles of measurement and calculation. London: Longmans, Green, 1928.
Campbell, N. R. Symposium: measurement and its importance for philosophy, Part I. Proceedings of the Aristotelian Society, Supplementary Volume, 17, 1938, 121–142.
Cantor, G. Beiträge zur Begründung der transfiniten Mengenlehre. Mathematische Annalen, 46, 1895, 481–512.
Carnap, R. Physikalische Begriffsbildung. Karlsruhe: Braun, 1926. Darmstadt: Wissenschaftliche Buchgesellschaft, 1966.
Carnap, R. Foundations of logic and mathematics. (International Encyclopedia of Unified Science, Vol. I, No. 3) Chicago: University of Chicago Press, 1939. Dt. Übers. von Hoering, W.: Grundlagen der Logik und Mathematik. München: Nymphenburger Verlagshandlung, 1973.
Carnap, R. Einführung in die Symbolische Logik. Berlin: Springer, 1954.
Cartwright, D. & Harary, F. Structural balance: a generalization of Heider's theory. Psychological Review, 63, 1956, 277–293.
Causey, R. L. Derived measurement, dimensions, and dimensional analysis. Philosophy of Science, 36, 1969, 252–270.
Chion, Ja. V. Uporjadočennye polugruppy (Geordnete Halbgruppen). Izvestija Akademii Nauk SSSR, Serija Matematičeskaja, 21, 1957, 209–222.
Chipman, J. S. The foundations of utility. Econometrica, 28, 1960, 193–224. Auch in: Luce, R. D., Bush, R. R. & Galanter, E. (Ed.): Readings in mathematical psychology, Vol. II. New York: Wiley, 1965, 419–450.
Cliff, N. Adverbs as multipliers. Psychological Review, 66, 1959, 27–44.

Cochran, W. G. & Cox, G. M. Experimental designs. New York: Wiley, 1950.
Cohen, M. R. & Nagel, E. An introduction to logic and scientific method. New York: Harcourt, Brace, 1934.
Colonius, H. Extensive and difference measurement: omitting the Archimedian axiom. Journal of Mathematical Psychology, 1974, im Druck.
Comrey, A. L. An operational approach to some problems in psychological measurement. Psychological Review, 57, 1950, 217–228.
Comrey, A. L. Mental testing and the logic of measurement. Educational and Psychological Measurement, 11, 1951, 323–334.
Coombs, C. H. Psychological scaling without a unit of measurement. Psychological Review, 57, 1950, 145–158. Auch in: Luce, R. D., Bush, R. R. & Galanter, E. (Ed.): Readings in mathematical psychology, Vol. II. New York: Wiley, 1965, 451–464.
Coombs, C. H. Mathematical models in psychological scaling. Journal of the American Statistical Association, 46, 1951, 480–489.
Coombs, C. H. A theory of psychological scaling. Ann Arbor: Engineering Research Institute, University of Michigan, 1952.
Coombs, C. H. Theory and methods of social measurement. In: Festinger, L. & Katz, D. (Ed.): Research methods in the behavioral sciences. New York: Dryden, 1953, 471–535.
Coombs, C. H. A theory of data. New York: Wiley, 1964.
Coombs, C. H. Scaling and data theory. In: van der Kamp, L. J. T. & Vlek, C. A. J. (Ed.): Psychological measurement theory (Proceedings of the NUFFIC International Summer Session in Science at ›Het Oude Hof‹, The Hague, 1966). Leyden: Psychological Institute of the University of Leyden, 1967, 53–107.
Coombs, C. H. A review of the mathematical psychology of risk and risk-taking. Technical Report MMPP 72–6, University of Michigan, Michigan Mathematical Psychology Program, 1972.
Coombs, C. H. & Bowen, J. A test of VE-theories of risk and the effect of the central limit theorem. Acta Psychologica, 35, 1971, 15–28. (a)
Coombs, C. H. & Bowen, J. Additivity of risk in portfolios. Perception & Psychophysics, 10, 1971, 43–46. (b)
Coombs, C. H., Dawes, R. M. & Tversky, A. Mathematical psychology: an elementary introduction Englewood Cliffs, N. J.: Prentice-Hall, 1970. Dt. Übers. von Wendt, D. u. a.: Mathematische Psychologie. Weinheim: Beltz, 1974, im Druck.
Coombs, C. H. & Huang, L. C. Polynomial psychophysics of risk. Journal of Mathematical Psychology, 7, 1970, 317–338.
Coombs, C. H. & Komorita, S. S. Measuring utility of money through decisions. American Journal of Psychology, 71, 1958, 383–389.
Coombs, C. H., McClelland, G. H. & Coombs, L. C. The measurement and analysis of family composition preferences. Technical Report MMPP 73–5, University of Michigan, Michigan Mathematical Psychology Program, 1973.
Coombs, C. H., Raiffa, H. & Thrall, R. M. Some views on mathematical models and measurement theory. Psychological Review, 61, 1954, 132–144. Auch In: Thrall, R. M., Coombs, C. H. & Davis, R. L. (Ed.): Decision processes. New York: Wiley, 1954, 19–37.
Cooper, J. L. B. The foundations of thermodynamics. Journal of Mathematical Analysis and Applications, 17, 1967, 172–193.
Couturat, L. Les principes des mathématiques. Paris: Alcan, 1905. Dt. Übers. von Siegel, C.: Die philosophischen Prinzipien der Mathematik. Leipzig: Klinkhardt, 1908.
Cross, D. V. An application of mean value theory to psychophysical measurement. Technical Report No. 05613-3-P 64, University of Michigan, Behavior Analysis Laboratory, 1964.
Crott, H. W. Simultaneous conjoint measurement: Ein Verfahren zur gleichzeitigen fundamentalen Messung mehrerer Dimensionen. Zeitschrift für experimentelle und angewandte Psychologie, 17, 1970, 220–233.
Davidson, D. & Marschak, J. Experimental tests of a stochastic decision theory. In: Churchman, C. W. & Ratoosh, P. (Ed.): Measurement: definitions and theories. New York: Wiley, 1959, 233–269.
Davidson, D. & Suppes, P. A finitistic axiomatization of subjective probability and utility. Econometrica, 24, 1956, 264–275.
Davidson, D., Suppes, P. & Siegel, S. Decision making. An experimental approach. Stanford: Stanford University Press, 1957.
Davis, J. M. The transitivity of preferences. Behavioral Science, 3, 1958, 26–33.
Debreu, G. Representation of a preference ordering by a numerical function. In: Thrall, R. M., Coombs, C. H. & Davis, R. L. (Ed.): Decision processes. New York: Wiley, 1954, 159–165.

Debreu, G. Stochastic choice and cardinal utility. Econometrica, 26, 1958, 440–444.
Debreu, G. Topological methods in cardinal utility theory. In: Arrow, K. J., Karlin, S. & Suppes, P. (Ed.): Mathematical methods in the social sciences. Stanford: Stanford University Press, 1960, 16–26.
de Finetti, B. Sul significato soggettivo della probabilità. Fundamenta Mathematicae, 17, 1931, 298–319.
de Finetti, B. La prévision: ses lois logiques, ses sources subjectives. Annales de l'Institut Henri Poincaré, 7, 1937, 1–68. Engl. Übers. von Kyburg, H. E., Jr.: Foresight: its logical laws, its subjective sources. In: Kyburg, H. E., Jr., & Smokler, H. E. (Ed.): Studies in subjective probability. New York: Wiley, 1964, 93–158.
DeGroot, M. H. Optimal statistical decisions. New York: McGraw-Hill, 1970.
de Jong, F. J. Dimensional analysis for economists. Amsterdam: North-Holland Publishing Co., 1967.
Delbeke, L. & Fauville, J. An empirical test for Fishburn's additivity axiom. Acta Psychologica, 38, 1974, 1–20.
Delboeuf, J. Étude psychophysique. Recherches théoriques et expérimentales sur la mesure des sensations et spécialement des sensations de lumière et de fatigue. Mémoires couronnés et autres mémoires, publiés par l'Académie royale des sciences, des lettres et des beaux-arts de Belgique, 23, 1873, 1–116.
Domotor, Z. Probabilistic relational structures and their applications. Technical Report No. 144, Stanford University, Institute for Mathematical Studies in the Social Sciences, 1969.
Domotor, Z. Qualitative information and entropy structures. In: Hintikka, J. & Suppes, P. (Ed.): Information and inference. Dordrecht: Reidel, 1970, 148–194.
Domotor, Z. Species of measurement structures. Theoria, 38, 1972, 64–81.
Domotor, Z. & Stelzer, J. Representation of finitely additive semiordered qualitative probability structures. Journal of Mathematical Psychology, 8, 1971, 145–158.
Ducamp, A. & Falmagne, J. C. Composite measurement. Journal of Mathematical Psychology, 6, 1969, 359–390.
Duistermaat, J. J. Energy and entropy as real morphisms for addition and order. Synthese, 18, 1968, 327–393.
Edgeworth, F. Y. Mathematical psychics. London: Kegan Paul, 1881.
Edwards, W. The theory of decision making. Psychological Bulletin, 51, 1954, 380–417. Auch in: Edwards, W. & Tversky, A. (Ed.): Decision making. Harmondsworth: Penguin Books, 1967, 13–64.
Edwards, W. The prediction of decisions among bets. Journal of Experimental Psychology, 50, 1955, 201–214.
Edwards, W. Behavioral decision theory. Annual Review of Psychology, 12, 1961, 473–498. Auch in: Edwards, W. & Tversky, A. (Ed.): Decision making. Harmondsworth: Penguin Books, 1967, 65–95.
Edwards, W., Lindman, H. & Savage, L. J. Bayesian statistical inference for psychological research. Psychological Review, 70, 1963, 193–242.
Ellis, B. Basic concepts of measurement. London: Cambridge University Press, 1966.
Fagot, R. F., Eskildsen, P. R. & Stewart, M. R. Effect of rate of change in physical intensity on bisection and fractional judgments of brightness. Journal of Experimental Psychology, 72, 1966, 880–886.
Fagot, R. F. & Stewart, M. R. Test of a response bias model of bisection. Perception & Psychophysics, 7, 1970, 257–262.
Falmagne, J. C. Bounded versions of Hölder's theorem with application to extensive measurement. Journal of Mathematical Psychology, 8, 1971, 495–507.
Falmagne, J. C. Biscalability of error matrices and all-or-none reaction time theories. Journal of Mathematical Psychology, 9, 1972, 206–224.
Falmagne, J. C. Sufficient conditions for an ordered-ring isomorphism onto a positive subinterval: a lemma for polynomial measurement. Journal of Mathematical Psychology, 10, 1973, 290–295.
Fechner, G. T. Elemente der Psychophysik. Leipzig: Breitkopf & Härtel, 1860.
Feger, H. Ein Diskussionsvorschlag zur Messung individueller subjektiver Präferenzen. Zeitschrift für Sozialpsychologie, 1, 1970, 336–342.
Ferguson, A., Myers, C. S., Bartlett, R. J., Banister, H., Bartlett, F. C., Brown, W., Campbell, N. R., Drever, J., Guild, J., Houstoun, R. A., Irwin, J. C., Kaye, G. W. C., Philpott, S. J. F., Richardson, L. F., Shaxby, J. H., Smith, T., Thouless, R. H. & Tucker, W. S. Quantitative estimates of sensory events (Interim report of the committee appointed to consider and report upon the possibility of quantitative estimates of sensory events). Report of the British Association for the Advancement of Science, 108th year, 1938, 277–334.

Ferguson, A., Myers, C. S., Bartlett, R. J., Banister, H., Bartlett, F. C., Brown, W., Campbell, N. R., Craik, K. J. W., Drever, J., Guild, J., Houstoun, R. A., Irwin, J. O., Kaye, G. W. C., Philpott, S. J. F., Richardson, L. F., Shaxby, J. H., Smith, T., Thouless, R. H. & Tucker, W. S. Quantitative estimates of sensory events (Final report of the committee appointed to consider and report upon the possibility of quantitative estimates of sensory events). Advancement of Science. The Report of the British Association for the Advancement of Science. New Quarterly Series, 2, 1940, 331–349.
Fine, T. A note on the existence of quantitative probability. Annals of Mathematical Statistics 42, 1971, 1182–1186.
Fine, T. L. Theories of probability. New York: Academic Press, 1973.
Fischer, G. H. Datenmodelle und Parametermodelle. Zeitschrift für experimentelle und angewandte Psychologie, 17, 1970, 212–219.
Fischer, W. & Micko, H. C. More about metrics of subjective spaces and attention distributions. Journal of Mathematical Psychology, 9, 1972, 36–54.
Fishburn, P. C. Decision and value theory. New York: Wiley, 1964.
Fishburn, P. C. Independence in utility theory with whole product sets. Operations Research, 13, 1965, 28–45. (a)
Fishburn, P. C. Independence, trade-offs, and transformations in bivariate utility functions. Management Science, 11, 1965, 792–801. (b)
Fishburn, P. C. Additivity in utility theory with denumerable product sets. Econometrica, 34, 1966, 500–503. (a)
Fishburn, P. C. A note on recent developments in additive utility theories for multiple-factor situations. Operations Research, 14, 1966, 1143–1148. (b)
Fishburn, P. C. Additive utilities with finite sets: applications in the management sciences. Naval Research Logistics Quarterly, 14, 1967, 1–13. (a)
Fishburn, P. C. Additive utilities with incomplete product sets: application to priorities and assignments. Operations Research, 15, 1967, 537–542. (b)
Fishburn, P. C. Conjoint measurement in utility theory with incomplete product sets. Journal of Mathematical Psychology, 4, 1967, 104–119. (c)
Fishburn, P. C. Interdependence and additivity in multivariate, unidimensional expected utility theory. International Economic Review, 8, 1967, 335–342. (d)
Fishburn, P. C. Methods of estimating additive utilities. Management Science, 13, 1967, 435–453. (e)
Fishburn, P. C. Semiorders and risky choices. Journal of Mathematical Psychology, 5, 1968, 358–361. (a)
Fishburn, P. C. Utility theory. Management Science, 14, 1968, 335–378. (b)
Fishburn, P. C. A study of independence in multivariate utility theory. Econometrica, 37, 1969, 107–121. (a)
Fishburn, P. C. Weak qualitative probability on finite sets. Annals of Mathematical Statistics, 40, 1969, 2118–2126. (b)
Fishburn, P. C. Intransitive indifference in preference theory: a survey. Operations Research, 18, 1970, 207–228. (a)
Fishburn, P. C. Intransitive indifference with unequal indifference intervals. Journal of Mathematical Psychology, 7, 1970, 144–149. (b)
Fishburn, P. C. Utility theory for decision making. New York: Wiley, 1970. (c)
Fishburn, P. C. Utility theory with inexact preferences and degrees of preference. Synthese, 21, 1970, 204–221. (d)
Fishburn, P. C. Additive representations of real-valued functions on subsets of product sets. Journal of Mathematical Psychology, 8, 1971, 382–388.
Fishburn, P. C. Minimal preferences on lotteries. Journal of Mathematical Psychology, 9, 1972, 294–305.
Fishburn, P. C. A mixture-set axiomatization of conditional subjective expected utility. Econometrica, 41, 1973, 1–25. (a)
Fishburn, P. C. Bernoullian utilities for multiple-factor situations. In: Cochrane, J. L. & Zeleny, M. (Ed.): Multiple criteria decision making. Columbia: University of South Carolina Press, 1973, 47–61. (b)
Fishburn, P. C. Binary choice probabilities: on the varieties of stochastic transitivity. Journal of Mathematical Psychology, 10, 1973, 327–352. (c)
Fishburn, P. C. Interval representations for interval orders and semiorders. Journal of Mathematical Psychology, 10, 1973, 91–105. (d)
Fishburn, P. C. The theory of social choice. Princeton, N. J.: Princeton University Press, 1973 (e)

Fishburn, P. C. Von Neumann-Morgenstern utility functions on two attributes. Operations Research, 22, 1974, 35–45.
Fisher, I. Mathematical investigations in the theory of value and prices. Transactions of the Connecticut Academy of Arts and Sciences, 9, 1892, 1–124.
Fisher, I. A statistical method for measuring »marginal utility« and testing the justice of a progressive income tax. In: Hollander, J. H. (Ed.): Economic essays contributed in honor of John Bates Clark. New York: Macmillan, 1927, 157–193.
Flament, C. Applications of graph theory to group structure. Englewood Cliffs, N. J.: Prentice-Hall, 1963.
Flament, C. Graph theory. In: Vlek, C. A. J. (Ed.): Algebraic models in psychology (Proceedings of the NUFFIC International Summer Session in Science at ›Het Oude Hof‹, The Hague, 1968). Leyden: Psychological Institute of the University of Leyden, 1968, 225–263.
Fletcher, H. & Munson, W. A. Loudness, its definition, measurement and calculation. Journal of the Acoustical Society of America, 5, 1933, 82–108.
Fricke, R. Über Meßmodelle in der Schulleistungsdiagnostik. Düsseldorf: Schwann, 1972.
Fuchs, L. Partially ordered algebraic systems. Reading, Mass.: Addison-Wesley, 1963. Dt. Übers. von Vas, E.: Teilweise geordnete algebraische Strukturen. Göttingen: Vandenhoeck & Ruprecht, 1966.
Fulkerson, D. R. & Gross, O. A. Incidence matrices and interval graphs. Pacific Journal of Mathematics, 15, 1965, 835–855.
Gage, F. H. An experimental investigation of the measurability of auditory sensation. Proceedings of the Royal Society of London, Series B, 116, 1934, 103–122. (a)
Gage, F. H. An experimental investigation of the measurability of visual sensation. Proceedings of the Royal Society of London, Series B, 116, 1934, 123–138. (b)
Gaifman, H. Concerning measures in first order calculi. Israel Journal of Mathematics, 2, 1964, 1–18.
Galanter, E. H. An axiomatic and experimental study of sensory order and measure. Psychological Review, 63, 1956, 16–28.
Garner, W. R. A technique and a scale for loudness measurement. Journal of the Acoustical Society of America, 26, 1954, 73–88.
Gerlach, M. W. Interval measurement of subjective magnitudes with subliminal differences. Technical Report No. 7, Stanford University, Behavioral Sciences Division, Applied Mathematics and Statistics Laboratory, 1957.
Giles, R. Mathematical foundations of thermodynamics. Oxford: Pergamon, 1964.
Gilmore, P. C. & Hoffman, A. J. A characterization of comparability graphs and of interval graphs. Canadian Journal of Mathematics, 16, 1964, 539–548.
Gioia, A. A. A note on Roskies' axioms for multiplicative representation. Journal of Mathematical Psychology, 4, 1967, 151–153.
Gollob, H. F. Impression formation and word combination in sentences. Journal of Personality and Social Psychology, 10, 1968, 341–353.
Goode, F. M. An algorithm for the additive conjoint measurement of finite data matrices. American Psychologist, 19, 1964, 579 (Abstract).
Goodman, N. The structure of appearance. Cambridge, Mass.: Harvard University Press, 1951.
Görke, L. Mengen, Relationen, Funktionen. Berlin: Volk und Wissen, 1965.
Goude, G. On fundamental measurement in psychology. Stockholm: Almquist & Wiksel, 1962.
Graßmann, H. Zur Theorie der Farbenmischung. Poggendorffs Annalen der Physik und Chemie, 89 (ganze Folge: 165; 3. Reihe: 29), 1853, 69–84. Auch in: Lüroth, J. & Engel, F. (Ed.): Hermann Grassmanns gesammelte mathematische und physikalische Werke, Band 2, Theil 2. Leipzig: Teubner, 1902, 161–173.
Green, P. E. & Carmone, F. J. Multidimensional scaling and related techniques in marketing analysis. Boston: Allyn and Bacon, 1970.
Green, P. E. & Rao, V. R. Applied multidimensional scaling. New York: Holt, Rinehart, and Winston, 1972.
Griswold, B. J. & Luce, R. D. Choices among uncertain outcomes: a test of a decomposition and two assumptions of transitivity. American Journal of Psychology, 75, 1962, 35–44.
Guilford, J. P. Psychometric methods. New York: McGraw-Hill, 2. Aufl. 1954.
Gulliksen, H. Paired comparisons and the logic of measurement. Psychological Review, 53, 1946, 199–213.
Gutjahr, W. Zur Skalierung psychischer Eigenschaften. Probleme und Ergebnisse der Psychologie, Heft 23, 1968, 9–37.
Gutjahr, W. Die Messung psychischer Eigenschaften. Berlin: Deutscher Verlag der Wissenschaften, 1971.

Halmos, P. R. Naive set theory. Princeton: van Nostrand, 1960. Dt. Übers. von Armbrust, M. & Ostermann, F.: Naive Mengenlehre. Göttingen: Vandenhoeck & Ruprecht, 1968.
Harary, F. A graph theoretic approach to similarity relations. Psychometrika, 29, 1964, 143–151.
Havel, V. Verallgemeinerte Gewebe, I. Archivum Mathematicum 2, 1966, 63–70.
Heider, F. Attitudes and cognitive organization. Journal of Psychology, 21, 1946, 107–112.
Heider, F. The psychology of interpersonal relations. New York: Wiley, 1958.
Helmholtz, H. von. Zählen und Messen erkenntnisstheoretisch betrachtet. In: Philosophische Aufsätze. Eduard Zeller zu seinem fünfzigjährigen Doctor-Jubiläum gewidmet. Leipzig: Fues Verlag, 1887, 15–52. Nachdruck: Leipzig: Zentral-Antiquariat der DDR, 1962. Auch in: Helmholtz, H. v.: Wissenschaftliche Abhandlungen, Band 3. Leipzig: Barth, 1895, 356–391. Auch in: Hertz, P. & Schlick, M. (Ed.): Hermann v. Helmholtz. Schriften zur Erkenntnistheorie. Berlin: Springer, 1921, 70–97. Auch in: Helmholtz, H. v.: Die Tatsachen in der Wahrnehmung. Zählen und Messen erkenntnistheoretisch betrachtet. Darmstadt: Wissenschaftliche Buchgesellschaft, 1959.
Hempel, C. G. Fundamentals of concept formation in empirical science. (International Encyclopedia of Unified Science, Vol. II, No. 7) Chicago: University of Chicago Press, 1952.
Henkin, L., Suppes, P. & Tarski, A. (Ed.) The axiomatic method With special reference to geometry and physics. Amsterdam: North-Holland Publishing Co., 1959.
Hering, E. Grundzüge einer Theorie des Farbensinnes. Sitzungsberichte der Kaiserlichen Akademie der Wissenschaften in Wien, Mathematisch-naturwissenschaftliche Classe, 3. Abtheilung, 70, 1875, 169–204. Auch in: Hering, E.: Zur Lehre vom Lichtsinne Wien: C. Gerold's Sohn, 1875, 107–141.
Hering, E. Grundzüge der Lehre vom Lichtsinn. In: Saemisch, T. (Ed.): Handbuch der gesamten Augenheilkunde, 2. Aufl., Teil I, Band III, Kap. 12. Leipzig: Engelmann, 1905, 1–294. Auch selbständig erschienen: Leipzig: Engelmann, 1907. Berlin: Springer 1920.
Hilbert, D. Über den Zahlbegriff. Jahresbericht der Deutschen Mathematiker-Vereinigung, 8 1899, 180–184.
Hilgard, E. R. & Bower, G. H. Theories of learning. New York: Meredith, 3. Aufl. 1966. Dt. Übers. von Zahn, H.-E.: Theorien des Lernens. Stuttgart: Klett, 1970 (Band 1), 1971 (Band 2).
Hill, R. J. A note on inconsistency in paired comparison judgments. American Sociological Review, 18, 1953, 564–566.
Hofmann, K. H. Zur mathematischen Theorie des Messens. Rozprawy Matematyczne, 32, 1963, 1–31.
Hölder, O. Die Axiome der Quantität und die Lehre vom Mass. Berichte über die Verhandlungen der Königlich Sächsischen Gesellschaft der Wissenschaften zu Leipzig, Mathematisch-physische Classe, 53, 1901, 1–64.
Hölder, O. Die mathematische Methode. Berlin: Springer, 1924.
Holman, E. W. Strong and weak extensive measurement. Journal of Mathematical Psychology, 6, 1969, 286–293.
Holman, E. W. A note on additive conjoint measurement. Journal of Mathematical Psychology, 8, 1971, 489–494.
Howe, E. S. Probabilistic adverbial qualifications of adjectives. Journal of Verbal Learning and Verbal Behavior, 1, 1962, 225–242.
Huang, L. C. Experiments on the measurement of risk. Technical Report MMPP 71–7, University of Michigan, Michigan Mathematical Psychology Program, 1971. (a)
Huang, L. C. The expected risk function. Technical Report MMPP 71–6, University of Michigan, Michigan Mathematical Psychology Program, 1971. (b)
Huang, L. C. A nonsimple conjoint measurement model. Technical Report MMPP 74–8, University of Michigan, Michigan Mathematical Psychology Program, 1974. (a)
Huang, L. C. Subjective expected utility, subjective expected risk, and portfolio theory. Technical Report MMPP 74–9, University of Michigan, Michigan Mathematical Psychology Program, 1974. (b)
Hull, C. L. A behavior system. New Haven: Yale University Press, 1952.
Huntington, E. V. A complete set of postulates for the theory of absolute continuous magnitude. Transactions of the American Mathematical Society, 3, 1902, 264–279. (a)
Huntington, E. V. Complete sets of postulates for the theories of positive integral and positive rational numbers. Transactions of the American Mathematical Society, 3, 1902, 280–284. (b)
Huntington, E. V. Complete sets of postulates for the theory of real quantities. Transactions of the American Mathematical Society, 4, 1903, 358–370.

Huntington, E. V. The continuum as a type of order: an exposition of the modern theory. Annals of Mathematics, 2. Series, 6, 1905, 151–184, und 7, 1905, 15–43. Auch selbständig erschienen: Cambridge, Mass.: Harvard University Press, 1905. 2. Aufl. unter dem Titel: The continuum and other types of serial order. With an introduction to Cantor's transfinite numbers. Cambridge, Mass.: Harvard University Press, 1917. Nachdruck: New York: Dover, 1955.

Hurst, P. M. & Siegel, S. Prediction of decisions from a higher ordered metric scale of utility. Journal of Experimental Psychology, 52, 1956, 138–144.

Hurvich, L. M. & Jameson, D. Some quantitative aspects of an opponent-colors theory. II. Brightness, saturation, and hue in normal and dichromatic vision. Journal of the Optical Society of America, 45, 1955, 602–616.

Hurvich, L. M. & Jameson, D. Some quantitative aspects of an opponent-colors theory. IV. A psychological color specification system. Journal of the Optical Society of America, 46, 1956, 416–421.

Hurvich, L. M. & Jameson, D. An opponent-process theory of color vision. Psychological Review, 64, 1957, 384–404.

Hurvich, L. M. & Jameson, D. Theorie der Farbwahrnehmung. In: Metzger, W. (Ed.): Handbuch der Psychologie, I., Allgemeine Psychologie, 1. Halbband. Göttingen: Hogrefe, 1966, 131–160.

Hussain, F. & Feger, H. Algorithmus und Programm für additive verbundene Messung. Zeitschrift für Sozialpsychologie, 1, 1970, 343–347.

Jameson, D. & Hurvich, L. M. Some quantitative aspects of an opponent-colors theory. I. Chromatic responses and spectral saturation. Journal of the Optical Society of America, 45, 1955, 546–552.

Jameson, D. & Hurvich, L. M. Some quantitative aspects of an opponent-colors theory. III. Changes in brightness, saturation, and hue with chromatic adaptation. Journal of the Optical Society of America, 46, 1956, 405–415.

Jamison, D. T. & Lau, L. J. Semiorders and the theory of choice. Econometrica, 41, 1973, 901–912.

Johnson, H. M. Pseudo-mathematics in the mental and social sciences. American Journal of Psychology, 48, 1936, 342–351.

Kanger, S. Mätning. En vetenskapsteoretisk essay. Stockholm: Filosofiska Institutionen vid Stockholms Universitet, 1963.

Kanger, S. Measurement: an essay in philosophy of science. Theoria, 38, 1972, 1–44.

Kannegießer, K. Messen als erkenntnistheoretisch-methodologisches Problem. Deutsche Zeitschrift für Philosophie, Sonderheft, 1968, 171–179.

Kazemier, B. H. & Vuysje, D. (Ed.) The concept and the role of the model in mathematics and natural and social sciences. Dordrecht: Reidel, 1961.

Keeney, R. L. Quasi-separable utility functions. Naval Research Logistics Quarterly, 15, 1968, 551–565.

Keeney, R. L. Utility independence and preferences for multiattributed consequences. Operations Research, 19, 1971, 875–893.

Keeney, R. L. Utility functions for multiattributed consequences. Management Science, 18, 1972, 276–287.

Keeney, R. L. Multiplicative utility functions. Operations Research, 22, 1974, 22–34.

Kendall, M. G. Rank correlation methods. London: Griffin, 2. Aufl. 1955.

Klaus, G. Moderne Logik. Berlin: Deutscher Verlag der Wissenschaften, 1964.

Kliemann, W. & Müller, N. Logik und Mathematik für Sozialwissenschaftler 1. München: Fink, 1973.

Kolmogoroff, A. Grundbegriffe der Wahrscheinlichkeitsrechnung. Berlin: Springer, 1933.

Koopman, B. O. The axioms and algebra of intuitive probability. Annals of Mathematics, 2. Series, 41, 1940, 269–292. (a)

Koopman, B. O. The bases of probability. Bulletin of the American Mathematical Society, 46, 1940, 763–774. Auch in: Kyburg, H. E., Jr. & Smokler, H. E. (Ed.): Studies in subjective probability. New York: Wiley, 1964, 159–172. (b)

Koopman, B. O. Intuitive probabilities and sequences. Annals of Mathematics, 2. Series, 42, 1941, 169–187.

Kraft, C. H., Pratt, J. W. & Seidenberg, A. Intuitive probability on finite sets. Annals of Mathematical Statistics, 30, 1959, 408–419.

Krantz, D. H. Conjoint measurement: the Luce-Tukey axiomatization and some extensions. Journal of Mathematical Psychology, 1, 1964, 248–277.

Krantz, D. H. Extensive measurement in semiorders. Philosophy of Science, 34, 1967, 348–362.

Krantz, D. H. A survey of measurement theory. In: Dantzig, G. B. & Veinott, A. F., Jr. (Ed.): Mathematics of the decision sciences, Part 2. (Lectures in applied mathematics. Vol 12) Providence, R. I.: American Mathematical Society, 1968, 314–350.

Krantz, D. H. Color measurement an color theory — I. Representation theorem for Grassmann structures. Technical Report MMPP 71–3, University of Michigan, Michigan Mathematical Psychology Program, 1971. (a)

Krantz, D. H. Color measurement and color theory – II. Opponent-colors theory. Technical Report MMPP 71–4, University of Michigan, Michigan Mathematical Psychology Program, 1971. (b)

Krantz, D. H. A theory of magnitude estimation and cross-modality matching. Journal of Mathematical Psychology, 9, 1972, 168–199. (a)

Krantz, D. H. Measurement structures and psychological laws. Science, 175, 1972, 1427–1435 (b)

Krantz, D. H. Visual scaling. In: Jameson, D. & Hurvich, L. M. (Ed.): Visual psychophysics. Handbook of sensory physiology, Vol. VII/4. Berlin: Springer, 1972 660–689.

Krantz, D. H. Measurement theory and qualitative laws in psychophysics. In: Krantz, D. H., Atkinson, R. C., Luce, R. D. & Suppes, P. (Ed.): Contemporary developments in mathematical psychology. San Francisco: Freeman, 1974, im Druck.

Krantz, D. H., Luce, R. D., Suppes, P. & Tversky, A. Foundations of measurement, I. New York: Academic Press, 1971.

Krantz, D. H., Luce, R. D., Suppes, P. & Tversky, A. Foundations of measurement, II. New York: Academic Press, 1974, in Vorbereitung.

Krantz, D. H. & Tversky, A. An exchange on functional and conjoint measurement. Psychological Review, 78, 1971, 457–458. (a)

Krantz, D. H. & Tversky, A. Conjoint-measurement analysis of composition rules in psychology. Psychological Review, 78, 1971, 151–169. (b)

Krantz, D. H. & Tversky, A. Similarity of rectangles: an analysis of subjective dimensions. Technical Report MMPP 73–8, University of Michigan, Michigan Mathematical Psychology Program, 1973.

Krauss, P. H. Representation of symmetric probability models. Journal of Symbolic Logic, 34, 1969, 183–193.

Kreisel, G. & Krivine, J.-L. Eléments de logique mathématique. Paris: Dunod, 1966. Dt. Übers. von Jung, J.: Modelltheorie. Eine Einführung in die mathematische Logik und Grundlagentheorie. Berlin: Springer, 1972.

Kreyszig, E. Statistische Methoden und ihre Anwendungen. Göttingen: Vandenhoeck & Ruprecht, 1965.

Kristof, W. Das Cliffsche Gesetz im Deutschen. Eine sprachpsychologische Untersuchung. Psychologische Forschung, 29, 1966, 22–31.

Kristof, W. A foundation of interval scale measurement. Research Bulletin 67–22, Princeton, N. J., Educational Testing Service, 1967. (a)

Kristof, W. Measurement based on halvability of intervals. Research Bulletin 67–18, Princeton, N. J., Educational Testing Service, 1967. (b)

Kristof, W. Einige Skalenfragen. In: Fischer, G. H. (Ed.): Psychologische Testtheorie. Bern: Huber, 1968, 177–189. (a)

Kristof, W. Structural properties and measurement theory of certain sets admitting a concatenation operation. British Journal of Mathematical and Statistical Psychology, 21, 1968, 201–229. (b)

Kristof, W. Untersuchungen zur Theorie psychologischen Messens. Meisenheim, Glan: Hain, 1969.

Kruskal, J. B. Analysis of factorial experiments by estimating monotone transformations of the data. Journal of the Royal Statistical Society, Series B, 27, 1965, 251–263.

Kruskal, J. B. & Carmone, F. J. MONANOVA: A FORTRAN-IV program for monotone analysis of variance. Behavioral Science, 14, 1969, 165–166.

Kyburg, H. E., Jr. Philosophy of science: a formal approach. New York: Macmillan, 1968.

Lachman, R. The model in theory construction. Psychological Review, 67, 1960, 113–129. Auch in: Marx, M. H. (Ed.): Theories in contemporary psychology. New York: Macmillan, 1963, 78–89.

Lange, O. The determinateness of the utility function. Review of Economic Studies, 1, 1933/34, 218–225.

Lea, W. A. A formalization of measurement scale forms. Journal of Mathematical Sociology, 1, 1971, 81–105.

Lee, L. The theorems of Debreu and Peleg for ordered topological spaces. Econometrica, 40, 1972, 1151–1153.
Lehmann, A. Ueber die Anwendung der Methode der mittleren Abstufungen auf den Lichtsinn. Philosophische Studien, 3, 1886, 497–533.
Leinfellner, W. Einführung in die Erkenntnis- und Wissenschaftstheorie. Mannheim: Bibliographisches Institut, 1965.
Leinhardt, S. The development of transitive structure in children's interpersonal relations. Behavioral Science, 18, 1973, 260–271.
Lekkerkerker, C. G. & Boland, J. C. Representation of a finite graph by a set of intervals on the real line. Fundamenta Mathematicae, 51, 1962, 45–64.
Lenz, H. Zur Begründung der Winkelmessung. Mathematische Nachrichten, 33, 1967, 363–375.
Levelt, W. J. M., Riemersma, J. B. & Bunt, A. A. Binaural additivity of loudness. British Journal of Mathematical and Statistical Psychology, 25, 1972, 51–68.
Levine, M. V. Transformations that render curves parallel. Journal of Mathematical Psychology, 7, 1970, 410–443.
Levine, M. V. Transforming curves into curves with the same shape. Journal of Mathematical Psychology, 9, 1972, 1–16.
Lingoes, J. C. A general survey of the Guttman-Lingoes nonmetric program series. In: Shepard, R. N., Romney, A. K. & Nerlove, S. B. (Ed.): Multidimensional scaling. Vol. I: Theory. New York: Seminar Press, 1972, 49–68.
Lingoes, J. C. The Guttman-Lingoes nonmetric program series. Ann Arbor, Mich.: Mathesis Press, 1973.
Lingoes, J. C. & Huang, L. A FORTRAN IV (G) program for Guttman-Lingoes conjoint measurement — IV. Behavioral Science, 17, 1972, 261–262.
Loonstra, F. Ordered groups. Proceedings K. Nederlandse Akademie van Wetenschappen, 49, 1945, 41–46.
Lord, F. M. On the statistical treatment of football numbers. American Psychologist, 8, 1953, 750–751.
Lord, F. M. Further comment on ›Football numbers‹. American Psychologist, 9, 1954, 264–265.
Lord, F. M. & Novick, M. R. Statistical theories of mental test scores. Reading, Mass.: Addison-Wesley, 1968.
Lorenz, C. Untersuchungen über die Auffassung von Tondistanzen. Philosophische Studien, 6, 1891, 26–103.
Lubin, A. Statistics. Annual Review of Psychology, 13, 1962, 345–370.
Luce, R. D. Semiorders and a theory of utility discrimination. Econometrica, 24, 1956, 178–191.
Luce, R. D. A probabilistic theory of utility. Econometrica, 26, 1958, 193–224.
Luce, R. D. Individual choice behavior: a theoretical analysis. New York: Wiley, 1959. (a)
Luce, R. D. On the possible psychophysical laws. Psychological Review, 66, 1959, 81–95. (b)
Luce, R. D. Comment on Rozeboom's criticisms of ›On the possible psychophysical laws‹. Psychological Review, 69, 1962, 548–551.
Luce, R. D. Detection and recognition. In: Luce, R. D., Bush, R. R. & Galanter, E. (Ed.): Handbook of mathematical psychology, I. New York: Wiley, 1963, 103–189.
Luce, R. D. A generalization of a theorem of dimensional analysis. Journal of Mathematical Psychology, 1, 1964, 278–284.
Luce, R. D. A ›fundamental‹ axiomatization of multiplicative power relations among three variables. Philosophy of Science, 32, 1965, 301–309.
Luce, R. D. Two extensions of conjoint measurement. Journal of Mathematical Psychology, 3, 1966, 348–370.
Luce, R. D. Remarks on the theory of the measurement and its relation to psychology. In: Colloque sur les modeles et la formalisation du comportement, Paris, 5–10 juillet, 1965. Paris: Centre National de la Recherche Scientifique, 1967, 27–42. (a)
Luce, R. D. Sufficient conditions for the existence of a finitely additive probability measure. Annals of Mathematical Statistics, 38, 1967, 780–786. (b)
Luce, R. D. Algebraic systems of measurement. In: Vlek, C. A. J. (Ed.): Algebraic models in psychology (Proceedings of the NUFFIC International Summer Session in Science at ›Het Oude Hof‹, The Hague, 1968). Leyden: Psychological Institute of the University of Leyden, 1968, 265–298. (a)
Luce, R. D. On the numerical representation of qualitative conditional probability. Annals of Mathematical Statistics, 39, 1968, 481–491. (b)
Luce, R. D. Periodic extensive measurement. Compositio Mathematica, 23, 1971, 189–198. (a)
Luce, R. D. Similar systems and dimensionally invariant laws. Philosophy of Science, 38, 1971, 157–169. (b)

Luce, R. D. Conditional expected, extensive utility. Theory and Decision, 3, 1972, 101–106. (a)
Luce, R. D. What sort of measurement is psychophysical measurement? American Psychologist, 27, 1972, 96–106. (b)
Luce, R. D. & Edwards, W. The derivation of subjective scales from just noticeable differences. Psychological Review, 65, 1958, 222–237.
Luce, R. D. & Galanter, E. Psychophysical scaling. In: Luce, R. D., Bush, R. R. & Galanter, E. (Ed.): Handbook of mathematical psychology, I. New York: Wiley, 1963, 245–307.
Luce, R. D. & Krantz, D. H. Conditional expected utility. Econometrica, 39, 1971, 253–271.
Luce, R. D. & Marley, A. A. J. Extensive measurement when concatenation is restricted and maximal elements may exist. In: Morgenbesser, S., Suppes, P. & White, M. (Ed.): Philosophy, science, and method. Essays in honor of Ernest Nagel. New York: St. Martin's Press, 1969, 235–249.
Luce, R. D. & Suppes, P. Preference, utility, and subjective probability. In: Luce, R. D., Bush, R. R. & Galanter, E. (Ed.): Handbook of mathematical psychology, III. New York: Wiley, 1965, 249–410.
Luce, R. D. & Tukey, J. W. Simultaneous conjoint measurement: a new type of fundamental measurement. Journal of Mathematical Psychology, 1, 1964, 1–27.
Marley, A. A. J. An alternative ›fundamental‹ axiomatization of multiplicative power relations among three variables. Philosophy of Science, 35, 1968, 185–186.
Marley, A. A. J. Additive conjoint measurement with respect to a pair of orderings. Philosophy of Science, 37, 1970, 215–222.
May, K. O. Intransitivity, utility, and the aggregation of preference patterns. Econometrica, 22, 1954, 1–13.
May, M. A. Ten tests of measurement. Educational Record, 20, 1939, 200–220.
McClelland, G. H. Non-metric tests of composition rules in impression formation. Technical Report MMPP 72–7, University of Michigan, Michigan Mathematical Psychology Program, 1972.
McClelland, G. H. & Coombs, C. H. ORDMET: a general algorithm for constructing all numerical solutions to ordered metric structures. Technical Report MMPP 74–10, University of Michigan, Michigan Mathematical Psychology Program, 1974.
McGinnis, R. Mathematical foundations for social analysis. Indianapolis: Bobbs-Merrill, 1965.
McGregor, D. Scientific measurement and psychology. Psychological Review, 42, 1935, 246–266.
McLaughlin, D. H. & Luce, R. D. Stochastic transitivity and cancellation of preferences between bitter-sweet solutions. Psychonomic Science, 2, 1965, 89–90.
Menger, K. Probabilistic theories of relations. Proceedings of the National Academy of Sciences of the United States of America, 37, 1951, 178–180.
Menger, K. Mensuration and other mathematical connections of observable material. In: Churchman, C. W. & Ratoosh, P. (Ed.): Measurement: definitions and theories. New York: Wiley, 1959, 97–128.
Micko, H. C. Eine Verallgemeinerung des Meßmodells von Rasch mit einer Anwendung auf die Psychophysik der Reaktionen. Psychologische Beiträge, 12, 1970, 4–22.
Micko, H. C. & Fischer, W. The metric of multidimensional psychological spaces as a function of the differential attention to subjective attributes. Journal of Mathematical Psychology, 7, 1970, 118–143.
Mirkin, B. G. Description of some relations on the set of real-line intervals. Journal of Mathematical Psychology, 9, 1972, 243–252.
Monjallon, A. Introduction aux mathématiques modernes. Paris: Vuibert, 1963. Dt. Übers. von Cap, F.: Einführung in die moderne Mathematik. Braunschweig: Vieweg, 1971.
Mosteller, F. & Nogee, P. An experimental measurement of utility. Journal of Political Economy, 59, 1951, 371–404. Auch in: Edwards, W. & Tversky, A. (Ed.): Decision making. Harmondsworth: Penguin Books, 1967, 124–169.
Müller, G. E. Zur Grundlegung der Psychophysik. Berlin: Grieben, 1878.
Münsterberg, H. Vergleichung von Tondistanzen. (Münsterbergs) Beiträge zur experimentellen Psychologie, 4, 1892, 147–177.
Murakami, Y. Logic and social choice. London: Routledge & Kegan Paul, 1968.
Nagel, E. On the logic of measurement. Ph. D. Thesis, New York: Columbia University, 1930.
Nagel, E. Measurement. Erkenntnis, 2, 1931, 313–333. Auch in: Danto, A. & Morgenbesser, S. (Ed.): Philosophy of science. Cleveland: Meridian Books, 1960, 121–140.
Neiglick, H. Zur Psychophysik des Lichtsinns. Philosophische Studien, 4, 1888, 28–111.
Neumann, J. von & Morgenstern, O. Theory of games and economic behavior. Princeton: Princeton University Press, 2. Aufl. 1947. Dt. Übers. von Leppig, M.: Spieltheorie und wirtschaftliches Verhalten. Würzburg: Physica, 1961.

Newman, E. B., Volkmann, J. & Stevens, S. S. On the method of bisection and its relation to a loudness scale. American Journal of Psychology, 49, 1937, 134–137.

Newman, P. & Read, R. Representation problems for preference orderings. Journal of Economic Behavior, 1, 1961, 149–169.

Niiniluoto, I. A note on fine and tight qualitative probabilities. Annals of Mathematical Statistics, 43, 1972, 1581–1591.

Norman, R. Z. & Roberts, F. S. A derivation of a measure of relative balance for social structures and a characterization of extensive ratio systems. Journal of Mathematical Psychology, 9, 1972, 66–91. (a)

Norman, R. Z. & Roberts, F. S. A measure of relative balance for social structures. In: Berger, J., Zelditch, M., Jr. & Anderson, B. (Ed.): Sociological theories in progress, II. Boston: Houghton Mifflin, 1972, 358–391. (b)

Osborne, D. K. Further extensions of a theorem of dimensional analysis. Journal of Mathematical Psychology, 7, 1970, 236–242.

Osgood, C. E., Suci, G. J. & Tannenbaum, P. H. The measurement of meaning. Urbana, Ill.: University of Illinois Press, 1957.

Papandreou, A. G. A test of a stochastic theory of choice. University of California Publications in Economics, 16, 1957, 1–18.

Pareto, V. Manuel d'économie politique. Paris: Giard, 1909.

Pattanaik, P. K. Voting and collective choice. Cambridge: Cambridge University Press, 1971.

Pavlik, W. B. & Reynolds, W. F. Effects of deprivation schedule and reward magnitude on acquisition and extinction performance. Journal of Comparative and Physiological Psychology, 56, 1963, 452–455.

Pfanzagl, J. A general theory of measurement — applications to utility. Naval Research Logistics Quarterly, 6, 1959, 283–294. Auch in: Luce, R. D., Bush, R. R. & Galanter, E. (Ed.): Readings in mathematical psychology, II. New York: Wiley, 1965, 492–502. (a)

Pfanzagl, J. Die axiomatischen Grundlagen einer allgemeinen Theorie des Messens. Würzburg: Physica, 1959. (b)

Pfanzagl, J. Über die stochastische Fundierung des psychophysischen Gesetzes. Biometrische Zeitschrift, 4, 1962, 1–14.

Pfanzagl, J. Subjective probability derived from the Morgenstern-von Neumann utility concept. In: Shubik, M. (Ed.): Essays in mathematical economics. In honor of Oskar Morgenstern. Princeton: Princeton University Press, 1967, 237–251.

Pfanzagl, J. Theory of measurement. Würzburg: Physica, 1968.

Pfanzagl, J. Grundgedanken zur Theorie des Messens. In: Eckensberger, L. (Ed.): Bericht über den 28. Kongreß der Deutschen Gesellschaft für Psychologie, Band 2. Göttingen: Hogrefe, 1974, 5–11.

Phillips, J. P. N. A note on the representation of ordered metric scaling. British Journal of Mathematical and Statistical Psychology, 24, 1971, 239–250.

Plateau, J. Sur la mesure des sensations physiques, et sur la loi qui lie l'intensité de ces sensations à l'intensité de la cause excitante. Bulletin de l'Académie Royale des sciences, des lettres et des beaux-arts de Belgique, Série 2, 33, 1872, 376–388.

Plateau, J. Ueber die Messung physischer Empfindungen und das Gesetz, welches die Stärke dieser Empfindungen mit der Stärke der erregenden Ursache verknüpft. Annalen der Physik und Chemie, 150 (5. Reihe: Bd. 30), 1873, 465–476.

Poincaré, H. La science et l'hypothèse. Paris: Flammarion, 1902. Dt. Übers. von Lindemann, F. & Lindemann, L.: Wissenschaft und Hypothese. Leipzig: Teubner, 1904.

Pollak, R. A. Additive von Neumann-Morgenstern utility functions. Econometrica, 35, 1967, 485–494.

Pollatsek, A. & Tversky, A. A theory of risk. Journal of Mathematical Psychology, 7, 1970, 540–553.

Pratt, C. C. Bisection of tonal intervals smaller than an octave. Journal of Experimental Psychology, 6, 1923, 211–222.

Pratt, C. C. Bisection of tonal intervals larger than an octave. Journal of Experimental Psychology, 11, 1928, 17–26.

Przelecki, M. The logic of empirical theories. London: Routledge & Kegan Paul, 1969.

Radó, F. Eine Bedingung für die Regularität der Gewebe. Mathematica, 2 (25), 1960, 325–334.

Radó, F. Einbettung eines Halbgewebes in ein reguläres Gewebe und eines Halbgruppoids in eine Gruppe. Mathematische Zeitschrift, 89, 1965, 395–410.

Raiffa, H. Preferences for multi-attributed alternatives. Memorandum RM-5868-DOT/RC, Santa Monica, Calif., The RAND Corporation, 1969.

Ramsey, F. P. Truth and probability. In: Ramsey, F. P.: The foundations of mathematics and other logical essays. New York: Harcourt, Brace, 1931, 156–198. Auch in: Kyburg, H. E., Jr. & Smokler, H. E. (Ed.): Studies in subjective probability. New York: Wiley, 1964, 61–92.
Rapoport, A. & Wallsten, T. S. Individual decision behavior. Annual Review of Psychology, 23, 1972, 131–176.
Rasch, G. Probabilistic models for some intelligence and attainment tests. Kopenhagen: Danish Institute for Educational Research, 1960.
Rasch, G. On general laws and the meaning of measurement in psychology. In: Neyman, J. (Ed.): Proceedings of the fourth Berkeley symposium on mathematical statistics and probability, IV. Berkeley: University of California Press, 1961, 321–333
Rasch, G. An individualistic approach to item analysis. In: Lazarsfeld, P. F. & Henry, N. W. (Ed.): Readings in mathematical social science. Cambridge Mass.: M. I. T. Press, 1966, 89–107. (a)
Rasch, G. An item analysis which takes individual differences into account. British Journal of Mathematical and Statistical Psychology, 19, 1966, 49–57. (b)
Rasch, G. An individual-centered approach to item analysis with two categories of answers. In: van der Kamp, L. J. T. & Vlek, C. A. J. (Ed.): Psychological measurement theory (Proceedings of the NUFFIC International Summer Session in Science at ›Het Oude Hof‹, The Hague, 1966). Leyden: Psychological Institute of the University of Leyden 1967. (a)
Rasch, G. An informal report on a theory of objectivity in comparisons. In: van der Kamp, L. J. T. & Vlek, C. A. J. (Ed.): Psychological measurement theory (Proceedings of the NUFFIC International Summer Session in Science at ›Het Oude Hof‹, The Hague, 1966). Leyden Psychological Institute of the University of Leyden, 1967. (b)
Reese, T. W. The application of the theory of physical measurement to the measurement of psychological magnitudes, with three experimental examples. Psychological Monographs 55, No. 3 (251), 1943.
Restle, F. Psychology of judgment and choice: a theoretical essay. New York: Wiley, 1961.
Restle, F. & Greeno, J. G. Introduction to mathematical psychology. Reading, Mass.: Addison-Wesley, 1970.
Roberts, F. S. Indifference graphs. In: Harary, F. (Ed.): Proof techniques in graph theory: proceedings of the second Ann Arbor graph theory conference. New York: Academic Press, 1969, 139–146. (a)
Roberts, F. S. On the boxicity and cubicity of a graph. In: Tutte, W. T. (Ed.): Recent progress in combinatorics: proceedings of the third Waterloo conference on combinatorics. New York: Academic Press, 1969, 301–310. (b)
Roberts, F. S. On nontransitive indifference. Journal of Mathematical Psychology, 7, 1970, 243–258.
Roberts, F. S. Homogenous families of semiorders and the theory of probabilistic consistency. Journal of Mathematical Psychology, 8, 1971, 248–263. (a)
Roberts, F. S. On the compatibility between a graph and a simple order Journal of Combinatorial Theory, Series B, 11, 1971, 28–38. (b)
Roberts, F. S. What if utility functions do not exist? Theory and Decision, 3, 1972, 126–139.
Roberts, F. S. Tolerance geometry. Notre Dame Journal of Formal Logic, 14, 1973, 68–76.
Roberts, F. S. & Luce, R. D. Axiomatic thermodynamics and extensive measurement. Synthese, 18, 1968, 311–326.
Robinson, A. Introduction to model theory and to the metamathematics of algebra. Amsterdam: North-Holland Publishing Co., 1963.
Robinson, R. E. Measurement and statistics: towards a clarification of the theory of ›permissible statistics‹. Philosophy of Science, 32, 1965, 229–243.
Romney, A. K., Shepard, R. N. & Nerlove, S. B. (Ed.) Multidimensional scaling: theory and applications in the behavioral sciences, II.: Applications. New York: Seminar Press, 1972.
Rose, A. M. A study of irrational judgments. Journal of Political Economy, 65, 1957, 394–402.
Rose, A. M. Conditions for irrational choices. Social Research, 30, 1963, 143–156.
Roskies, R. A measurement axiomatization for an essentially multiplicative representation of two factors. Journal of Mathematical Psychology, 2, 1965, 266–276.
Ross, S. Logical foundations of psychological measurement. Kopenhagen: Munksgaard, 1964.
Rozeboom, W. W. Comment. Psychological Review, 69, 1962, 552. (a)
Rozeboom, W. W. The untenability of Luce's principle. Psychological Review, 69, 1962, 542–547. (b)
Rozeboom, W. W. Scaling theory and the nature of measurement. Synthese, 16, 1966, 170–233.
Russell, B. The principles of mathematics. Cambridge: Cambridge University Press, 1903.

Sarris, V. Zur Bedeutung von Modellen bei der psychologischen Theorienbildung. Psychologische Beiträge, 13, 1971, 328–335.
Savage, C. W. The measurement of sensation. Berkeley: University of California Press, 1970.
Savage, I. R. Nonparametric statistics. Journal of the American Statistical Association, 52, 1957, 331–344.
Savage, L. J. The foundations of statistics. New York: Wiley, 1954. New York: Dover, 2. Aufl. 1972.
Sayeki, Y. Allocation of importance: an axiom system. Journal of Mathematical Psychology, 9, 1972, 55–65.
Sayeki, Y. & Vesper, K. H. Allocation of importance in a hierarchical goal structure. Management Science, 19, 1973, 667–675.
Scates, D. E. How science measures. Journal of Experimental Education, 5, 1937, 296–312. (a)
Scates, D. E. The essential conditions of measurement. Psychometrika, 2, 1937, 27–34. (b)
Schleichert, H. Elemente der physikalischen Semantik. Wien: Oldenbourg, 1966.
Schneeweiß, H. Nutzenaxiomatik und Theorie des Messens. Statistische Hefte, 4, 1963, 178–220.
Schönemann, P. H., Cafferty, T. & Rotton, J. A note on additive functional measurement. Psychological Review, 80, 1973, 85–87.
Schwabhäuser, W. Modelltheorie I. Mannheim: Bibliographisches Institut, 1971.
Schwabhäuser, W. Modelltheorie II. Mannheim: Bibliographisches Institut, 1972.
Scott, D. Measurement structures and linear inequalities. Journal of Mathematical Psychology, 1, 1964, 233–247.
Scott, D. & Krauss, P. Assigning probabilities to logical formulas. In: Hintikka, J. & Suppes, P. (Ed.): Aspects of inductive logic. Amsterdam: North-Holland Publishing Co., 1966, 219–264.
Scott, D. & Suppes, P. Foundational aspects of theories of measurement. Journal of Symbolic Logic, 23, 1958, 113–128. Auch in: Luce, R. D., Bush, R. R. & Galanter, E. (Ed.): Readings in mathematical psychology, I. New York: Wiley, 1963, 212–227. Auch in: Suppes, P.: Studies in the methodology and foundations of science. Selected papers from 1951 to 1969. Dordrecht: Reidel, 1969, 46–64.
Sen, A. K. Collective choice and social welfare. San Francisco: Holden Day, 1970.
Senders, V. L. A comment on Burke's additive scales and statistics. Psychological Review, 60, 1953, 423–424. Auch in: Mehrens, W. A. & Ebel, R. L. (Ed.): Principles of educational and psychological measurement. Chicago: Rand McNally, 1967, 15–16.
Senders, V. L. Measurement and statistics. New York: Oxford University Press, 1958.
Seward, J. P., Shea, R. A. & Davenport, R. H. Further evidence for the interaction of drive and reward. American Journal of Psychology, 73, 1960, 370–379.
Shannon, C. E. A mathematical theory of communication. Bell System Technical Journal, 27, 1948, 379–423 und 623–656.
Shepard, R. N. Attention and the metric structure of the stimulus space. Journal of Mathematical Psychology, 1, 1964, 54–87. (a)
Shepard, R. N. Circularity in judgments of relative pitch. Journal of the Acoustical Society of America, 36, 1964, 2346–2353. (b)
Shepard, R. N. A taxonomy of some principal types of data and of multidimensional methods for their analysis. In: Shepard, R. N., Romney, A. K. & Nerlove, S. B. (Ed.): Multidimensional scaling, I.: Theory. New York: Seminar Press, 1972, 21–47.
Shepard, R. N., Romney, A. K. & Nerlove, S. B. (Ed.) Multidimensional scaling: theory and applications in the behavioral sciences, I.: Theory. New York: Seminar Press, 1972.
Siegel, S. A method for obtaining an ordered metric scale. Psychometrika, 21, 1956, 207–216.
Sixtl, F. Meßmethoden der Psychologie. Weinheim: Beltz, 1967.
Slovic, P. & Lichtenstein, S. Comparison of Bayesian and regression approaches to the study of information processing in judgment. Organizational Behavior and Human Performance, 6, 1971, 649–744. Auch in: Rappoport, L. & Summers, D. A. (Ed.): Human judgment and social interaction. New York: Holt, Rinehart & Winston, 1973, 16–108.
Smith, B. O. Logical aspects of educational measurement. Ph. D. Thesis, New York: Columbia University Press, 1938.
Sneed, J. D. The logical structure of mathematical physics. Dordrecht: Reidel, 1971.
Spence, K. W. Behavior theory and conditioning. New Haven, Conn.: Yale University Press, 1956.
Sprung, L. Modell und Realität. Die Modelltheorie und -methodik als methodologisches Mittel in der Wissenschaft. Probleme und Ergebnisse der Psychologie, Heft 36, 1971, 5–38.
Stangenberg, C. New definitions of scale-types. Theoria, 32, 1966, 56–61.
Stene, J. Einführung in Raschs Theorie der psychologischen Messung. In: Fischer, G. H. (Ed.): Psychologische Testtheorie. Bern: Huber, 1968, 229–268.

Stevens, J. C., Mack, J. D. & Stevens, S. S. Growth of sensation on seven continua as measured by force of handgrip. Journal of Experimental Psychology, 59, 1960, 60–67.
Stevens, S. S. On the theory of scales of measurement. Science, 103, 1946, 677–680. Auch in: Danto, A. & Morgenbesser, S. (Ed.): Philosophy of Science. Cleveland: Meridian Books, 1960, 141–149. Auch in: Mehrens, W. A. & Ebel, R. L. (Ed.): Principles of educational and psychological measurement. Chicago: Rand McNally, 1967, 3–10. Auch in: Lieberman, B. (Ed.): Contemporary problems in statistics. New York: Oxford University Press, 1971, 3–8.
Stevens, S. S. Mathematics, measurement, and psychophysics. In: Stevens, S. S. (Ed.): Handbook of experimental psychology. New York: Wiley, 1951, 1–49.
Stevens, S. S. On the averaging of data. Science, 121, 1955, 113–116.
Stevens, S. S. On the psychophysical law. Psychological Review, 64, 1957, 153–181.
Stevens, S. S. Measurement and man. Science, 127, 1958, 383–389.
Stevens, S. S. Cross-modality validation of subjective scales for loudness, vibration, and electric shock. Journal of Experimental Psychology, 57, 1959, 201–209. (a)
Stevens, S. S. Measurement, psychophysics, and utility. In: Churchman, C. W. & Ratoosh, P. (Ed.): Measurement: definitions and theories. New York: Wiley, 1959, 18–63. (b)
Stevens, S. S. On the new psychophysics. Scandinavian Journal of Psychology, 1, 1960, 27–35. (a)
Stevens, S. S. The psychophyscis of sensory function. American Scientist, 48, 1960, 226–253. Auch in: Rosenblith, W. A. (Ed.): Sensory communication. Cambridge, Mass.: M. I. T. Press, 1961, 1–33. (b)
Stevens, S. S. A metric for the social consensus. Science, 151, 1966, 530–541. (a)
Stevens, S. S. Matching functions between loudness and ten other continua. Perception & Psychophysics, 1, 1966, 5–8. (b)
Stevens, S. S. Measurement, statistics, and the schemapiric view. Science, 161, 1968, 849–856.
Stevens, S. S. Issues in psychophysical measurement. Psychological Review, 78, 1971, 426–450.
Stevens, S. S. & Volkmann, J. The relation of pitch to frequency: a revised scale. American Journal of Psychology, 53, 1940, 329–353.
Stigler, G. J. The development of utility theory, I., II. Journal of Political Economy, 58, 1950, 307–327 und 373–396. Auch in: Page, A. N. (Ed.): Utility theory: a book of readings. New York: Wiley, 1968, 55–119.
Stilson, D. W. & Maroney, R. J. Adverbs as multipliers: simplification and extension. American Journal of Psychology, 79, 1966, 82–88.
Štoff, V. A. Modelirovanie i filosofija. Moskva: Nauka, 1966. Dt. Übers. von Wollgast, S.: Modellierung und Philosophie, Berlin: Akademie-Verlag, 1969.
Stolz, O. Zur Geometrie der Alten, insbesondere über ein Axiom des Archimedes. Mathematische Annalen, 22, 1883, 504–519.
Stolz, O. Vorlesungen über allgemeine Arithmetik, Erster Theil. Leipzig: Teubner, 1885.
Stolz, O. Ueber das Axiom des Archimedes. Mathematische Annalen, 39, 1891, 107–112.
Stolz, O. & Gmeiner, J. A. Theoretische Arithmetik, II. Leipzig: Teubner, 1902.
Stouffer, S. A., Guttman, L., Suchman, E. A., Lazarsfeld, P. F., Star, S. A. & Clausen, J. A. (Ed.): Measurement and prediction. Princeton, N. J.: Princeton University Press, 1950.
Sukale, M. Zur Axiomatisierung der Balancetheorie. Eine wissenschaftstheoretische Fallstudie. Zeitschrift für Sozialpsychologie, 2, 1971, 40–57.
Suppes, P. A set of independent axioms for extensive quantities. Portugaliae Mathematica, 10, 1951, 163–172. Auch in: Suppes, P.: Studies in the methodology and foundations of science. Selected papers from 1951 to 1969. Dordrecht: Reidel, 1969, 36–45.
Suppes, P. Introduction to logic. Princeton, N. J.: van Nostrand, 1957.
Suppes, P. Measurement, empirical meaningfulness, and three-valued logic. In: Churchman, C. W. & Ratoosh, P. (Ed.): Measurement: definitions and theories. New York: Wiley, 1959, 129–143. Auch in: Suppes, P.: Studies in the methodology and foundations of science. Selected papers from 1951 to 1969. Dordrecht: Reidel, 1969, 65–80.
Suppes, P. A comparison of the meaning and uses of models in mathematics and the empirical sciences. Synthese, 12, 1960, 287–301. Auch in: Kazemier, B. H. & Vuysje, D. (Ed.): The concept and the role of the model in mathematics and natural and social sciences. Dordrecht: Reidel, 1961, 163–177. Auch in: Suppes, P.: Studies in the methodology and foundations of science. Selected papers from 1951 to 1969. Dordrecht: Reidel, 1969, 10–23.
Suppes, P. Behavioristic foundations of utility. Econometrica, 29, 1961, 186–202. Auch in: Suppes, P.: Studies in the methodology and foundations of science. Selected papers from 1951 to 1969. Dordrecht: Reidel, 1969, 130–147.
Suppes, P. Logics appropriate to empirical theories. In: Addison, J. W., Henkin, L. & Tarski, A. (Ed.): The theory of models. Proceedings of the 1963 international symposium at Berkeley. Amsterdam: North-Holland Publishing Co., 1965, 364–375.

Suppes, P. Set-theoretical structures in science. Vervielfältigtes Manuskript, Stanford University, Institute for Mathematical Studies in the Social Sciences, 1967.

Suppes, P. Measurement: problems of theory and application. Technical Report No. 147, Psychology Series, Stanford University, Institute for Mathematical Studies in the Social Sciences, 1969.

Suppes, P. Finite equal-interval measurement structures. Theoria, 38, 1972, 45–63. (a)

Suppes, P. Some open problems in the philosophy of space and time. Synthese, 24, 1972, 298–316. (b)

Suppes, P. New foundations of objective probability: axioms for propensities. In: Suppes, P., Henkin, L., Joja, A. & Moisil, G. C. (Ed.): Logic, methodology and philosophy of science IV. Amsterdam: North-Holland Publishing Co., 1973, 515–529.

Suppes, P. & Winet, M. An axiomatization of utility based on the notion of utility differences. Management Science, 1, 1955, 259–270. Auch in: Suppes, P.: Studies in the methodology and foundations of science. Selected papers from 1951 to 1969. Dordrecht: Reidel, 1969, 115–129.

Suppes, P. & Zinnes, J. L. Basic measurement theory. In: Luce, R. D., Bush, R. R. & Galanter, E. (Ed.): Handbook of mathematical psychology, I. New York: Wiley, 1963, 1–76. Auch in: Lieberman, B. (Ed.): Contemporary problems in statistics. New York: Oxford University Press, 1971, 39–74.

Székely, L. Zur Frage der sog. Psychometrie, insbesondere der Testmethode in der Intelligenzforschung. Erkenntnis, 6, 1936, 206–210.

Tack, W. H. Mathematische Modelle in der Sozialpsychologie. In: Graumann, C. F. (Ed.): Handbuch der Psychologie, VII., Sozialpsychologie, 1. Halbband. Göttingen: Hogrefe, 1969, 232–265.

Tack, W. H. Messung als Repräsentation empirischer Gegebenheiten. Zeitschrift für experimentelle und angewandte Psychologie, 17, 1970, 184–212.

Tarski, A. A general method in proofs of undecidability. In: Tarski, A., Mostowski, A. & Robinson, R. M. (Ed.): Undecidable theories. Amsterdam: North-Holland Publishing Co., 1953, 1–35.

Tarski, A. Contributions to the theory of models I., II. Indagationes Mathematicae, 16, 1954, 572–581 und 582–588.

Tarski, A. Contributions to the theory of models III. Indagationes Mathematicae, 17, 1955, 56–64.

Tarski, A. Introduction to logic and to the methodology of deductive sciences. New York: Oxford University Press, 3. Aufl. 1965. Dt. Übers. von Scheibe, E.: Einführung in die mathematische Logik. Göttingen: Vandenhoeck & Ruprecht, 1966.

Taylor, H. F. Balance in small groups. New York: van Nostrand, 1970.

Taylor, M. A. Classical, Cartesian and solution nets. Mathematica, 13 (36), 1971, 151–166.

Taylor, M. A. Relational systems with a Thomsen or Reidemeister cancellation condition. Journal of Mathematical Psychology, 9, 1972, 456–458. (a)

Taylor, M. A. The generalized equations of bisymmetry associativity and transitivity on quasigroups. Canadian Mathematical Bulletin, 15, 1972, 119–124. (b)

Taylor, M. A. Cartesian nets and groupoids. Canadian Mathematical Bulletin, 16, 1973, 347–362.

Terpening, W. D. Polynomial composition rules in impression formation. Ph. D. Thesis, Southern Illinois University, Department of Psychology, 1973.

Thiel, R. Quantität oder Begriff? Berlin: Deutscher Verlag der Wissenschaften, 1967.

Thomas, L. G. Mental tests as instruments of science. Psychological Monographs, 54, No. 3 (245), 1942.

Thomsen, G. Un teorema topologico sulle schiere di curve e una caratterizzazione geometrica delle superficie isotermo-asintotiche. Bollettino della Unione Matematica Italiana, 6, 1927, 80–85.

Thomsen, G. Topologische Fragen der Differentialgeometrie, XII. Schnittpunktssätze in ebenen Geweben. Abhandlungen aus dem Mathematischen Seminar der Hamburgischen Universität, 7, 1930, 99–106.

Thurstone, L. L. A law of comparative judgment. Psychological Review, 34, 1927, 273–286. Auch in: Thurstone, L. L.: The measurement of values. Chicago: University of Chicago Press, 1959, 39–49. (a)

Thurstone, L. L. The method of paired comparisons for social values. Journal of Abnormal and Social Psychology, 21, 1927, 384–400. Auch in: Thurstone, L. L.: The measurement of values. Chicago: University of Chicago Press, 1959, 67–81. (b)

Titchener, E. B. Experimental psychology, II., Part II.: Instructor's manual. New York: Macmillan, 1905.

Titiev, R. J. Some model-theoretic results in measurement theory. Technical Report No. 146, Stanford University, Institute for Mathematical Studies in the Social Sciences, 1969.
Titiev, R. J. Measurement structures in classes that are not universally axiomatizable. Journal of Mathematical Psychology, 9, 1972, 200–205. (a)
Titiev, R. J. Multidimensional measurement and universal axiomatizability. Theoria, 38, 1972, 82–88. (b)
Torgerson, W. S. Theory and methods of scaling. New York: Wiley, 1958.
Torgerson, W. S. Quantitative judgment scales. In: Gulliksen, H. & Messick, S. (Ed.): Psychological scaling: theory and applications. New York: Wiley, 1960, 21–31.
Torgerson, W. S. Distances and ratios in psychophysical scaling. Acta Psychologica, 19, 1961, 201–205.
Torgerson, W. S. Multidimensional scaling of similarity. Psychometrika, 30, 1965, 379–393.
Torgerson, W. S. Psychological scaling. In: van der Kamp, L. J. T. & Vlek, C. A. J. (Ed.): Psychological measurement theory (Proceedings of the NUFFIC International Summer Session in Science at ›Het Oude Hof‹, The Hague, 1966). Leyden: Psychological Institute of the University of Leyden, 1967, 151–180.
Tullock, G. The irrationality of intransitivity. Oxford Economic Papers, New Series, 16, 1964, 401–406.
Tversky, A. Finite additive structures. Technical Report MMPP 64–6, University of Michigan, Michigan Mathematical Psychology Program, 1964.
Tversky, A. A general theory of polynomial conjoint measurement. Journal of Mathematical Psychology, 4, 1967, 1–20. (a)
Tversky, A. Additivity, utility, and subjective probability. Journal of Mathematical Psychology, 4, 1967, 175–201. Auch in: Edwards, W. & Tversky, A. (Ed.): Decision making. Harmondsworth: Penguin Books, 1967, 208–238. (b)
Tversky, A. Utility theory and additivity analysis of risky choices. Journal of Experimental Psychology, 75, 1967, 27–36. (c)
Tversky, A. Intransitivity of preferences. Psychological Review, 76, 1969, 31–48.
Tversky, A. & Krantz, D. H. Similarity of schematic faces: a test of interdimensional additivity. Perception & Psychophysics, 5, 1969, 124–128.
Tversky, A. & Krantz, D. H. The dimensional representation and the metric structure of similarity data. Journal of Mathematical Psychology, 7, 1970, 572–596.
Tversky, A. & Russo, J. E. Substitutability and similarity in binary choices. Journal of Mathematical Psychology, 6, 1969, 1–12.
Tversky, A. & Zivian, A. An IBM 7090 program for additivity analysis. Behavioral Science, 11, 1966, 78–79.
Ullrich, J. R. & Cummins, D. E. PCJM: a program for conjoint measurement analysis of polynomial composition rules. Behavioral Science, 18, 1973, 226–227.
Ullrich, J. R. & Painter, J. R. A conjoint-measurement analysis of human judgment. Organizational Behavior and Human Performance, 1974, im Druck.
Veronese, G. Il continuo rettilineo e l'assioma V d'Archimede. Atti della Reale Accademia dei Lincei, Serie 4, Memorie della classe di scienze fisiche, matematiche e naturali, 6, 1889, 603–624.
Villegas, C. On qualitative probability σ-algebras. Annals of Mathematical Statistics, 35, 1964, 1787–1796.
Villegas, C. On qualitative probability. American Mathematical Monthly, 74, 1967, 661–669.
Vinogradov, A. A. Ordered algebraic systems. In: Gamkrelidze, R. V. (Ed.): Progress in mathematics, V.: Algebra. New York: Plenum Press, 1969, 77–126.
Wallsten, T. S. Subjectively expected utility theory and subject's probability estimates: use of measurement-free techniques. Journal of Experimental Psychology, 88, 1971, 31–40.
Wallsten, T. S. Conjoint-measurement framework for the study of probabilistic information processing. Psychological Review, 79, 1972, 245–260.
Wedberg, A. Additive measures. From an elementary logical point of view. In: Philosophical essays. Dedicated to Gunnar Aspelin. Lund: Gleerup, 1963, 272–294.
Wedberg, A. Om S. S. Stevens' klassifikation av måttskalor. In: Sanning dikt tro: Till Ingemar Hedenius. Stockholm: Bonniers, 1968, 312–325.
Weitzenhoffer, A. M. Mathematical structures and psychological measurements. Psychometrika, 16, 1951, 387–406. Auch in: Lieberman, B. (Ed.): Contemporary problems in statistics. New York: Oxford University Press, 1971, 15–28.
Wender, K. A test of independence of dimensions in multidimensional scaling. Perception & Psychophysics, 10, 1971, 30–32. (a)

Wender, K. Die Metrik der multidimensionalen Skalierung als Funktion der Urteilsschwierigkeit. Zeitschrift für experimentelle und angewandte Psychologie, 18, 1971, 166–187. (b)
Whitney, H. The mathematics of physical quantities. Part I.: Mathematical models for measurement. American Mathematical Monthly, 75, 1968, 115–138. (a)
Whitney, H. The mathematics of physical quantities. Part II.: Quantity structures and dimensional analysis. American Mathematical Monthly, 75, 1968, 227–256. (b)
Wiener, N. A new theory of measurement: a study in the logic of mathematics. Proceedings of the London Mathematical Society, Second Series, 19, 1921, 181–205.
Wolff, W. Versuche zur Lautstärkeempfindung. Zeitschrift für Psychologie, 136, 1935, 325–340.
Woodger, J. H. The axiomatic method in biology. London: Cambridge University Press, 1937.
Woodger, J. H. The technique of theory construction. (International Encyclopedia of Unified Science, Vol. II, No. 5) Chicago: University of Chicago Press, 1939.
Zassenhaus, H. What is an angle? American Mathematical Monthly, 61, 1954, 369–378.
Zeeman, E. C. The topology of the brain and visual perception. In: Fort, M. K., Jr. (Ed.): Topology of 3-manifolds and related topics. Englewood Cliffs, N. J.: Prentice-Hall, 1962, 240–256.
Zinnes, J. L. Scaling. Annual Review of Psychology, 20, 1969, 447–478.

Personenregister

Kohlhammer Standards Psychologie

Basisbücher – Studientexte

Reiner Fricke

Kriteriumsorientierte Leistungsmessung

120 Seiten. (Studientext).
Kart. DM 19,80
ISBN 3-17-001728-4

Dieser Studientext spricht ein Problem an, das unter Pädagogen, aber auch Therapeuten, zunehmende Bedeutung gewinnt: die optimale Kontrolle und Steuerung von Lernprozessen mittels geeigneter Meßmethoden. Wie der Text zeigt, kann die klassische, hauptsächlich von Psychologen entwickelte Testtheorie für dieses pädagogische Problem keine befriedigende Methode bereitstellen. Herkömmliche, sogenannte normorientierte Tests sind am Mittelwert einer repräsentativen Eichstichprobe orientiert. Sie verlangen Testaufgaben mittlerer Schwierigkeit und eignen sich sehr gut zur Aufdeckung von Unterschieden zwischen den Personen. Pädagogen sowie Therapeuten sind jedoch an einem vorher festgelegten Leistungsstandard, einem Kriterium, interessiert und erwarten von einem erfolgreichen Unterricht bzw. einer erfolgreichen Therapie geringe Leistungsunterschiede zwischen den Personen und hohe Lösungsprozentsätze für die geforderten Aufgaben.

Dietrich Dörner

Problemlösen als Informationsverarbeitung

Ca. 100 Seiten. (Studientext).
Kart. ca. DM 20,–
ISBN 3-17-001353-X

Ekkehart Frieling

Arbeitsanalyse und Arbeitsgestaltung

Ca. 100 Seiten. (Studientext).
Kart. ca. DM 20,–
ISBN 3-17-001326-2

Klaus Haagen/Reinhold Pertler

Methoden der Statistik

Band I
Ca. 200 Seiten. (Basisbuch).
Kart. ca. DM 24,–
ISBN 3-17-001955-4

Waldemar Lilli

Soziale Wahrnehmung und Urteilsbildung

Das Akzentuierungsproblem
Ca. 100 Seiten. (Studientext).
Kart. ca. DM 20,–
ISBN 3-17-001357-2

Eine Gesamtübersicht der Reihe Kohlhammer Standards Psychologie befindet sich in unserem Prospekt »Psychologie in Studium und Praxis«

wk Verlag W. Kohlhammer
7 Stuttgart 1 Urbanstraße 12-16 Postfach 747